CHEERS!

Het isolement doorbroken

Ontroerend oprechte
persoonlijke verhalen van
mensen direct of indirect
getroffen door alcoholisme

Renate van Nijen

Uitgegeven door Palcho Publications
Originele naam: Cheers, the hidden voices of alcoholism
Layout Binnenwerk: Ferry Verhoeve
Email: info@renatevannijen.com
Website: www.renatevannijen.com

Met speciale dank aan Martin de Graaff en Carla Muntinga voor hun hulp met de vertaling vanuit het Engels, en Marc Verburg, Wendy van Vreeswijk en Bernadette Veeger, maar ook aan Vrex en iedereen die hun bijzondere, hartverwarmende en soms hartverscheurende verhalen met mij hebben gedeeld.

Met speciale dank aan David Culhane, Sheila en Andy Martin en Ferry Verhoeve voor alle verstrekte informatie, waardevolle contacten en hulp die het voor mij mogelijk hebben gemaakt om dit boek te creëren.

Inhoud

Voorwoord

Jarenlang heb ik samengewoond met een charmante, fantastische, intelligente man met een drankprobleem, hetgeen me diep heeft geraakt. Nu zijn we alleen nog maar vrienden, en nog steeds is hij bezig langzaam zelfmoord te plegen met alcohol en nog steeds ben ik verdrietig en bezorgd. Maar ook hoopvol.

Ik wil mijn verhaal delen, want mijn verhaal is niet uniek. Het is niet alleen mijn verhaal, maar het verhaal van talrijke mannen en vrouwen. Ik wil dat hun stemmen worden gehoord, hun verhalen herkend.

Delen geeft me het gevoel dat ik hierin niet alleen sta en ik ben ervan overtuigd dat het ook anderen zal helpen inzien dat ook zij niet alleen zijn. Dat is de reden waarom ik dit boek heb geschreven. Dat is waarom ik zo dankbaar ben dat mensen uit Spanje, Nederland, Duitsland, Denemarken, Noorwegen, Engeland en Ierland hun persoonlijke verhalen met mij hebben gedeeld.

De informatie mij anoniem toevertrouwd heb ik verwerkt in verhalen, mijn verhaal, hun verhaal. Ik weet dat deze verhalen zullen worden herkend door velen. Mensen die op een negatieve manier zijn beïnvloed door het irrationele gedrag van alcoholisten en zij die op een negatieve manier zijn beïnvloed door het irrationele effect van alcohol. Herkenning kan het genezingsproces op gang brengen.

Ik wil de mens achter het probleem van alcoholisme tonen. Ik wil begrijpen waarom sommige mensen alcohol verkiezen boven alles wat ze liefhebben. Ik wil het begrijpen, maar ik pretendeer niet het antwoord te hebben gevonden.

Dit is een boek over ervaringen, trieste eindes, moeilijke uitdagingen en onmogelijke besluiten. Maar dit zijn ook verhalen over gelukkige eindes, over het overwinnen van problemen, het vinden van een oplossing om uit de situatie te geraken en over een hoopvolle toekomst.

Cheers!

Renate van Nijen

Omslagontwerp: Renate van Nijen

'Cheers'(olie op doek) vertegenwoordigt de inhoud van de verhalen in dit boek.

Er is verwarring, wanorde, en een zwaar gevoel van duisternis, maar er is ook hulp, licht en liefde. Beoordeel iets niet aan de hand van het uiterlijk (Don't judge a book by its cover). Als je de tijd neemt ontdek je de prachtigste kleuren.

Ook voor Renate's kunst ben je welkom op www.renatevannijen.com

Wat ons bittere beproevingen toeschijnen, zijn dikwijls verhulde zegeningen.

Oscar Wilde

Ik werd wakker onder een struik

...het was een fantastische dag met een heerlijk zonnetje. Overal om me heen zag ik gelukkige gezichten. Ik ging naar het arbeidsbureau om me in te laten schrijven. Ik voelde me sterk genoeg voor een vaste baan en hoopte dat ik de volgende dag al zou kunnen beginnen. Iemand had me verteld dat er een tekort was aan werklui en ik was bereid om alles aan te nemen, het maakte me niet uit wat voor werk. Het was erg druk in het arbeidsbureau maar ik had alle tijd van de wereld. Die dag was het begin van een nieuw leven.

Het gesprek met de werkbegeleider verliep uitstekend en mij werd gevraagd naar het tuincentrum in de buurt te gaan voor een sollicitatiegesprek. Dat was nou net iets voor mij, ik was dol op planten. Dat was wat ik altijd had gedaan, werken in de hovenierskunst sector. Goh wat was ik blij, ik kon het amper geloven. Op weg naar huis kwam ik langs mijn stamcafé. Ik had vele uren van mijn leven in dit café doorgebracht, maar dat zou nu veranderen. Ik voelde me fantastisch, ik wilde het vieren, dus ik dacht 'Eentje kan geen kwaad, alleen maar één biertje'. Ik ging het café binnen en bestelde een pilsje. Twintig uur later was de struik een akelige herinnering aan de baan die ik zo graag had willen krijgen. Maar ik wilde er niet aan denken. Ik wilde niet weten wat er was gebeurd. Het antwoord zou totaal onlogisch zijn, wist ik. Ik wilde alleen maar vergeten, dus liep ik naar de dichtstbijzijnde supermarkt, waar ik een goedkope fles wodka kocht. Ik deed de fles in een bruine papieren zak. Weken gingen voorbij in een waas. Ik kan me er niet veel van herinneren behalve dat ik me van de ene naar de andere supermarkt sleepte om weer een nieuwe fles te kopen.

Dwalend door de straten, slenterend van park naar park, bracht ik mijn tijd door op vieze afgebladderde banken in sjofele wijken om dan 's nachts op de één of andere manier de weg terug te vinden naar mijn kamer.

Mijn leven werd niet echt geleefd, ik was er niet echt. Het geld van mijn uitkering was bijna op en omdat ik niet langer de huur van mijn kamer kon betalen schopte mijn huurbaas mij op straat.

Ik had een absoluut dieptepunt bereikt. Ik kon niet geloven dat ik het zo ver had laten komen. Dat ik het wederom voor elkaar had gekregen om alles te verpesten. Het niet krijgen van de baan in het tuincentrum, opnieuw een enorme teleurstelling voor mijn familie en de weinige vrienden die ik nog had – en niet in de laatste plaats voor mezelf. Het voelde alsof ik verdronk in een zee van verdriet terwijl ik op een bankje in het park zat. Ik kon de tranen die uit mijn ogen stroomden niet stoppen.

Maar ik moest iets doen en wilde een lange wandeling maken om mijn gedachten helder te krijgen, dus pakte ik mijn rugzak met de weinige bezittingen die ik nog had en nam de bus naar een klein dorpje in de bergen vlakbij. Urenlang liep ik door het prachtige groene landschap, ik absorbeerde het adembenemende uitzicht op de vallei en de grillig gevormde bergketen in de verte. Ik dronk water uit verse stroompjes. Mijn optimisme kwam terug en ik beloofde mezelf dat alles zou veranderen. Adelaars vlogen hoog boven mijn hoofd en over het ravijn – het voelde als een teken, een spectaculair teken, en een belofte. Terwijl ik de adelaars met mijn ogen volgde had ik niet door dat ik erg dicht bij de rand van een uitstekende rots liep en ik struikelde.

Ik kan me er niet veel van herinneren, maar toen ik wakker werd op de bodem van het ravijn voelde ik een warm straaltje bloed langzaam naar beneden druppelen aan de rechterkant van mijn gezicht. Ik had een grote jaap in mijn voorhoofd en het was ongelooflijk moeilijk om uit het ravijn te klimmen en terug naar het dorp te lopen.

Vriendelijke dorpsbewoners namen me mee naar een dokter die mijn wond schoonmaakte en hechtte. Een maatschappelijk werker nam me mee terug naar de stad, naar een opvangcentrum waar men een maaltijd en een bed voor me had ... en een telefoonnummer van de AA*.

Het was niet de eerste keer dat ik het advies kreeg om naar een bijeenkomst van de AA te gaan, maar ik had nooit het gevoel dat het iets voor me was. Ik had altijd geweigerd om hun informatie en andere boeken te lezen, die mij in het verleden al meerdere malen, via allerlei kanalen waren toegespeeld. Ik was niet geïnteresseerd in hun Twaalf Stappen programma **, maar ook om toe te geven dat ik machteloos was en mijn wil en leven zou overgeven aan God of een andere hogere macht voelde als een hoop religieuze onzin.

Ik had de verhalen wel gehoord over het anonieme karakter van de organisatie. Van volwassenen die hun gedrag en acties in het verleden opbiechtten. Ik was er zeker van dat het me ongelooflijk zou irriteren om naar al die zielige verhalen te moeten luisteren. Maar ik had het al zo vaak alleen geprobeerd en alhoewel ik vele malen in mijn leven voor langere periodes, variërend van een paar dagen tot een paar maanden, was gestopt met drinken, viel ik steeds weer terug in mijn oude gewoontes. Altijd mezelf overtuigend dat ik geen alcoholist was en dat een paar drankjes geen kwaad konden. Ik kon toch zeker wel gewoon sociaal drinken, net als de meeste andere sociale drinkers? Het moet toch mogelijk zijn om een paar drankjes te nuttigen tijdens een gezellig avondje-uit met vrienden? En het werkte meestal voor een aantal dagen, soms zelfs weken of maanden, maar het hield nooit stand. Ik verviel altijd weer in overmatig drankgebruik.

Ik was nerveus voor mijn eerste bijeenkomst, erg afwachtend en vol vooroordelen. Er zaten twee vrouwen en zeven mannen in het zaaltje in het wijkcentrum. Prettig verbaasd over hun vriendelijke welkomstwoorden en gevoel voor humor nam ik plaats op een plastic stoel. Ik kreeg al snel het gevoel dat ik welkom was.

Eén voor één lazen de aanwezigen één van de twaalf stappen voor. Dit werd gevolgd door persoonlijke ervaringen. Deze verhalen voelden ongelooflijk oprecht en ik zag verbazingwekkend veel overeenkomsten met mijn eigen ervaringen. Opeens besefte ik dat mijn gedrag helemaal niet zo uniek was. Het voelde geruststellend.

De mensen die deze bijeenkomst bijwoonden waren hele normale mensen; gezond en gelukkig uitziende mensen. Sommigen spraken me meer aan dan anderen, maar dat heb je overal. Het voelde goed, ik voelde me begrepen en niet veroordeeld. Men wist wat ik had doorgemaakt. In het begin vond ik het programma niet zo overtuigend, maar het was wel duidelijk dat het een enorm positief effect had op de mensen in het zaaltje.

Vijf jaar later kan ik terugkijken op een succesvolle periode van geheelonthouding. Het is me gelukt om mijn leven weer op te pakken. Ik heb nu een vaste baan in de hoveniers branche. Ik heb fijne nieuwe vrienden; ook oude contacten met vrienden en familie zijn hersteld. En mijn mening over De Twaalf Stappen?

Nou, laat ik het zo zeggen – Ik ben het levende bewijs dat ze werken!

* Anonieme Alcoholisten' is een gemeenschap van mannen en vrouwen die hun ervaring, kracht en hoop met elkaar delen om hun gemeenschappelijk probleem op te lossen en anderen te helpen bij het herstel van hun alcoholisme.

** Twaalf Stappen Programma: Een Twaalf Stappen Programma is een programma van richtinggevende principes waarin een actieplan wordt omschreven voor herstel van verslavings-, compulsieve- of andere gedragsproblemen. Oorspronkelijk opgesteld door de Alcoholics Anonymous (AA) als een methode om te herstellen van alcoholisme.

Alleen zij die de weg hebben bewandeld weten waar de kuilen het

diepst zijn.

Chinees gezegde

" Je moet het contact met hem verbreken!"

... zegt ze. Ze is mijn vriendin maar ze zegt vaak de verkeerde dingen. Het irriteert me mateloos. Hoe durft ze zich ermee te bemoeien en mij te vertellen wat ik moet doen? Is zij opeens een expert of zoiets? Vooral zoals ze over hem praat, dat hij een lapswans is, een stomme dronkenlap.

Natuurlijk weet ik wel dat ze het goed bedoelt en dat ze bezorgd over me is, maar het is mijn leven. Ze hoort helemaal niet wat ik zeg, ze luistert gewoon niet. Ze is zo overtuigd dat ze gelijk heeft dat ik wel ongelijk moet hebben.

Had ik mijn mond maar gehouden, maar ik moest mijn hart luchten, want ja, het was en het blijft zwaar. Ik verdedig hem nog steeds wanneer hij mijn plannen overhoop gooit. Als hij mijn telefoontjes niet beantwoordt of als hij er niet is ondanks dat hij het had beloofd. Voor een groot deel gaat mijn leven over hem, ook al probeer ik dat ten sterkste te ontkennen. Maar zij weet niet hoe het is om samen te wonen met een alcoholist.

 Ze heeft er geen idee van. Zij is 'Mevrouw ik heb de waarheid in pacht' gebaseerd op geen enkele ervaring en daar heb ik moeite mee. Natuurlijk leef ik gewoon mijn eigen leven, bovendien is het een goed leven. Goed genoeg voor mij en om te kunnen omgaan met de stress die zijn aanwezigheid in mijn leven creëert. Ik wil niet bij hem weg want deze relatie is duidelijk bijzonder. Het geeft me een gevoel van 'nodig zijn', van verantwoordelijkheid, aangezien hij die niet schijnt te hebben.

En hier zitten we dan, het had een gezellige middag moeten worden, een bakkie leut drinken met een vriendin op een terrasje in de zon om de winterblues te verdrijven. Ik ben echt kwaad op haar maar ik ben niet assertief genoeg. Ik ben altijd bang om te reageren als mensen iets zeggen wat me niet bevalt, dus luister ik alleen maar. Ze raast maar door over het feit dat hij zo'n zakkenwasser is, dat ik bij hem weg moet gaan. Ze zegt dat hij er uit zag als een dorpsgek toen ze hem gisteren zag lopen in het centrum, niet vast ter been en zonder duidelijk doel. Ik voel een golf van misselijkheid in mijn maagstreek, pijn in mijn hart, ik voel zijn pijn. Hij zag er verloren uit, zegt ze, maar ik hoor geen mededogen in haar stem, alleen maar afkeuring.

De afkeuring over hoe zwak hij is. Ik kan het aflezen van haar gezicht terwijl ze opnieuw een sigaret opsteekt, een paar seconden nadat ze haar vorige heeft uitgemaakt in de asbak. De hypocriet, ze kan niet eens haar eigen verslavingen de baas, want nee, dat is iets heel anders. Ze ziet niet eens dat ze zelf verslaafd is, aan sigaretten, aan het kopen van dure kleren die ze helemaal niet nodig heeft en aan teveel make-up, vermoedelijk om te maskeren wie ze werkelijk is, om zichzelf te verbergen. Maar ze is vooral verslaafd aan roddelen. Vandaag over hem. Een waterval van woorden stroomt uit die glimmende, opgepompte 'vislippen', 'wijze' woorden die totaal onlogisch klinken in mijn oren.

Waarom doen mensen dat toch? Andere mensen veroordelen in de naam van 'het goed bedoelen'. In dit geval veroordeelt ze hem, maar mij ook omdat ik niet bij hem weg wil gaan. Ik twijfel er niet aan dat ze denkt me te helpen; dat ze het gevoel heeft dat ze aan mijn kant staat terwijl ze hem veroordeelt, maar het tegenovergestelde is waar. Het is onmogelijk voor haar om te zien of begrijpen waarom ik bij hem moet blijven, waarom hij zo belangrijk voor me is.

Ik geloof niet dat ik ooit meer om iemand heb gegeven dan om hem. Ik vind het geweldig als hij bij me is, vooral als hij nuchter is en dat is gelukkig het grootste deel van de tijd. Hij is een 'BINGE' drinker, iemand die alleen maar drinkt in zijn vrije tijd. Een 'weekend' drinker. Ik zou het ook een 'vrijetijdsdrinker' kunnen noemen, want als ik heel eerlijk ben, zodra hij een vrije dag of vakantie heeft dan brengt hij deze door in een staat van dronkenschap, altijd. Daar kan ik in ieder geval wel van op aan.

Hij kan wel functioneren in zijn baan, wat ik ongelooflijk positief en bijzonder vind. Hij geeft ook toe dat hij een alcoholist is en dat geeft me hoop.

Ik heb veel boeken gelezen over dit onderwerp. Ik ben nu meer dan tien jaar bij hem en ik weet wat zijn 'triggers' zijn. De verjaardag van zijn zoon met wie hij, tot zijn verdriet, geen contact meer heeft. Zijn eigen verjaardag, die hem altijd verdrietig maakt omdat hij nooit iets hoort van zijn zoon, en Kerstmis, om dezelfde reden. Hijzelf stuurt altijd een kaartje. Natuurlijk zoek ik naar excuses, maar ik kan er geen vinden. Ik begrijp niet waarom hij zoveel moet drinken dat hij amper nog weet dat hij leeft, letterlijk ieder weekend van zijn leven.

Ik kan niet begrijpen waarom hij dit doet juist omdat het, zo lijkt het, voor hem geen probleem is om gedurende de rest van de week van de drank af te blijven. Het gaat ook niet om gezellig uitgaan met vrienden want hij drinkt het liefst alleen, het liefst thuis. Ondanks het feit dat hij een gezelschapsmens is, van lachen houdt en van diepgaande gesprekken over politiek, eten en wetenschap, is hij een eenzame ziel geworden. Niet echt sociaal.

Maar doordeweeks is hij fantastisch. Als hij thuiskomt van zijn werk heeft hij nog energie genoeg om mij te helpen: hij doet de afwas die ik drie dagen heb laten staan en gaat met de hond wandelen, voor mij een welkome onderbreking van de drie-keer-per dag routine. Hij steunt me emotioneel en fysiek met goed advies, met een geweldig gevoel voor humor en met lange knuffels. Hij kan goed luisteren en is de beste vriend die ik me maar kan bedenken.

Beter dan zij, zoals ze daar zit met dat bezwerende vingertje, hem beschuldigend dat hij me ongelukkig maakt. Het maakt niet uit wat ik zeg, zij ziet alleen maar die momenten in het weekend, waarin mijn leven wordt overspoeld door zorgen, angst en – oké, ook irritatie waarom hij voor de zoveelste keer zijn woord niet heeft gehouden. Na tien jaar zou je toch denken dat ik daarmee overweg zou kunnen en zou kunnen ophouden met hem steeds toch weer te geloven als hij zegt dat we samen leuke dingen gaan doen in het weekend. Helaas, dat is niet het geval en ik geloof niet dat ik daar ooit aan kan wennen. Ik heb echter wel een manier gevonden om ermee te leven.

Ik heb genoeg te doen om mijn weekenden mee te vullen, dus zelfs als gemaakte plannen moeten worden gewijzigd kan ik makkelijk nieuwe plannen maken waar ik me goed bij voel. Mijn vriendin kan de fijne momenten niet zien. Ze kan alleen maar kijken naar de negatieve momenten en het positieve van mooie momenten niet waarderen.

Natuurlijk weet ik wel dat ik, tot op een bepaalde hoogte, de waarheid niet onder ogen wil zien. De gebruikelijke weekendstress heeft wel degelijk een effect op me. Het verzwakt mijn hoop op zijn herstel. Het is moeilijk aan te zien hoe hij zichzelf te gronde richt. Ik voel een constante angst dat hij zichzelf iets zal aandoen of een aanval van delirium* krijgt als hij alleen is, zonder hulp. Ik ben zelfs bang dat hij zelfmoord pleegt. Ik heb gelezen dat, volgens de statistieken, een vrij groot percentage van mensen die aan alcoholisme lijden zelfmoord plegen uit pure onmacht over hun onvermogen om te stoppen met drinken. Ik weet niet zeker of hij zich van zijn leven zal beroven. Daaruit blijkt maar weer hoe slecht ik hem ken in zijn momenten van vertwijfeling, van duisternis. Ik kan hem lezen als een boek als hij nuchter is, maar onder de invloed van alcohol is hij een mysterie.

Natuurlijk heb ik hem vele malen gevraagd: *"Waarom toch, wat voel je dan?"* Dat beantwoordt hij meestal met *"Ik weet het niet"*. Hij vindt de smaak van alcohol niet eens lekker. Hij heeft alleen behoefte aan die roes. Hij zegt dat hij het gevoel haat wat hij heeft als hij wakker wordt na een heftige dranksessie. Dan is hij teleurgesteld in zichzelf en een deel van hem wil alleen maar dat dat gevoel weggaat, dus gaat hij weer drinken.

Ik kan het eigenlijk wel begrijpen. Ik kan zijn gevecht zien, het is overduidelijk. Ik zie ook zijn momenten van hoop dat hij zijn aandrang kan overwinnen en een 'normale drinker' kan worden; dat geeft me altijd een zwaar gevoel in mijn maag en in mijn hart, want voor zover ik weet is dat een klassiek geval van ontkenning. Hij is een alcoholist, hij is geen 'normale drinker'en ik geloof er niet in dat hij dat ooit zal kunnen zijn. Maar ik geloof wel dat hij een leven zonder drank kan leiden.

Mijn vriendin gelooft dat niet. Ze vertelt me dat ik hem moet laten stikken en zo hard van hem weg moet rennen als ik kan. Dat hij niet goed genoeg voor me is. Dat ik speciaal ben en mijn leven moet leiden zonder hem. Gelukkig worden met een andere man, dat is wat ik verdien zo beweert ze. Ze dringt erop aan dat ik alle contact met hem verbreek. Het doet me pijn als ik haar zo hoor praten. Ik ben er niet helemaal zeker van dat het pijn doet omdat ik een grote angst voel, heel diep van binnen. De angst dat ze misschien gelijk heeft? Maar ik duw die gedachte weg want ik wil niet zonder hem leven. Ik wil de mooie momenten die we samen hebben als hij nuchter is niet missen. Ik wil onze lachbuien, de omhelzingen en knuffels en die lange interessante gesprekken niet missen. Hij is mijn beste vriend. Dat kan ik van haar niet zeggen.

Ik betaal voor mijn koffie en zeg dat ik helaas weg moet. Ik moet mijn gedachten helder krijgen, maar één ding weet ik zeker ... Ik ga alle contact met háár verbreken!

*delirium (Delirium tremens) wordt hoofdzakelijk veroorzaakt door het abrupt stoppen met de inname van alcohol van iemand die voor een lange periode veel heeft gedronken, met ontwenningsverschijnselen zoals trillen, hartkloppingen en zweten.

In hun wezen zijn alle mensen gelijk; het zijn hun gewoonten die de verschillen maken.

Confucius

De meest gevoelige vioolmuziek, die ik ooit had gehoord

... streelde mijn oren. Het werd zo ongelooflijk gevoelig gespeeld dat het me totaal overweldigde; ik werd zijn wereld binnengezogen. Ik was gefascineerd, aangetrokken door een onzichtbare snaar, de snaar van zijn instrument.

Onze eerste ontmoeting vond plaats toen hij het kantoor waar ik werkte als secretaresse van de gouverneur, binnenliep. Hij was een professionele violist in een orkest en mocht niet werken met slechts een toeristenvisum. Ik was achtendertig jaar oud en voelde me direct aangetrokken tot zijn uiterlijk, zijn muziek en zijn charme.

Ik leerde hem kennen als de briljante musicus die hij was; ik ontdekte zijn 'gelukkige' kant en was gecharmeerd van zijn sympathieke persoonlijkheid, me onbewust van het feit dat hij een drankprobleem had. Hij was een zware drinker, maar ik kende zoveel mensen die graag een glaasje meer dronken – Ik zag dat niet als een probleem. Ik was op slag verliefd op hem. We spraken niet dezelfde taal, maar dat leek niets uit te maken. Hij was romantisch, vol verrassingen en beloftes!

Dus besloten we te trouwen, maar het werd me al snel duidelijk dat ik voor alles moest betalen. Ons huis, onze rekeningen, onze uitstapjes en zijn hebzucht. Ik leerde hem mijn taal en hielp hem om de papieren te krijgen die hij nodig had om te kunnen werken als docent aan de muziekacademie in het land dat zijn thuis was geworden. Ik hield gewoon van hem en vond het moeilijk om 'nee' te zeggen.

Ik was voor hem gevallen door de magie die hij creëerde met zijn viool. Hij speelde met zoveel passie, zo ongelooflijk gevoelig, als een engel. Wanneer hij speelde *was* hij een engel. Maar ik ontdekte al snel dat hij, als hij niet speelde, zich ontpopte als de duivel in persona. Het was al te laat. Ik was voor hem gevallen, totaal, maar ik had ook medelijden met hem. Zijn opvoeding in een arm milieu in een communistisch land maakte dat hij een niet te stuiten aandrang had om geld uit te geven, alleen het meest exclusieve was goed genoeg voor hem. Ik begreep hem. Zijn moeder, die een alcoholiste was, en zijn vader hadden beiden hun frustratie uitgeleefd in zware verbale en fysieke mishandeling van hun kinderen. Het werd mijn excuus voor zijn gedrag. Hij was een slachtoffer. Hij had zoveel geleden in zijn jonge jaren, het was zo begrijpelijk dat hij gefrustreerd en kwaad was en dat hij deze frustratie op iemand moest projecteren, op mij, zijn vrouw. Ik dacht zelfs dat het normaal was, want in mijn eerste huwelijk had mijn toenmalige echtgenoot ook de gewoonte om mij te zien als een object, iets om de controle over te hebben. Ik was gewend geraakt aan verbale en fysieke mishandeling. Ik dacht dat het bij het huwelijk hoorde.

In die jaren was het in mijn land nog vrij normaal voor een man om zijn vrouw te slaan. Mijn ex-man vond dit ook, maar hij was geen drinker. Mijn tweede echtgenoot wel. De agressie en mishandeling waren het ergst als er alcohol in het spel was. Jaren gingen voorbij en zijn drinkgedrag werd steeds extremer. Hij moest van 's ochtends vroeg tot 's avonds laat drinken.

Ik bleef excuses voor hem maken tegenover familie en vrienden die bezorgd over mij waren. Ik vertelde hen over zijn ongelukkige jeugd en zijn muzikale genialiteit. Ik hoorde mezelf zeggen dat hij pijn nodig had om te kunnen creëren. Hij moest lijden en alles om hem heen, iedereen en alles waar hij van hield moest ook lijden. Op een vreemde manier hield hij wel van me; van mij en van zijn viool, maar hij mishandelde ons allebei. Als hij dronken was moest hij zelfs de ziel van zijn viool pijn doen, de ziel van zijn zo dierbare instrument. Steeds weer, net zoals mijn ziel, steeds weer.

Hij vernederde me met beledigende woorden, beledigingen over mij, over mijn land en mijn geliefde cultuur. Hij gaf de hele wereld de schuld van zijn misère, de misère die hij zelf had gecreëerd en nodig had om zijn genialiteit te ontwaren. Hij moest anderen kwellen. Niet alleen mij, maar ook zijn studenten en collega's. Het werd getolereerd omdat hij zo briljant was, maar hij moest het ook duur betalen; het lukte hem nooit een vast contract in de wacht te slepen. Slechts weinig mensen konden zijn gedrag verdedigen zoals ik dat deed.

Zijn excessieve drinkgedrag werd onhandelbaar. Overdag, ook tijdens zijn werk, kon hij rustig vier tot zes glazen cognac plus een aantal biertjes drinken, wat dan 's avonds werd gevolgd door een paar flessen wijn en nog een glas whisky of gin voor het slapen gaan. Tijdens de weekenden gaf hij privéles aan ambitieuze violisten. Tijdens deze lessen dronk hij altijd een mix van één derde appelsap met tweederde whisky of gin.

Ik voelde zijn pijn en frustratie. Zijn frustratie dat zijn talent niet wereldwijd werd erkend. Frustratie dat zijn naam niet beroemd was zoals die van Yehudi Menuhin.

Daarom moest hij lijden en provoceren. Hij had voor niemand respect en had er plezier in om andere mensen te treiteren en te beledigen. Na verloop van tijd had hij ook genoeg van mij en begon vreemd te gaan. Hij sliep met vele andere vrouwen en ik werd opeens een obstakel voor hem. Hij had echter mijn geld nodig want zijn dwangmatige koopgedrag maakte dat hij geen geld voor zichzelf overhield. Ondertussen had zijn constante treiteren mij veranderd in een nerveus wrak.

Inmiddels wist ik dat hij een alcoholist was, een hele zieke, gestoorde man, maar ik wist niet wat ik daaraan kon doen. Ik had gelezen over verslaafdenopvang en programma's voor verslaafden. Ik stelde hem voor om hulp te gaan zoeken, maar mijn woorden waren zinloos. Hij hield vol dat zijn probleem niets te maken had met drank en op een bepaalde manier klopte dit ook.

Ik stelde me altijd op als tussenpersoon wanneer hij in de problemen geraakte. Ik zocht oplossingen voor zijn problemen, ik sprak met mensen die belangrijk waren zodat hij zijn werk kon behouden. Ik bedekte zijn 'scheuren' met muurpleister. Maar natuurlijk creëerde hij altijd weer nieuwe problemen, nog meer scheuren voor mij om te bepleisteren. Sommige problemen hadden zelfs te maken met zijn studenten. Het was net alsof hij zijn eigen leven onmogelijk moest maken om vervolgens anderen hiervan de schuld te geven. Het was nooit zijn fout. Het was nooit de fout van zijn drankmisbruik.

De stress, de constante vernedering en beledigingen kregen vat op mijn lichaam. Ik begon sterk af te vallen en uiteindelijk ontwikkelde ik een maagzweer. Het was precies waar hij me wilde hebben. Hij probeerde letterlijk om me te vermoorden, een langzame dood, door me zo nerveus en overstuur te maken dat mijn lichaam voor de tweede keer een maagzweer creëerde binnen twee jaar tijd. Mijn maag was een complete puinhoop. Ik had peritonitis en het scheelde niet veel of ik had het niet overleefd.

Een bevriende arts sprak met hem en vertelde hem dat hij moest stoppen met zijn verbale mishandeling en meer rekening met me moest houden omdat ik een maagzweer had, maar ook dat dit mijn leven serieus in gevaar zou kunnen brengen. Dit verergerde zijn gedrag, hij ging me nog meer pesten. Tot dan had hij me alleen mentaal mishandeld, maar nu begon hij me ook fysiek te mishandelen. Ik was te verdoofd om het tot me door te laten dringen, totdat ik hem op een dag hoorde telefoneren met een vriend. Hij vertelde over de maagzweren die ik had gehad en dat deze konden leiden tot kanker en dat dit zelfs mijn dood tot gevolg zou kunnen hebben. Hij vertelde ook dat als ik zou komen te overlijden, mijn levensverzekering en mijn pensioen hem een fantastisch leven zouden garanderen. Hij zou dan rijk zijn.

Ik was geschokt en doodsbang, maar ik wist niet hoe ik bij hem weg kon gaan. Ik had geen geld om een nieuw leven te beginnen. Al mijn geld zat in het huis en ging op aan zijn drankmisbruik, dwangmatig koopgedrag en hebzuchtige gewoontes. Hij probeerde me op alle mogelijke manieren pijn te doen, zelfs door me te treiteren waar andere mensen bij waren. Hij wist dat mijn schaamte extra stress bij mij veroorzaakte. Hij lokte ruzies uit, met iedereen. Hij provoceerde situaties en ik werd zo gestrest dat ik niets meer kon eten. Letterlijk, alles wat ik in mijn mond stopte kwam er weer uit, ik kon het niet binnenhouden.

Nadat ik het telefoongesprek met zijn vriend had gehoord zag ik hem niet meer als een slachtoffer zoals ik daarvoor had gedaan. Ik zag hem als een hele zieke man, maar besefte ook dat ik bij hem weg moest. Op de een of andere manier had hij dit door en hij werd nog agressiever – hij viel me regelmatig aan, zelfs als ik sliep. Op een nacht kwam hij thuis en maakte me wakker door me gewelddadig door elkaar te schudden. Hij was ongelooflijk dronken en ik zei dat hij ergens anders moest gaan slapen. Toen greep hij me bij de haren en sleepte me uit bed over de vloer naar de badkamer. Ik knalde tegen de deur en hij gooide me met extreem geweld tegen de badkuip. Na dit voorval bleef ik nog drie maanden bij hem omdat ik niet wist waar ik naartoe kon, ik wist niet hoe ik uit deze situatie kon ontsnappen.

Het misbruik werd erger. Ik verborg me vaak in een kast. Dan hoorde ik hem naar me zoeken door alle kamers in het grote huis waar we woonden te doorzoeken. Ik was doodsbang. Ik weet niet hoe, maar toch wist ik te functioneren en ging gewoon naar mijn goedbetaalde baan. Buitenshuis leefde ik een op het oog normaal leven.

Tijdens die laatste paar maanden moest ik regelmatig een tijdje weg van huis naar mijn geboortestad om mijn moeder – ze is inmiddels overleden - in het ziekenhuis te bezoeken; dit was 300 kilometer bij ons vandaan. Iedere keer wanneer ik terugkwam van een dergelijke trip deed hij dingen om me te straffen, om me bang te maken. Hij gebruikte vaak zijn jachtgeweer om op honden te schieten. Hij moest gewoon iemand of iets pijn doen. Als hij mij geen pijn kon doen dan moest hij dieren pijn doen. Inmiddels wist ik dat hij echt wilde dat ik dood was.

In het geheim besloot ik om mezelf en mijn leven te reorganiseren. Op een dag kwam hij extreem kwaad thuis en hij wilde dat ik seks met hem bedreef. Hij zei dat hij me 1000 euro zou betalen, hetzelfde wat hij andere vrouwen betaalde voor seks. Ik weigerde.

Die nacht ging ik bij hem weg. Ik greep mijn in het geheim ingepakte koffer en rende de deur uit in mijn ochtendjas en pantoffels, naar mijn auto en reed weg. Om nooit meer terug te keren.

Dat was niet het einde van mijn nachtmerrie. Hij begon me te stalken en me te bellen. Hij belde ook mensen die ik kende, zoals vrienden en familie. Hij kwam naar mijn werk en schreeuwde, daar waar iedereen hem kon horen, dat ik een hoer was. Hij belde mijn zoon uit mijn vorige huwelijk en vertelde hem dat hij iemand uit zijn thuisland 2000 euro had betaald om mij te vermoorden. Een serieuze bedreiging. Ik ging direct naar de politie en hij kreeg een straatverbod. Dit maakte dat hij ophield want hij wist dat hij alles zou verliezen.

Het duurde jaren voordat ik hier overheen was. Ik had hulp nodig van psychologen en met hun hulp realiseerde ik me dat ik eraan verslaafd was geraakt om te worden beledigd. Ik verlangde ernaar en had het nodig om te worden vernederd. Het was ongelooflijk moeilijk voor me om me geliefd te voelen wanneer ik niet werd gepest. Ik was er zo aan gewend. Het heeft jaren geduurd voordat ik eraan kon wennen dat ik niet meer bang hoefde te zijn: dood en levend op hetzelfde moment. Totaal geïsoleerd. Echter, beetje bij beetje voelde ik het leven weer door mijn aderen stromen.

Voor het eerst in jaren kwam mijn gevoel terug – zowel letterlijk als figuurlijk. Ik kon de voorjaarslucht weer ruiken, ik zag bloemen, de bomen en de schoonheid die me omringde. Ik voelde me herboren. Het was fantastisch. Dankbaar zijn is makkelijk en iets natuurlijks voor me geworden. Het was eenvoudig om dingen te waarderen nadat ik zoveel had gemist in die donkere jaren.

Maar ik kan ook naar mijn eigen rol in mijn leven kijken. Ik was het die de beslissing nam om bij hem te blijven. Ik heb alles geprobeerd om hem te veranderen. Ik kocht een huis, ik gaf hem bezittingen en ik gaf hem mijn geld. De verantwoordelijkheid lag compleet bij mezelf. Het is belangrijk dat andere mensen dat beseffen – andere mensen die zich in een soortgelijke situatie bevinden. Ik deel mijn verhaal om hen erop attent te maken, om hen aan te moedigen om dingen in hun leven te veranderen, hen te laten beseffen dat het wel degelijk mogelijk is om andere keuzes te maken. Het kiezen van vrijheid in plaats van misbruik en pesterijen, de vrijheid die ze verdienen. Er is leven na wanhoop. Er is leven na bijna-dood. Het zelfvertrouwen dat ik had verloren is nu terug, sterker dan ooit.

Ook al was het een nachtmerrie, ik ben dankbaar voor wat mijn verleden me heeft geleerd. Ik ben dankbaar voor wat ik nu zo duidelijk zie. Wat ik moest leren. Het was eigenlijk iets heel simpels – een woord van slechts drie letters. Ik leerde NEE te zeggen.

Pas als we verdwaald zijn kunnen we beginnen onszelf te begrijpen

Henry David Thoreau

Ze kon geen datum prikken voor haar euthanasie

... ze wilde niet dat het te dicht bij de verjaardag van de kleinkinderen zou zijn. Het was het jaar 2000.

Mijn moeder was een sterke persoonlijkheid, ze was sterk genoeg om te vragen, om te worden goedgekeurd door twee artsen voor, en om het lef te hebben om door te zetten met haar euthanasie. En ze had het geluk dat ze in Nederland woonde waar euthanasie wordt gezien als een humane actie.

Haar beslissing werd gevolgd door een bizarre periode van zeggen wat nog gezegd moest worden, huilen, lachen en loslaten. Een mooi afscheid terwijl ze werd vastgehouden door hen van wie ze hield; mijn vader, mijn broer en door mij. Ze was er niet meer. Bevrijd van een lichaam dat haar gevangenis was geworden. Ondanks dat ik haar verschrikkelijk miste was ik blij voor haar. Haar vrijheid was onze vrijheid geworden. We waren allen bevrijd van haar lijden.

Na haar dood moest ik er even tussenuit.

Ik hing mijn kleren in de kledingkast van een Bed & Breakfast in het kleine Engelse kustplaatsje Southwold, in Suffolk, mijn thuis voor een week. Ik was alleen; klaar om mijn ervaringen, die lagen te wachten in een hoek van mijn brein, in een boek te verwerken.

De tweede avond ging ik naar een typisch Britse pub in het dorp. Ik herinner me dat ik een whisky met ijs bestelde en me wat ongemakkelijk voelde, omdat ik alleen was. Ik opende mijn mooie notitieschrift met rood kaft en schreef: *"er valt een druppel van de bodem van mijn glas op de glimmende, houten tafel. In de druppel zie ik een miniatuur reflectie, het silhouet van een man, hij staart naar me"*.

Terwijl ik de woorden schreef voelde ik zijn ogen en ik keek op. De aantrekkelijke man die een paar tafels van me vandaan zat draaide zijn blik van me af. Ik voelde vlinders in mijn buik. Niet lang daarna schraapte hij al zijn moed bij elkaar en liep naar mijn tafel. Zijn wat onhandige verlegenheid vertederde me, zijn lieve stem streelde mijn oren, zijn woorden en gedachten leken op die van mij. Het klikte. Voordat ik er erg in had werd de week die ik had geboekt een maand.

Opeens was ik geen 'Ik' meer maar waren we een 'Wij'. We waren onafscheidelijk, verlangend naar elkaars liefde, naar elkaars geschiedenis en verhalen. Hij stelde me voor aan zijn vrienden, zijn leven en zijn verleden. Ik ontmoette zijn stalkende ex-vriendin en zijn demonen. En heel snel ontmoette ik ook zijn ontsnapping hieraan, zijn troost. Wijn, heel veel wijn.

Terugkijkend op die begintijd realiseer ik me dat er voldoende tekenen waren, waarschuwingen, direct vanaf het begin, maar ik negeerde ze. Ik was verliefd. Ik was ervan overtuigd dat ik zijn 'Florence Nightingale' was, zijn 'redder' en verblind door de liefde besloten we het pad verder samen te bewandelen. Nederland was al snel niet groot genoeg voor ons en na drie intense jaren van drama, verdriet, maar ook blijdschap, verhuisden we naar Spanje. Het was een hoopgevende tijd.

Ik voelde me inmiddels wijzer, meer in controle, want ik had, nog in Nederland, in een moment van radeloosheid de hulp gezocht van de Al Anon*, waar ik de meest fantastische vrouwen en mannen ontmoette die hun verhalen met me deelden. Ik was verbaasd over de kracht van deze mensen en dat ze zo gewoon waren, maar ook zo interessant. Wat ik hen hoorde vertellen was mijn verhaal. Ze spiegelden mijn ervaring en hielpen me te realiseren dat alcoholisme een ziekte is. Een ziekte met symptomen zoals projectie, maar ook van liefde en boosheid, ongelooflijke, onredelijke boosheid, van manipulatie en nog meer projectie.

Gewapend met al deze kennis overtuigde ik mezelf dat ik degene was die hem kon helpen. Al geloofde ik niet langer dat ik 'Florence' was, ik had er vertrouwen in dat wonderen bestaan, dat mensen kunnen veranderen. Nu zie ik dat ik teveel van hem verwachtte dat híj zou veranderen en negeerde ik op de een of andere manier dat ík degene was die diende te veranderen, maar ik veranderde niet. Misschien was ik bang om dat 'Wij'-gevoel te verliezen. Ik was niet klaar om hem los te laten, dus ging ik door. Het drama voortzettend bleef ik aan mijn rol in het geheel vasthouden, en ik speelde mijn rol perfect.

Er veranderde niet veel – behalve een groeiend besef dat naarmate hij agressiever werd, bedreigender, ik slechts een kleine stap verwijderd was van fysieke mishandeling. Ik had het eindpunt bereikt. Ik noemde mezelf zijn vriend, maar ik gedroeg me niet echt als een vriend. Ik was een klassiek geval van 'facilitator', ik was degene die het voor hem mogelijk maakte om langzaam zelfmoord te plegen. Er was geen alternatief. Na zes jaar samenwonen moest ik hem vragen om te gaan.

We verbraken onze relatie, maar onze vriendschap bleef bestaan. We woonden in aparte huizen, maar ik merkte dat ik niet bereid was om hem helemaal los te laten. Ik was er nog niet klaar voor hem helemaal op te geven. Ik hield van zijn ziel, zijn mooie zachte kant en had nog steeds hoop. Niet zozeer om weer samen een relatie te beginnen, maar om een uitweg voor hem te vinden, hulp te gaan zoeken en dat briljante, interessante brein van hem te gebruiken om een beter leven voor zichzelf te creëren.

***

Vier jaar later was hij nog steeds in mijn leven – in diepe slaap verzonken op de bank in mijn woonkamer. In de drie voorafgaande maanden had hij het voor elkaar gekregen om een valse schijn van vertrouwen bij me te wekken door niet te drinken. Hij had zichzelf weer in mijn huis, mijn leven en mijn bezorgdheid gemanipuleerd. Opnieuw was de nachtmerrie mijn dagelijkse realiteit geworden, iets wat ik me sterk realiseerde toen ik hem hoorde prutsen om het sleutelgat in mijn voordeur te vinden, eerder die avond. Iets in me brak. Ik voelde teleurstelling – ik was teleurgesteld dat hij zichzelf niet om het leven had gebracht. Geschokt door mijn negatieve gedachte voelde ik schaamte, ik huilde. Op dat moment begreep ik dat ik hem weliswaar regelmatig had gevraagd om te verdwijnen, maar hij ging nooit ver weg. Nog steeds geloofde ik hem als hij beloofde niet meer te zullen drinken! Iets, zo weet ik nu, wat bijzonder herkenbaar is voor de vrouwen en mannen die mijn ervaring delen.

Nog steeds heb ik het antwoord niet gevonden. Ik weet ook niet zeker of er een antwoord is. Ik weet niet zeker of ik ooit echt kan geloven dat hij een weg uit deze ellende zal vinden, maar ik moet de hoop daarop vasthouden, de hoop dat hij op een dag zal beslissen dat het genoeg is geweest.

Vandaag kan ik en wil ik hem niet uit mijn leven verbannen – er zijn nog teveel goede dingen die we delen. Maar ik vraag me soms wel af of ik het probleem ben. Heb ik het drama nodig, de mogelijkheid om te verzorgen, de stress van de teleurstelling. Ben ik verslaafd aan de verslaafde?

Nadat hij vijf maanden op de bank in mijn woonkamer had gelogeerd vond hij een paar maanden geleden eindelijk een leuke kleine flat voor zichzelf; dus nu leven we apart en het lukt als 'beste vrienden' met elkaar om te gaan. Ik kan genieten van zijn gezelschap als hij besluit om niet te drinken, wat hij het grootste deel van de week opbrengt. Maar als hij het nodig heeft om toe te geven aan zijn aandrang om te drinken, dan kan hij dat doen in zijn eigen huis.

Waar het op neer komt is dat ik moet leren om niet bezorgd om hem te zijn. Hem toe te staan zijn eigen keuzes te maken, zijn eigen leven te leiden terwijl ik mijn eigen leven leid. Het loslaten van de hoop en simpelweg van dag tot dag leven. Hij is al lang niet meer mijn partner, maar hij is een vriend en mijn ex. Hij is mijn 'Vrex'.

*Al-Anon (waarvan Alateen voor jonge leden een onderdeel is) is een organisatie die ondersteuning, hoop en een veilig ontmoetingspunt biedt voor families en vrienden van alcoholisten.

"Serenity Prayer"- Gebed om kalmte

God geef me de kalmte om te aanvaarden wat ik niet kan veranderen;

de moed om te veranderen wat ik kan veranderen; en de wijsheid om

het verschil hier tussen te zien

(Oorspronkelijk geschreven door de theoloog Reinhold Niebuhr eind

1930 /begin 1940)

Alcoholconsumptie is heel gewoon in India

... zeker in de rijkere families zoals die van mij. Er was altijd veel alcohol. Mijn vader, mijn moeder, één van mijn grootmoeders en veel tantes en ooms – iedereen dronk grote hoeveelheden alcohol.

Kwalitatief gezien zijn er verschillende soorten alcohol in India. Je vindt er de ruwe, goedkope alcohol in de straten en de arme wijken en dan zijn er de 'beroemde merken' voor degenen die het zich kunnen veroorloven. Maar het maakt niet uit welk specifiek 'vergif' je verkiest, alcoholisme is een groot probleem.

Brandy werd door mijn familie als een pijnstiller beschouwd en vooral gebruikt als iemand kiespijn had. Ik kan me echter niet herinneren wanneer het mij voor het eerst als pijnstiller werd gegeven. Wat ik me wel kan herinneren is dat ik op ongeveer zevenjarige leeftijd ongelooflijk nieuwsgierig werd naar mijn moeders 'cocktail parties' – ik was ook benieuwd naar de drankjes in die aantrekkelijke glazen met kleurrijke decoraties. Ik sloop dan heel stilletjes vanuit mijn slaapkamer naar beneden en gluurde naar binnen door de spijlen van de trapleuning. Mijn moeders gasten waren altijd heel vrolijk en ik wilde weten wat ze dronken. Mijn eerste kennismaking met drank kan ik me nog goed herinneren: na een feestje sloop ik naar beneden en dronk enkele restjes op! Alcohol werd een normaal onderdeel van mijn kinderjaren.

Wij woonden in Bombay. Toen ik veertien jaar was werd ik voor twee jaar naar een privéschool in Lausanne, Zwitserland, gestuurd. Daar dronk ik op mijn vijftiende mijn eerste 'volwassen' drankje. Na deze periode moest ik naar een privéschool in Londen. Nauwelijks zestien jaar was ik toen mijn drinkgedrag me voor het eerst in de problemen bracht. In afwachting van mijn visum voor Engeland logeerde ik in het huis van de ouders van een vriendinnetje. Inmiddels was ik eraan gewend om flink te feesten waarbij ook stevig werd gedronken. Op een avond ging ik alleen uit en vergat volledig dat ik op een bepaalde tijd thuis zou komen. Het werd heel erg laat en ik heb de hele familie wakker gemaakt door lang op de deurbel te drukken. Mijn vriendin begroette me met een klap in mijn gezicht. Ik was geschokt en besefte dat ik ongelooflijk onbeleefd was geweest ten opzichte van hun gastvrijheid.

Dit soort incidenten kwam steeds vaker voor en ondanks het feit dat het me onbewust een onprettig gevoel gaf en ik me best realiseerde dat drinken niet goed voor me was, ging ik er toch mee door. Het voelde niet goed, maar mijn onvermogen om het leven aan te kunnen leek het gebruik van alcohol te rechtvaardigen. Op heel jonge leeftijd was ik ook begonnen met het roken van marihuana, het was een vlucht. Voor mij zijn alcohol en marihuana synoniemen van ontvluchten.

Ik ontmoette mijn vriendje, die later mijn echtgenoot zou worden, op de school in Lausanne. Hij is half Nederlands en half Zwitser. Ik was achttien jaar toen we gingen samenwonen, dat was in Londen. We waren zelfstandig, hadden onze eigen flat en waren bijzonder extrovert. Het feit dat we zó jong al onze eigen plek hadden bracht mee dat onze flat dé plek werd waar iedereen naartoe kwam om te feesten. In een relatief korte periode kreeg onze flat de reputatie de beste plek in de stad te zijn voor een feestje, een realiteit die me letterlijk overkwam, zonder dat ik het het doorhad.

Ik genoot absoluut van die feestjes en ik genoot van de gekte die ermee gepaard ging. Iedereen in mijn omgeving scheen hetzelfde te doen, zowel mijn familie als mijn vrienden. Iedereen in mijn naaste omgeving dronk tenminste ieder weekend en meestal dagelijks. Er was gewoon altijd drank. In een stad als Londen is het helemaal geen punt om je in een groep mensen te bevinden die middelen zoals alcohol en drugs gebruiken.

Veel alcohol had ik trouwens niet nodig om dronken te worden. Er werd ook van alles door elkaar gedronken tijdens de feestjes en er werden drugs gebruikt. Voor mij waren een paar glazen alcohol en een jointje al genoeg om me naar een totaal andere wereld te transporteren. In die tijd dronk ik niet iedere dag, maar het werd wel iets heel normaals. Negatieve momenten waren er nauwelijks; het leven was fantastisch. Alle feestjes gedurende de tijd dat ik in de twintig was waren beslist positief, met een hoop lol, liefde, buitensporige gekte, dansen op tafels en vele gelukkige momenten met mijn vrienden en familie.

Zowel mijn inmiddels ex-echtgenoot als ik raakten verslaafd aan alcohol en drugs maar er was voor een groot deel ontkenning en iedere keer als er een probleem was duwde ik de verantwoordelijkheid van me af. Ik gaf altijd iedereen en alles de schuld, behalve mijzelf. Maar er was ook een gevoel van verwarring en eenzaamheid; innerlijke eenzaamheid, on-danks het feit dat ik altijd omringd was door mensen. Mijn zelf-vertrouwen en zelfrespect ebden langzaam weg.

Veel mensen die moeite hebben met hun alcoholconsumptie voelen zich totaal alleen. Zo voelde ik me nooit. Ik kon wel met veel mensen praten over al die negatieve, bijna depressieve gevoelens. Mijn vrienden en ik discussiëerden regelmatig over dit onderwerp, we praatten over wat we voelden, maar in die tijd kon niemand van ons inzien, laat staan accepteren dat deze gevoelens te maken hadden met alcoholverslaving.

Volgens mij is dit vaak het geval wanneer er sprake is van een alcohol- of drugsverslaving. Alcoholconsumptie kan in feite een toestand van innerlijke eenzaamheid en negativiteit veroorzaken. Het was een kip of het ei situatie.

Waren we eenzaam omdat we dronken of dronken we omdat we eenzaam waren?

Het was pas tijdens de zwangerschap van mijn eerste kind dat ik het gevoel kreeg dat ik fout bezig was. Het klopte gewoon niet, moeder zijn en drinken; het werkte niet, maar ik gaf het drinken niet op. Mijn gevecht was nog lang niet gewonnen. Ik ging door met drinken en er waren onnoemelijk veel bijzonder schaamtevolle momenten. Echter omdat ik zo'n provocerend en rebellerend karakter heb, bedekte ik mijn schaamte met mijn grote mond.

Ik was erg oppervlakkig. Het is een moeilijke situatie als de mensen om je heen ook drinken. Mijn gedrag moest flink boven een bepaald niveau uitstijgen voordat het echt problemen creëerde voor de mensen om me heen, aangezien zij zelf ook grillig gedrag vertoonden door hun drankzucht. Bovendien, in mijn Indiase familietraditie was het heel normaal om luidruchtig te zijn, dus het duurde lang voordat mijn gedrag werd opgemerkt. Omringd door mensen die het normaal vinden om hun emoties vrij te uiten, bleef de kans klein dat mensen mijn verslaving zouden opmerken.

Toch had mijn drankgebruik een zeker negatief effect op mensen. Ik weet dat mijn moeder erg bezorgd om me was, ook al was ze zelf een stevige drinker. Ik was agressief tegen mijn ex-echtgenoot, verbaal agressief. Hij was veel minder agressief tegen mij. Ik was de initiator, vaak uit pure woede. Er was veel onderdrukte boosheid. De alcohol werkte als olie op het vuur en onder invloed van alcohol kon mijn boosheid gemakkelijk exploderen. Dit gebeurt vaak in momenten van een zogenaamde 'blackout' en mensen kunnen zich dit dan de volgende dag niet meer herinneren.

Ik verloor mijn zelfrespect door mijn drinkgedrag, want ik bevond me constant in compromitterende situaties tengevolge van deze blackouts, omdat ik niet wist wat er precies was gebeurd werd ik altijd wakker met een gevoel van wanhoop en vrees voor mogelijke consequenties van mijn acties.

Ook verloor ik heel veel materiële eigendommen. Er was genoeg geld voor mij om uit te geven en koopzucht was een onderdeel van mijn verslavingsgedrag, dus ik bleef maar dingen kopen, het was een innerlijke drang. Vaak verloor ik oorbellen, meestal één van een heel duur paar. Op een dag verloor ik een Cartier oorbel ter waarde van £ 6000. Daar schrok ik wel van en het maakte dat ik me van die schokkende realiteit bewust werd, maar het dwangmatige koopgedrag ging gewoon door.

Ik ben ervan overtuigd dat alcohol slechts één van de vele facetten is van een verslaving en die facetten dienen zich op vele verschillende manieren aan. Dwangmatige gedragingen hebben ook vaak een onderling verband. Terwijl ik onder invloed van alcohol was, ging ik me ook te buiten aan drugs, aan koopzucht, aan seks, aan eten en aan gokken. Bovendien bleek ik OCS*-type gedrag te vertonen. Eigenlijk is de lijst oneindig en het kan over van alles gaan. Ik heb bewust aan al mijn verslavingen 'gewerkt' om ervan af te komen, nadat ik had geaccepteerd dat ik een verslavingspersoonlijkheid heb.

Erop terugkijkend, zie ik in dat mijn gedrag destijds totaal ongepast was en dat mijn ex-echtgenoot alle reden had om tegen mij in te gaan. Maar hij was zelf ook een verslaafde, wat inhield dat er geen rationalisme was in onze levens. Ontkenningsgedrag en excuses maken waren een onderdeel daarvan. Er waren zoveel excuses, vooral ten opzichte van mijn ex-echtgenoot. Ik had me, ook met andere mannen, in situaties gemanipuleerd die uiteindelijk desastreus waren voor ons huwelijk en die het hem bijzonder moeilijk maakten om mij te vergeven.

Ik voelde me vaak depressief en wanhopig en probeerde deze gevoelens te compenseren met mijn verslavingen. Soms kwam de wanhoop in mijn gedrag naar de oppervlakte, zoals op een keer toen ik met mijn echtgenoot uit eten was in Londen. Ik sleepte hem naar een nachtclub om te dansen om daar vervolgens weer door hem uit te worden gesleept. Toen de taxi stopte voor rood licht op de Embankment, op weg naar zuid-Londen, sprong ik uit de auto en stond opeens vlak naast de rivier.

Ik herinner me die sterke aandrang om er een eind aan te maken toen ik naar beneden keek, naar het water. Toen ik wilde springen stond mijn echtgenoot opeens naast me. Om me af te leiden greep hij mijn tas en gooide deze in de rivier.

Terwijl we in gesprek waren met de brandweerlui die toevallig vlakbij waren en probeerden mijn tas weer uit de rivier te vissen, sprong ik in een andere taxi en bleef de volgende twee dagen in het huis van een vriendin in Noord Londen, drinkend en veel drugs gebruikend.

We gingen scheiden toen mijn oudste zoon zeven en mijn jongste zoon anderhalf jaar oud was. Dus mijn beide kinderen hebben een ongezonde thuissituatie ervaren. Vooral de oudste heeft ons, tot ongeveer z'n vijfde jaar, vaak zien vechten. Ik stopte namelijk met drinken toen ik zwanger werd van mijn tweede kind. Echter, tegen het einde van de zwangerschap begon ik toch weer af en toe wat te drinken. Gelukkig stopten de ruzies min of meer toen ik voor de tweede keer moeder werd.

Elf jaar geleden heb ik mijn verslavingsgedrag achter me gelaten. Sindsdien heb ik wel een paar terugvallen gehad. Deze terugvallen variëerden van zes maanden tot een jaar. Eén terugval kwam doordat ik bewust een glas bestelde met een 'ach wat kan mij het schelen' gevoel. Ik wilde weer meedoen met die drinkcultuur. Uitgaan en lol hebben. Ik weet nu dat beide keren dat ik een terugval had, het onmogelijk voor me was om met de problemen in mijn leven van dat moment om te gaan.

Mijn meest beangstigende moment was tijdens mijn laatste terugval toen ik me realiseerde dat ik geen inkomen meer had. Ik was blut. Totaal blut, en dat met twee kinderen waar ik voor moest zorgen. Mijn zuster, met wie ik een erg goede band heb hielp me uit de brand. Deze situatie maakte dat ik voorgoed stopte met drinken. Het doet me nu niets meer om in gezelschap te zijn van mensen die drinken. Eerlijk gezegd zoek ik dat gezelschap niet op, maar het is geen enkel probleem voor me om naar een feestje te gaan waar wordt gedronken.

Vooral mijn oudste zoon heeft geleden onder ons gedrag en lijdt nog steeds eigenlijk, want zijn vader heeft nog geen uitweg uit zijn verslaving gevonden en is tot op de dag van vandaag een actieve drinker. Er er is wel iets positiefs ontstaan uit al deze negativiteit: mijn zoon is ongelooflijk trots op me. Doordat ik nu een leven leid zonder alcohol, is het voor mijn zoon mogelijk om te zien welk effect de consumptie van alcohol op iemands leven kan hebben en wat het betekent om 'geheelonthouder' te zijn. Ze zijn allebei opgegroeid met veel ervaring over dit onderwerp en ook al vertonen ze een tendens in de richting van verslavingsgedrag, ze weten tenminste waar ze terecht kunnen voor hulp. Daar ben ik blij om.

Herstel is pas mogelijk als men accepteert dat er een probleem is waar men iets aan wil doen.Tijdens mijn herstel werd ik lid van de Alcoholics Anonymous. Ik hield me aan het AA Twaalf Stappen Programma en dat heeft me geholpen al mijn wroeging te verwerken. Vandaag de dag heb ik geen berouw meer. Het is me gelukt om een uitweg te vinden en een leven te leiden zonder alcohol. Mijn ex-echtgenoot, die nog steeds verslaafd is, en ik zijn nu weer vrienden.

Alcoholisme is slechts een deel van het verslavingsonderwerp. Ik adviseer iedere alcoholist om te onderzoeken of ze nog aan andere zaken verslaafd zijn, zoals roken, eten, seks, gokken, etc. – elk verslavings- gedrag moet worden meegenomen in het herstel. Serieuze therapie en het regelmatig werken met een anti-verslavingsprogramma boden mij de meeste kans op succes. Bij mij heeft het gewerkt. Tegenwoordig ben ik actief binnen de AA en beschikbaar als zogenaamde sponsor*

***

Ook ben ik zelf therapeut geworden. Ik werk met mensen in een privé- verslavingskliniek, zowel één op één als in groepen. Een verslavings- kliniek haalt mensen uit hun dagelijkse omgeving, wat erg belangrijk kan zijn voor hun herstel. De kliniek werkt met het Twaalf Stappen Programma. Behalve gesprekken wordt er ook medicatie toegediend tijdens de behandeling; medicijnen helpen bij het ontgiften van het lichaam, en soms wordt ook met antidepressiva gewerkt als een persoon klinisch depressief is. Veel alcoholisten lijden aan klinische depressiviteit.

De vraag die ik aan iedere alcoholist stel die aanklopt voor hulp, is om terug te gaan naar hun kinderjaren, hun relaties en hun drinkgedrag. Tijdens deze gesprekken begeleid ik ze naar een andere manier van denken. Het gaat over jezelf ontdekken. De vragen die mij vaak worden gesteld zijn letterlijk gebaseerd op het vinden van redenen om te kunnen doorgaan met drinken.

Ze zoeken altijd naar redenen om hun drinkgedrag te legitimeren zodat ze niet hoeven te stoppen. Er is sprake van weerstand en ontkenning. Omdat ik dit pad zelf heb gevolgd kan ik me er echt mee vereenzelvigen.

Het meest belangrijke is om te erkennen dat de alcoholist wil stoppen. Ik heb persoonlijk nog nooit iemand ontmoet die zelfstandig is gestopt zonder de hulp van een Twaalf Stappen Programma. Het is een combinatie van dit programma en andere behandelingen, zoals therapieën. In de kliniek ontvangen de verslaafden inten-sieve behandelingen om ze te helpen te stoppen en ook om ze te helpen niet weer terug te vallen, wat natuurlijk het ultieme doel is. Om deze reden maken wij iedereen bekend met het Twaalf Stappen Programma, literatuur over alcoholisme en nazorg.

Ik heb de indruk dat er tegenwoordig evenveel vrouwen als mannen lijden aan alcoholverslaving. "Vroeger" gingen vrouwen niet openlijk naar bars om te drinken. Hun drinkgedrag was meer in het geheim en ze eindigden vaak in een ziekenhuis of een instituut voor geestelijke gezondheidszorg. Maar de maatschappij is veranderd. Vrouwen drinken in het openbaar en het wordt meer geaccepteerd dat vrouwen ook dronken kunnen worden en alcoholist kunnen zijn.

Veel alcoholisten met wie ik werk - in de leeftijdsgroep van achttien tot zeventig jaar – hebben nog steeds familie, maar ze leven niet meer in familieverband en er is altijd een lange lijst van problemen gerelateerd aan hun alcoholmisbruik. Alcoholisten kunnen een punt bereiken waarop ze erg agressief worden. Wanneer ze proberen te stoppen met drinken tijdens de behandeling kan het zijn dat ze agressiviteit vertonen als ontwennings-verschijnsel. Actieve alcoholisten gaan van de ene extreme situatie naar de andere, maar eenmaal in opvang, kan dat zeker in balans worden gebracht.

Naar mijn mening moet er nog veel gebeuren om de maatschappij te attenderen op de ernst van het probleem. Het is belangrijk dat er een algemene acceptatie komt van de mens met al zijn zwakheden. Als we elkaar zouden accepteren zoals we zijn en samen zouden werken in plaats van elkaar tegenwerken, dan zouden veel verslavingen, zoals alcoholisme, tot het verleden kunnen gaan behoren. Dit zou kunnen worden bereikt door opvoeding op basisschool niveau, waar onderwerpen zoals delen, acceptatie en elkaar helpen zouden moeten worden onderwezen, naast aardrijkskunde, geschiedenis en wiskunde. En wordt het geen tijd dat we voor ieder levend wezen een zekere mate van vrijheid toestaan?

Het verschil tussen wie ik was en wie ik nu ben, is een levensreis via alcoholisme. Deze reis heeft het mogelijk gemaakt om mezelf te

49

ontdekken en mijn weg naar een leven zonder alcohol te vinden. Het is een manier van leven geworden die continue gevuld is met dankbaarheid dat ik leef, met het waarderen van de kleine en simpele dingen in het leven en met dagelijks een algemeen gevoel van kalmte en blijheid. En dat is, als je er goed over nadenkt, iets heel bijzonders.

*OCS: obsessieve compulsieve stoornis
*sponsor: Een lid van een groep die zich aanbiedt als contactpersoon voor nieuwe leden en die een nieuw lid zoveel mogelijk zal begeleiden en helpen.

Het is gemakkelijk de fouten van anderen te zien, maar moeilijk de eigen fouten te erkennen

Buddha

Ik was zes jaar oud

... en het kon me geen bal schelen. Een beslissing die ik op dat moment nam, zonder het me te realiseren.

Ik liep van de woonkamer door de lange hal van het grote Victoriaanse huis dat ik deelde met mijn ouders, mijn broer en drie zusters. Ik had dorst en was op weg naar de keuken voor een glas vers geperst sinaasappelsap uit de grote kan op het granieten aanrecht. Toen ik langs de badkamer liep hoorde ik iemand huilen. Het was geen normaal huilen, het was een heel diep, rauw, pijnlijk huilen en al gauw besefte ik dat het mijn vader was.

Een moment stond ik als vastgenageld aan de grond, ik voelde me machteloos en wist niet wat te doen. Ik luisterde – te lang. Vol afschuw probeerde ik me te verstoppen in de keuken om maar weg te zijn van dat hartverscheurende geluid. Maar de snikken leken door de muren heen te komen en vonden hun weg naar elke cel van mijn kinderlichaam. Ze vibreerden tot in het diepst van mijn ziel. Toen veranderde het gehuil in geschreeuw. Lelijke woorden, gericht aan mijn moeder. *"Ik houd niet meer van je, ik ga van je scheiden "*... en zij schreeuwde terug. Ze beledigden elkaar met scheldwoorden. Al het leven leek uit me weg te vloeien. Ik deed mijn handen over mijn oren, maar het hielp niets. Ik voelde me zo alleen, zo bang en zo verschrikkelijk boos.

Hoe konden ze dit doen? Ik haatte mijn vader voor wat hij tegen haar zei en ik haatte mijn moeder voor wat ze naar hem terugriep. Ik haatte hen allebei, dus ik besloot dat het me niets meer kon schelen. Ik werd een 'dagdromer' en trok me terug in mijn eigen kleine droomwereld waar alles goed was.

De vele voorvallen, gerelateerd aan mijn vaders alcoholverslaving zijn vage herinneringen geworden. Ik was niet erg onder de indruk en zijn gedrag had nooit echt een uitwerking op mij. Het feit dat hij regelmatig niet thuiskwam viel me vaak niet eens op. Als ik hem in bed zag liggen, gewikkeld in verband nadat hij een paar dagen was verdwenen en opnieuw een ongeluk had gehad, was ik niet echt in hem geïnteresseerd.

Toen ik mijn moeder eens zachtjes zag huilen in de groene omastoel in de hoek van de woonkamer deed het me ook niet veel. Het kon me niet schelen. Ik had geen medelijden met haar, het had niets met mij te maken. De vele ruzies, de vele tranen, het waren surrealistische situaties die niet in mijn droomwereld, mijn realiteit, pasten. Ik was de dromer van de familie, het was mijn overlevingsinstinct.

De tijd vloog voorbij. Voordat ik het wist, was ik zestien jaar oud, en het kon me nog steeds geen bal schelen ...

***

Zoals de meeste opgroeiende meisjes wilde ik op mijn mooist zijn; maar ik zat middenin de puberteit, was te dik en had een gezicht vol puistjes. Op een dag was ik alleen met mijn vader in de keuken, mijn huiswerk aan het maken. Mijn moeder vertelde hem altijd dat hij mij moest helpen met mijn huiswerk, maar hij wilde dat niet echt, hij had er niet genoeg geduld voor. Hij raakte gauw geïrriteerd als ik iets niet begreep. Dan legde hij het niet uit, maar deed gewoon mijn huiswerk voor mij.

Het gaf me het gevoel dat ik dom was, incompetent. Alsof ik niet goed genoeg was om iets zelf te kunnen doen. Hij gaf me nooit een complimentje en ik had het gevoel dat hij een hekel aan me had. Ik voelde me minderwaardig, stom en onbelangrijk. Ik kreeg zelfs de indruk dat hij zich voor me schaamde, wat me nog het meest pijn deed. Dus zei ik tegen hem dat ik dacht dat hij me niet aardig vond. Hij keek alleen maar naar me en begon te lachen, maakte een grapje over hoe ik eruit zag. Hij had me net zo goed met een mes kunnen steken; dat zou waarschijnlijk minder pijnlijk zijn geweest. Ik explodeerde van binnen en viel hem aan. Ik was zo boos en begon te slaan, zo hard als ik kon.

Hij zat daar gewoon, ijskoud, hij bewoog niet. Ik kon het verdriet in zijn ogen niet zien. Ik wilde het niet zien. Het maakt me nu verdrietig als ik eraan terugdenk omdat ik me herinner dat het me goed deed om hem te slaan.

Het was een opluchting. Hij liet het gewoon toe dat ik hem sloeg, alsof hij het gevoel had dat hij het verdiende. Mijn stompen en klappen raakten hem vermoedelijk minder hard dan de gevoelens die hij over zichzelf had. Zijn onmogelijkheid om zijn pijn te delen, zijn frustratie over zijn verleden. Hij had geen keus gehad in het gezin waarin hij opgroeide. Zijn ouders waren fout geweest tijdens de oorlog. Hij moest zijn gevoelens van schaamte en verlegenheid verdoven want het was te moeilijk voor hem om er naar te kijken. Hij wilde het niet zien.

Hij was mijn vader, maar hij was er eigenlijk nooit. Ik had altijd de indruk dat we beiden niet veel om elkaar gaven. Nu ben ik een vijftigjarige vrouw en hij is een vijfentachtig jarige man. Mijn ouders zijn nog steeds samen, ze delen nog steeds hun bizarre, maar erg grappige gevoel voor humor. Ze lachen heel veel. Tegenwoordig vraagt mijn moeder hem of hij een klein glaasje sherry wil, want wat maakt het eigenlijk uit, ze zijn toch al bijna dood. Maar na meer dan twintig jaar geheelonthouding vindt hij het niet meer lekker, en ik ...

Ik kan het eindelijk loslaten, het begrijpen en ik voel compassie voor de man die mijn vader is.

Eenzaamheid en het gevoel ongewenst te zijn is de meest
verschrikkelijke vorm van armoede

Moeder Teresa

Het interview

'Ik ben een beetje zenuwachtig, ik ben hier niet zo goed in'

Ik begrijp het, maar maak je geen zorgen; we praten gewoon zoveel of zo weinig als prettig is voor jou.

'Oké, dankjewel. Ik vind het goed dat je me interviewt en ik hoop dat mijn verhaal op de één of andere manier anderen kan helpen.'

Mooi. Ten eerste zou ik je willen vragen of je wilt dat je naam wordt genoemd in een bedankpagina van het boek, of dat je liever geheel anoniem wilt blijven.

'Ik blijf liever anoniem'.

Hoe oud ben je?

'Ik ben drieënveertig'

Mag ik je vragen wie de alcoholist in jouw leven was?

'Mijn moeder was een alcoholiste'.

Wist je als kind al dat ze een alcoholprobleem had?

'Mijn moeder had vaak 'de griep', maar mijn intuïtie vertelde me dat er iets serieus mis was'.

Werd je geestelijk of fysiek mishandeld door je moeder?

'Vooral geestelijk, ze gaf me uitbranders, schreeuwde en zeurde'

Wat deed de situatie met jou? Hoe voelde je je?

'Ik voelde altijd een onbeschrijflijke angst, razernij en eenzaamheid. Tijdens mijn tienerjaren begon ik te rebelleren. Ik weigerde als mij werd gevraagd om iets te doen en ik begon ook te drinken, veel te veel, en ik was pas dertien jaar oud. Gelukkig had ik de hersens om te stoppen. Tegenwoordig drink ik wel, maar ik haat het als mensen dronken zijn'.

Zag je jezelf als een slachtoffer?

'*Ja, inderdaad*'

Zag je je moeder als een slachtoffer?

'*In die tijd niet, maar nu wel*'

Was je moeder in ontkenning? En jij? Was jij in ontkenning over het feit dat er problemen waren?

'*Mijn moeder was zeker in ontkenning. Ik niet, maar ik kon nergens heen, ik zag geen uitweg, ik wilde dat ik dood was, ik wilde sterven*'.

Kun je een situatie omschrijven die jij als bijzonder gespannen hebt ervaren?

'*Mijn vader verliet altijd heel vroeg het huis om te gaan werken; hij ging al om half vijf weg. Tegen die tijd was mijn moeder altijd dronken. Ze kwam dan vaak naar mijn slaapkamer om bij mij in bed te kruipen; Ik wist niet zeker of dit was omdat ze de weg naar haar eigen slaapkamer niet kon vinden of omdat ze niet alleen wilde zijn. Het was verschrikkelijk. Ik haatte haar als ze dronken was. Ik was altijd bang voor wat er nu weer zou gebeuren. Toen ik op de lagere school zat mocht ik nooit vriendinnetjes meenemen naar huis om mee te spelen. Ik vond dat eigenlijk wel prima. Ik wilde niet dat ze kwamen; ik schaamde me teveel voor mijn moeder.*'

Wat was het meest angstige moment?

'*Toen ik veertien jaar was begeleidde ik mijn moeder naar het ziekenhuis voor alweer een poging om te stoppen met drinken. Ik kan me heel goed herinneren hoe bevrijd ik me voelde, ik kon wel schreeuwen van blijdschap, zo blij was ik. Blij dat ze niet thuis was. Ik bleef alleen thuis, ging naar school, verzorgde de hond, deed het huishoudelijk werk, bereidde mijn eigen eten en 's nachts sliep ik bij de buren. Opeens, na*

slechts <u>een</u> week, klopte ze op de deur. Dat was een moment van totale
angst voor mij. Ze had geen sleutel en ik moest haar binnenlaten. Haar
opname in het ziekenhuis was op vrijwillige basis en ze konden haar niet
tegen haar wil daar houden. Mijn moeder vond dat ze was genezen. Het
was één van de donkerste momenten uit mijn leven. Zelfs nu, terwijl ik
erover praat kan ik het voelen in mijn benen en maakt het me misselijk!'

Kun je een moment beschrijven dat je je schaamde?

'Op een dag was mijn moeder zo verdomd dronken dat ze besloot om in
haar bikini het gras in de voortuin te gaan maaien. Het was herfst en
ijskoud. Alle buren konden haar zien en ik schaamde me
verschrikkelijk...'

Wat was het meest pijnlijke moment voor jou?

'Toen ze me niet meer herkende, haar eigen dochter, want ze leed aan
het Korsakov syndroom*'.

Kun je een liefdevol of leuk moment met je moeder beschrijven?

'Ik veronderstel dat mijn moeder wel van me hield, maar de slechte
herinneringen hebben de goede compleet weggevaagd.'

Hoe oud was je toen je het ouderlijk huis verliet?

'Op een dag gaf ik haar een keus, een ultimatum. Ik vertelde haar dat of
de fles moest gaan of ik zou gaan. Toen schopte me ze de deur uit en ik
had geen dak meer boven mijn hoofd. Ik was vijftien jaar oud.'

Leeft je moeder nog en zo ja, heb je nog contact met haar?

'Ze leed aan jaundice* en stierf tengevolge van leverfalen in 1989.'

Heb je ooit hulp gevraagd van hulporganisaties zoals bijvoorbeeld Al
Anon of van maatschappelijk werkers?

'Ja, allebei, maar eerlijk gezegd had ik daar niets mee'.

Waar heb je het meest spijt van?

'Dat het me nog steeds raakt, zelfs nu. Ik kan me soms zo verschrikkelijk eenzaam voelen dat ik wou dat ik dood was.'

Zijn er vragen waarvan je had gewild dat ik ze zou hebben gesteld?

'Nee'

Heb je een boodschap voor de mensen die dit boek lezen?

'Nee, maar ik heb een boodschap voor jou . . . Ik hoop dat je boek zijn weg vindt naar de mensen die het nodig hebben – Ik ben ervan overtuigd dat het mensen kan helpen te weten dat je niet de enige bent die deze ellende meemaakt'.

Korsakov's syndroom is een neurologische ziekte veroorzaakt door gebrek aan vitamine B 1 in de hersenen, vaak veroorzaakt door excessief alcoholgebruik. Het syndroom is vernoemd naar Sergei Korsakov, de neuro-psychiater die de theorie bekendmaakte.

*Jaundice is een gele pigmentatie van de huid en kan worden veroorzaakt door een alcoholgerelateerde leveraandoening

Eén alcoholist heeft gemiddeld een negatief effect op het leven van zes mensen ten gevolge van zijn of haar drinkgedrag

Een herstellende alcoholist

Ik heb vast iets fout gedaan

... ik begrijp het niet. We hadden gisteren zo'n leuke dag samen. We zijn uitgeweest met de hele familie en het was zo geweldig. Hij maakte ons allemaal aan het lachen. Het was één van die dagen, één van die fantastische perfecte dagen, waar zorgen en dagelijkse beslommeringen verdwenen naar de achtergrond. 's Avonds keken we nog een film op de televisie en ik voelde me tevreden en gelukkig toen ik mijn hoofd op mijn kussen legde voor een goede nachtrust, opgerold in zijn armen.

's Morgens voelde hij anders. Het was net alsof hij ruzie wilde uitlokken. Alsof hij iets zocht wat niet goed was aan mij. Hij raakte geïrriteerd over de manier waarop ik de boter van mijn mes terugschraapte op de rand van de botervloot en hij werd buitensporig kwaad omdat ik had vergeten om de suikerpot op de tafel te zetten voor zijn koffie. Ik was druk met de dagelijkse routine om de kinderen voor te bereiden voor school. Hij zat op de bank en stak geen hand uit. Hij leek totaal verzonken in een ochtend-praatprogramma op de televisie. De ochtend was zoals vrijwel iedere ochtend, maar er hing een drukkende spanning in de lucht.

In de vroege avond ging hij de deur uit om een video te halen die we samen met de kinderen zouden bekijken. Hij had binnen twintig minuten terug kunnen zijn, maar één uur werden er twee. Mijn onrust groeide en ik begon me zorgen te maken. Ik wist niet goed wat te doen. Ik bracht de kinderen naar bed en verzon een duf excuus voor ze als uitleg waarom hij niet terug was gekomen voor onze familie-video avond. Het voelde alsof er een riem net onder mijn hart werd samengetrokken. Ik was misselijk. Ik belde zijn mobiele telefoon maar die stond uit. Ik wist dat hij was gaan drinken, ik wist dat het geld voor de video nu werd besteed aan drank. Ik wist dit omdat het niet de eerste keer was.

Ik was heel boos op hem. Hoe kon hij zoiets doen, hoe kon hij de kinderen zo teleurstellen? Ze waren verschrikkelijk teleurgesteld. Ik had de neiging om hem te gaan zoeken, alle bars te gaan checken, maar ik kon de kinderen niet alleen laten. Ik wachtte en wachtte totdat ik fysiek bijna in elkaar stortte van moeheid. Ik wist dat ik moest slapen om niet een totaal wrak te zijn de volgende morgen, maar ik kon de slaap niet vatten.

Het was ruimschoots na middernacht toen hij thuiskwam. Ik was zo kwaad en ik barstte los in beschuldigingen, maar had daar meteen alweer spijt van. Hij ontpopte zich als een monster en zei dat het allemaal mijn schuld was. Ik kon hem bijna niet herkennen en als ik dit niet al vele malen eerder had meegemaakt in de relatief korte tijd dat we samenwoonden, dan had ik kunnen zweren dat hij een vreemdeling was. Waar was die aardige, kalme man met een glimlach op zijn gezicht? Waar was hij gebleven?

Hij was ongelooflijk dronken en kon bijna niet op zijn benen blijven staan, maar hij was sterk, sterk genoeg om één van de ijzeren poten van ons tweepersoonsbed af te breken en daarmee op het bed, de muren en de kasten in de slaapkamer te slaan, grote gaten achterlatend. Ik was vreselijk bang en kon horen dat de kinderen huilden in de andere slaapkamer. Ik probeerde hem te kalmeren, maar het leek of zijn ogen vuur spuwden; hij was woedend en schreeuwde: *"jij stomme koe, idioot, het is allemaal jouw schuld... en jij noemt jezelf een vrouw? Je bent niets, je ben een niemand. Lelijk oud wijf. Ik ga je opsluiten en het huis*

met jou en die verdomde blagen erin in de fik steken, levend verbranden
zal ik jullie ... stomme trut. Ik haat je. Ik haat dit stomme leven. Het is
allemaal jouw schuld!"

Ik had het gevoel dat hij gelijk had. Er was echt iets mis met me. Misschien had ik iets gezegd dat hem had beledigd, ik had vast iets fout gedaan, dat is hoe ik me altijd voelde. Hij pakte meer geld uit mijn portemonnee en smeet de deur met een knal dicht, hij was weer weg. De kinderen en ik bleven achter, huilend. Ik moest sterk blijven voor hen en dus maakte ik nog meer excuses; ik vertelde ze dat hij het niet echt meende.

Ik voelde me zo leeg, zo beledigd en zo schuldig, want als ik niets had gezegd, niet zo had gezeurd, als ik niet boos was geworden toen hij dronken en zo laat thuiskwam, dan was hij misschien wel gebleven en was alles misschien goed geweest. Had ik mijn mond maar gehouden. Hoe had ik zo stom kunnen zijn – het was allemaal mijn schuld.

Vierentwintig uur later was hij terug. Nuchter en vol spijt, vol verontschuldigingen. Dus gingen we die dag uit. Het was één van die dagen, één van die fantastische perfecte dagen.

***

Ik weet niet of ik sterk genoeg ben. Ik houd van hem. Ik wil hem niet verliezen. Mijn hart huilt om hem, maar ik ben bang, zo bang. Ik zit te rillen van angst en weet niet wat ik moet doen. Mijn handen trillen en het lukt me bijna niet om de sigaret aan te steken, ik rook niet eens. Ik ben zo zenuwachtig. Ik moet koffie hebben. Ik schaam me zo ver-schrikkelijk. Ik wil niet dat iemand het weet. Hoe heb ik zo stom kunnen zijn?

Mijn ex-echtgenoot had me al overduidelijk de o zo pijnlijke levensles getoond dat het niet mogelijk is een alcoholist te genezen. Dus nam ik zijn kind mee en verdween uit zijn leven, ver weg. Heel ver weg van hem zodat ik niet de neiging kon krijgen om hem te vergeven en weer van hem te gaan houden.

En toen ontmoette ik mijn huidige partner, alsof hij op me stond te wachten. Hij was de liefste man die ik ooit had ontmoet. Hij lokte me zijn leven binnen met zijn warme gedrag en zijn lieve woorden. Hij zou me helpen om mijn kind op te voeden. Ik was zo verliefd. Ik geloofde hem en vergaf hem zijn verslavingsverleden. Ik dacht er niet echt over na. Deze keer, met deze man zou het lukken. Hij zou me helpen mijn kind en onze pasgeboren zoon op te voeden. En hij was geweldig, bijna perfect, in het begin. Terwijl ik uit werken ging, als de broodwinnaar van de familie, bleef hij thuis om voor de kinderen te zorgen. Hij was de perfecte man en vader.

Ik houd van hem.

Mijn vrienden vonden hem niet aardig omdat hij regelmatig teveel dronk. 's Avonds, in de bars in de buurt, maar dat deden zoveel mensen. Ik kon niet begrijpen waarom ze hem niet leuk vonden en natuurlijk koos ik zijn kant. Ik wist dat achter die kwade dronk, die hij af en toe had, een zachtaardige ziel, een lieve reus verborgen zat die voor de rest van mijn leven bij mij zou blijven. Hij zou van me houden. Ik had liefde nodig en hulp om mijn kinderen op te voeden, dus ik bleef bij hem.

Ik houd van hem.

Er waren vele goede, mooie momenten. Hij was zo grappig, zo zachtaardig en zo lief. Een grote teddybeer die van me hield. Ik had zijn liefde nodig. Dus ik protesteerde niet toen hij me zei dat ik thuis moest blijven als hij uitging. Ik klaagde niet toen ik geen vrienden meer over had. Ik had hem en mijn kinderen. We waren een gelukkig gezinnetje, met soms wat moeilijke momenten, maar had niet iedereen wel eens een moeilijk moment in zijn leven?

Ik houd van hem.

Letterlijk, drie centimeter van me verwijderd schreeuwde hij in mijn gezicht, een oneindige stroom beledigingen, zijn alcoholwalm zo dichtbij dat ik braakneigingen kreeg. Het maakte dat ik me lichamelijk ziek voelde. Het was allemaal mijn fout en de fout van mijn elf jaar oude dochter; zij was de schuld van dit alles, schreeuwde hij. *"Jij stom wijf, je denkt dat je me kunt controleren, maar dat kun je niet. Ik heb geld nodig en jij gaat me dat geld geven. Nu, hier. Ik geef je de sleutels van het huis niet terug tenzij je me geld geeft. Als je dat niet doet dan zul je nog eens wat beleven. Ik ga jou en je kinderen kapotmaken, je zult me nooit vergeten. Het zal voor altijd in je geheugen gegrift staan en je zult er spijt van krijgen".*

Ik kon niet begrijpen waarom hij zo verschrikkelijk tegen me tekeer ging. Ik hield van hem; tranen welden op in mijn ogen. Ik rende de bar uit, de verbaasde toeschouwers van onze huiselijke onenigheid achter me latend.

Ik moet een beslissing nemen, maar ik weet niet zeker of ik sterk genoeg ben.

Ik houd van hem ...

Ik BEN sterk genoeg.

Ik zit nog steeds te trillen. Ik kan amper uit mijn woorden komen, maar de politiemannen zijn vol begrip. Ik weet dat hij me vandaag geen pijn kan doen. Hij zit opgesloten in een cel in het politiebureau, vastgehouden ter bescherming van mij en de kinderen. Morgen zal ik voor de rechter moeten verschijnen. Vragen om een straatverbod. Ik huil, maar vandaag zal de eerste dag van mijn leven zijn zonder de man van wie ik houd. Want ik moet meer van mezelf en mijn kinderen gaan houden dan van hem.

***

Ik weet niet waarom niet, maar ik kon het niet doorzetten.

Het was heel vroeg, te vroeg in de ochtend toen ik werd verwelkomd in de ijskoude kleine ruimte en ging zitten op de koude houten stoel. Er werd me geen kop thee aangeboden wat het allemaal ietsje dragelijker zou hebben gemaakt. Ik was moe, in verwarring maar vooral bang. Bang om hem te zien en verward over de situatie. Ik had een advocaat toegewezen gekregen, maar ondanks dat hij heel aardig was, had ik niet de indruk dat hij de situatie begreep. Hij vertelde me zelfs dat hij niet dacht dat ik echt in gevaar was, dat mijn partner zijn bedreigingen tegen mij echt zou uitvoeren. Ik weet niet waarop hij deze mening baseerde, misschien had hij met mijn partner gesproken die ochtend, maar dat maakte niets uit. Ik voelde me zwak en alle mogelijke situaties raasden door mijn hoofd. Ik was er niet van overtuigd dat het eerlijk was om het leven van mijn partner te verwoesten, een straatverbod kon hem een strafblad opleveren. En hij was echt een geweldige vader als hij nuchter was, en zo aardig en grappig.

De rechter, een vrouw, wilde duidelijk dat ik door zou zetten, maar mijn twijfel groeide. Het hielp me niet dat hij kennelijk geen enkele herinnering had aan die verschrikkelijke avond. Hij kon zich alleen herinneren dat hij die ochtend wakker werd in een politiecel. Op de één of andere manier maakte dit dat wat tussen ons was gebeurd niet zo erg was. Hij was zich niet bewust van zijn acties. Hij was niet echt zichzelf tijdens deze buien, dat was wel duidelijk, want hij herinnerde zich toch niets van zijn acties?

Hij is een zieke man, hij is een alcoholist. Hoe kan ik hem straffen voor een ziekte? Hij heeft verschrikkelijk veel spijt, zoals altijd, maar deze keer is hij bereid om in therapie te gaan en biedt aan om er mee door te gaan zolang als dat nodig is. Dat vult mijn hart met hoop. Ik voel me zwak en denk dat ik niet sterk genoeg ben om de kinderen alleen op te voeden. Ik moet hem nog een kans geven. Ik ben er nog niet klaar voor. Ik hoop en bid dat ik de juiste beslissing heb genomen. Ik verlang er zo naar om weer gelukkig te zijn, zoals we in het begin waren. Ik wil dat we een normaal gezin zijn.

Ik schaam me, gisteren was ik zo overtuigd, gisteren was ik sterk. Ik overtuigde mezelf dat het de juiste beslissing was en had het gevoel dat ik geen keus had; ik was zo bang, zo angstig dat hij zijn dreigementen uit zou voeren. Ik was er zeker van dat ik hem volledig uit mijn leven moest bannen, voor altijd. Ik overtuigde anderen dat ik overtuigd was. Het was moeilijk, maar ik wilde deze stress, deze pijn en deze uitbarstingen niet langer in mijn leven, voor de rest van mijn leven. Ik kon toch niet langer zo doorgaan totdat ik tachtig was en mijn leven ten einde? Ik was er zeker van dat het de juiste beslissing was. Maar ik was ook verschrikkelijk bang. Bang voor de eenzaamheid, de pijn, de stress om mijn leven opnieuw op te bouwen.

Ik moest een beslissing nemen en ik had niemand die ik om raad kon vragen. Ik denk dat ik naar mijn hart luisterde, een hart met grote scheuren, maar nog steeds groot genoeg om te vergeven, te hopen, om opnieuw te vertrouwen, te geloven. Mijn hart, zo wanhopig verlangend naar liefde.

Dus vergaf ik hem. En nu moet ik een manier vinden om mezelf te vergeven.....

Ik kon het niet doorzetten.

Het voelt als een vicieuze cirkel, onwerkelijk. Het ene moment denk ik dat ik de juiste beslissing heb genomen en het volgende moment voel ik me overspoeld met twijfels. Nu ik erop terugkijk vind ik dat ik een vrouwelijke advocaat had moeten hebben en geen man, jong en onervaren. Ik was verward, overstuur, overdonderd, maar nu, een week later, kijk ik terug op die hele periode alsof het een droom was, een bizarre nachtmerrie.

Ik had het gevoel dat ik er alleen voor stond, niet beschermd en gedwongen om een beslissing te nemen die ik niet goed had kunnen overdenken. Een paar uur nadat ik mijn officiële aanklacht introk moest ik hem in mijn auto een lift geven, terug naar huis. Dat wilde ik niet, maar ik had geen keus. Ik was bang, maar hij was onthutst, verdoofd, en nog banger dan ik – voor de politie die hem kennelijk vreselijk ruw had behandeld. Ze hadden tegen hem geschreeuwd, hem bedreigd, en hij voelde zich vernederd toen hij in de handboeien moest wachten in de wachtkamer van het ziekenhuis waar hij mee naartoe was genomen voor een verplicht onderzoek door een arts. Opeens was hij het slachtoffer en opnieuw was ik de organisator, degene die oplossingen zocht en vond. Mijn God ik ben zo moe deze rol steeds maar weer te spelen.

Nu moet ik de beslissing geheel opnieuw nemen. Deze keer moet ik sterk zijn, onvermurwbaar. Ik moet hem een ultimatum stellen. Niet een halfwassen ultimatum, maar een ultimatum waar ik me aan zal houden. Want diep van binnen weet ik dat een herhaling op de loer licht.

Zeven dagen na het voorval is hij nog steeds niet begonnen met de therapie en hij heeft geen enkele aanzet getoond om informatie te vinden. We hebben er slechts één dag over gesproken. Een dag vol beloftes en hoop. Maar je weet wat ze zeggen over problemen onder het vloerkleed vegen? Zonder dat je er erg in hebt struikel je weer over de bult die je daar ongemerkt hebt gecreëerd.

Mijn maag verkrampt als ik hem vol zelfvertrouwen hoor zeggen dat hij weet dat hij geen sterke drank meer kan drinken, maar dat af en toe een biertje geen probleem is. Ik wil hem geloven, maar diep van binnen weet ik dat het gevaarlijk is, het voelt fout, het voelt als een ontkenning, en niet zo'n klein beetje ook.

Ik stel mezelf gerust en vertel mezelf dat ik de juiste beslissing heb genomen. De dreiging van een aanklacht heeft hem echt een schok gegeven en misschien kan ik hem nu ervan overtuigen dat zijn leven zoveel beter is zonder een strafblad. Misschien kan ik hem zover krijgen om naar verslaafdenzorg bijeenkomsten te gaan, of misschien kan hij wel verhuizen, op zichzelf gaan wonen. Er moet wel iets gebeuren, maar ik weet niet goed wat en hoe! Hij woont onder mijn dak, eet mijn eten, want hij heeft geen baan. Wat is het voordeel van deze relatie? Het moet toch iets zijn? Het voelt zo ongezond, wat heb eigenlijk te verliezen?

Er alleen voor te staan geeft me de grootste angst. Ik heb echt het gevoel dat ik hulp nodig heb, maar vind het lastig om hulp te vragen. Ik voel me totaal geïsoleerd maar ben ook bang dat mensen van mijn situatie afweten. Echter, één ding is me wel heel duidelijk – Ik wil uit deze vicieuze cirkel stappen.

Ik wil dat dit een 'en ze leven nog lang en gelukkig' einde wordt en zal er alles aan doen om dat te bereiken. Hij is de vader van mijn zoon en de stiefvader van mijn dochter. Ik heb zijn hulp nodig om mijn kinderen op te voeden. Ze verdienen de liefde van een vader en ik verdien een partner die van me houdt.

Hij zegt dat hij van me houdt, iedere keer weer. Hij zegt altijd dat hij me niet wil verliezen en hij geeft nu toe dat hij een drankprobleem heeft. Ik ben zo blij, eindelijk. Hij heeft zelfs een baantje gevonden en is uit zichzelf teruggegaan naar de alcoholkliniek om door te gaan met de medische behandeling die hij twee weken geleden was gestopt. Ik kan weer lachen. Geen ruzie meer over zijn drinken. Geen discussies. We kunnen nu eindelijk dat fijne gezin zijn waar ik zo naar verlang. Hij zal een 'positief statistisch feit' worden; wij worden een positief statistisch feit. Dat moet gewoon. Ik geloof dat het gaat lukken.

Er zijn al dingen veranderd en dat moet zo doorgaan. Ik zal mezelf schrap zetten voor een mogelijke terugval, wat soms bij het herstel van alcoholisme hoort. Ik vertrouw erop dat dat dan gewoon een momentopname zal zijn, een moment om hem te herinneren aan het gevaar dat hij alles kan verliezen waar hij van houdt. Ik zal toestaan dat dit gebeurt, ik zal het niet bekritiseren en hem totaal steunen. Ik zal

nieuwe manieren vinden om mijn familie te steunen. We zullen nog lang
en gelukkig leven. De vicieuze cirkel is eindelijk doorbroken,
ik heb mijn besluit genomen.

Ik zal bij hem blijven . . . Dit wordt een 'happy ending'!

Het is beter om niets te doen dan iets te doen wat niet goed is. Want

alles wat je doet, doe je ook jezelf aan

Buddha

Ik geloof niet dat ik een verslaafde ben

Ik begrijp en waardeer het dat je mij deze vragen stelt, maar ik ben zeker geen verslaafde want ik heb al meer dan dertig jaar geen drup alcohol meer gedronken.

Het woordje 'verslaafde' heeft meer dan één betekenis volgens het woordenboek. Het is een persoon die een dwang heeft naar iets, een aanbidder, een fan, iemand die fanatiek iets doet, een volger, iemand met gewoontes, een junkie etc. Voor wat alcohol betreft zijn deze woorden zeker niet van toepassing op mij. Voor mij betekent het woordje 'verslaafde' dat iemand niet kan stoppen om iets te doen wat hem of haar potentieel kan schaden, en ik ben al vele jaren terug met drinken gestopt.

Natuurlijk is het zo, nu ik erop terugkijk, dat ik niet kan ontkennen dat er heel wat momenten waren waarin ik besloot om gewoon ladderzat te worden. Iedere keer als ik een eerste slok nam, wist ik dat ik dronken zou worden en dat was ook mijn intentie. Het was een bewuste keuze.

Ik was achttien jaar oud toen ik mijn eerste drankje dronk. Ik was dertig toen mijn drinkgedrag voor het eerst problemen in mijn leven veroorzaakte. Het was heel normaal om te drinken in die tijd. In mijn werk was het een gewoonte om te drinken tijdens vergaderingen en zakelijke afspraken. Iedereen deed het, dus ik ook, maar ik moest dronken worden.

Dat was onvermijdelijk. Ik zag het niet als een probleem en ik maakte gewoon excuses voor mijn gedrag. Ik voelde me vaak overspoeld door een opeenstapeling van dingen en gedachten, herinneringen en dagelijkse problemen.

Ik wil daar nu niet te diep op in gaan. Ik zie niet hoe dat relevant kan zijn voor jouw boek. Ik weet zeker dat er dingen zijn gebeurd in mijn jeugd, in mijn verleden die veel te maken hadden met die sterke wens die ik had om mezelf bewusteloos te drinken. Het gaf me het gevoel dat ik tijdelijk bevrijd was van problemen en dat was een prettig gevoel.

Ik was niet verbaal of fysiek agressief en ik ontkende mijn probleem niet. Ik kon over mijn problemen praten. Echter, ik kreeg wel vaak heftige ruzie met mijn vrouw nadat ik had gedronken. Ik veronderstel dat ik wel wist dat het haar ongelukkig maakte, maar dat feit maakte niet genoeg indruk op me om te stoppen

Drinken was onderdeel van mijn sociale leven. Ik dronk niet iedere dag. Ik had geen behoefte om iedere dag te drinken en ik was over het algemeen redelijk gelukkig, met of zonder drank. Soms hielp de alcohol wel. Het maakte het eenvoudiger voor me om in het openbaar te spreken en ik kon mezelf beter uitdrukken. Alhoewel het Duitse gezelschap, dat me zo'n groot applaus gaf na mijn ongetwijfeld totaal onduidelijke speech gedurende een wijnfestival, het vermoedelijk totaal niet met me eens was, maar na de toespraak bedankten ze me toch omdat ik ze zo aan het lachen had gemaakt!

Ik zorgde financieel goed voor mijn familie en ik dacht niet echt na over mijn regelmatige drink escapades. Maar heel diep van binnen voelde ik me ongelooflijk triest, vooral de ochtend na een dergelijke escapade. Ik voelde me rot omdat ik mijn vrouw overstuur had gemaakt, wat zeker gebeurde, vaak, veel te vaak. Ik wist dat ze pijn had, zij probeerde de familie bij elkaar te houden terwijl mijn dronkenschap het normale familieleven verstoorde. Ik was me daar tot op zekere hoogte van bewust, maar de oorzaak om te drinken lag in mijn verleden. Omstandigheden waar ik geen controle over had, maar die me serieus raakten. De oplossingen voor deze omstandigheden lagen niet binnen mijn macht en creëerden daarom veel stress in mijn leven. Gevoelens uit dat verleden kwamen regelmatig bovendrijven, op een bijzonder intense manier.

Ik wil daar liever niet meer over praten en ik zie niet in hoe dit op enige manier verschil kan uitmaken. Maar, ik moet toegeven dat die intense momenten van herinneringen uit het verleden zo overweldigend waren, dat ik alleen maar weg wilde van de gevoelens die ze opriepen. Ik had de drank nodig om mijn gevoelens te verdoven en om tot dat 'wat kan mij het verrekken' punt te komen.

Vreemd genoeg vond ik sterke drank zoals whisky en jenever toen niet eens lekker, maar het was een gegarandeerde snelle manier om mezelf in een staat van totale vergetelheid te drinken.

Na dergelijke momenten, wanneer ik weer nuchter was, voelde ik me altijd extreem schuldig tegenover mijn vrouw. Het maakte haar zo verdrietig. Op een gegeven moment vroeg ze me er iets aan te doen, met de hulp van hulpverleners. Alle ruzies en discussies hadden me nooit dát zetje kunnen geven om me te laten stoppen met mijn ongezonde gewoontes, maar ik begreep haar. Ik beloofde dat ik hulp zou zoeken en ik hield me aan mijn belofte.

Mij werd geadviseerd om me aan te sluiten bij een groep mensen die aan soortgelijke problemen leden, onder begeleiding van een psychiater die was gespecialiseerd op het gebied van alcoholisme. Gedurende vele jaren was ik een actief lid van die groep en ik leerde accepteren dat er altijd problemen zullen zijn die niet kunnen worden opgelost. Ik leerde om me te uiten als dingen me irriteerden en ze niet binnen te houden, zoals ik eerder altijd deed. Dankzij deze bijeenkomsten was het voor mij mogelijk, zonder daar gefrustreerd over te raken, om niet te drinken.

Twee jaar geleden, ik was inmiddels tweeëntachtig jaar, hebben mijn vrouw en ik besloten dat ik af en toe weer een drankje mag drinken. Maar ik heb nooit meer de behoefte om dronken te worden. Ik heb geen behoefte meer om mijn gevoelens te verdoven met drank. Ik kan weer gewoon een glaasje drinken zonder dat dit problemen veroorzaakt.

Ik realiseerde me dat ik vele jaren heb geworsteld met omstandigheden uit het verleden die de aanzet waren voor mijn drankmisbruik. Door de jaren heen heb ik geleerd die omstandigheden te analyseren en ze creëren nu geen stress meer in mijn leven, een stress waar ik altijd van weg moest rennen.

Dus je ziet, ik ben geen verslaafde.

Wat men moet leren, leert men door het te doen

Socrates

Het moment was daar

... Ik moest gaan. Na zeven jaar van hoop en teleurstelling had ik geen geduld meer over, mijn vergevingsgezindheid was tot het uiterste getest. Ik kon mezelf er niet langer van overtuigen dat het niet oké was om een ziek persoon te verlaten.

Onze jaren samen waren desondanks een wonderbaarlijke reis. Ik wist dat ze een drankprobleem had vanaf het allereerste begin en ik overtuigde mezelf ervan dat ze daar alle reden toe had. Ik besef dat ik toen al excuses voor haar zocht, zelfs al voordat we een serieuze relatie begonnen.

Haar ex-echtgenoot stalkte haar. Haar kind uit een eerder huwelijk was bij haar weggehaald en woonde bij haar vader. Natuurlijk was dat verschrikkelijk voor haar, om haar dochter alleen maar in de weekends en een middag doordeweeks te mogen zien. En ze was er altijd, ze miste nooit een afspraak, maar het moet haar inwendig ontzettend veel pijn hebben gedaan. Het maakte dat ze zich minderwaardig voelde, afgewezen, een mislukkeling, maar bovenal had ze medelijden met zichzelf.

Toen haar dochter op zichzelf ging wonen om haar eigen leven op te starten was er nog maar sporadisch contact tussen hen. Er hing een gevoel van verdriet om haar heen, maar ze was ook een vechter. Ze fascineerde me. Haar grijs-blauwe ogen deden mijn ziel smelten en haar lach was besmettelijk. Ze lachte. Wij lachten – heel veel. Haar intelligentie was haar niet ontnomen ondanks het alcoholmisbruik en alle dingen die haar waren overkomen tengevolge hiervan. Ook keek ze altijd met een ongelooflijk gevoel voor humor naar het leven.

Ik werd verliefd op haar warme ziel, haar liefde voor bloemen en dieren en haar fascinatie met de zee en de Bergen. Haar woorden, zo prachtig gecomponeerd in poëzie en liedjes. Ze had een hekel aan onrecht en was niet bang om vieze handen te krijgen. Haar werk als schoonmaakster deed ze met trots, ondanks haar hoge opleiding.

Het duurde niet lang voordat we gingen samenwonen, op zoek naar een beter leven, in het buitenland. Ze had inmiddels al tegenover mij toegegeven dat ze een alcoholiste was. Ik wist genoeg over deze aandoening om te weten dat deze erkenning de eerste stap op weg naar herstel was. Ik besloot deze weg samen met haar te bewandelen, overtuigd dat mijn liefde haar zou genezen; totaal onbewust van de vele uitdagingen die voor ons lagen.

***

Het moment was daar. Ik moest gaan. Ik was volkomen uitgeblust nadat ze een jaar non-stop had gedronken, iedere dag. Het was anders dan de zes voorgaande jaren waarin ze vaak dagenlang niets dronk, soms was ze zelfs weken of maanden nuchter.

We waren al een aantal malen verhuisd voordat we in de vrijstaande bungalow trokken halverwege een berg. Het jaar startte hoopvol. Voor het eerst in ons leven verdienden we samen voldoende geld om een prachtig huis met zwembad, wat we nu huurden, te kunnen bewonen. We waren zo dankbaar en vol hoop op een rooskleurige toekomst.

Maar het duurde slechts een paar weken, toen werd ze compleet depressief, overspoeld door haar eigen negatieve gedachten. Ze 'verdween' in een donkere wereld, kennelijk zonder uitweg. Ze was haar wil, haar lach en haar optimisme verloren. Ik snapte niet waarom. Het huis waarin we woonden was het mooiste huis dat we ooit hadden bewoond. Een adembenemend uitzicht op de bergen met hun constant veranderende schoonheid. Een droom voor een kunstenaar, inspiratie voor een poëet. In de vroege ochtend werden de rollende heuvels omarmd door een helder groen, gevolgd door lange middagen in een nevelachtige helderheid onder een brandende zon, overgaand naar een fantastische gouden gloed in de vooravonden. Op het einde van de dag veranderde het landschap in blauwe en paarse schakeringen die verdwenen in de donkere nacht onder een schitterende sterrenhemel.

Maar op de een of andere manier zag ze de schoonheid niet meer en moest ze zichzelf verdrinken in een zee van alcohol om haar gedachten, die steeds bozer werden, te verdoven. De grote tuin – zo geliefd door onze kat en hond – liet haar koud. In onze prachtige omgeving voelde ik me zo rijk, maar zij voelde een verstikkende isolatie, en werd depressief. In het begin had ik het niet eens zo door. Ik was nog steeds vol hoop op een alcoholvrije toekomst samen. Ik hoopte dat ons leven weer zo kon worden als de maanden voordat we waren verhuisd. Maanden vol plezier, lachen en gelukkig zijn, met genoeg inkomen voor dagtrips in de omgeving, koffie op terrasjes aan zee en goedkope maaltijden in lokale restaurantjes. Ook hadden we vreselijk veel plezier met onze hond en kat die we beiden uit een asiel hadden gered. Er was geen reden om niet gelukkig te zijn. Ik verwachtte dat het alleen nog maar beter zou worden. Ik hield van haar en ik wist dat ze van mij hield. Er was geen reden om te vermoeden dat we zo ontzettend konden verdwalen op de weg die voor ons lag.

Het moment was daar, ik moest gaan. Ik kon mezelf niet langer voor de gek houden en wijsmaken dat alles weer goed zou komen. Mijn geest was gebroken, ik had geen energie meer over. De ruzies waren nu dagelijkse kost. Het was alsof het in mijn leven was geslopen. Ik wist wel hoe het werkte, ik kende de mechanismen, maar toch voelde het alsof ik in de val was gelokt.

De ruzies startten zonder daadwerkelijke reden. Het was alsof ze niet kon horen wat ik zei. Al mijn woorden werden verdraaid in zinnen die ik nooit zou gebruiken. Al mijn meningen werden in twijfel getrokken, mijn zelfvertrouwen ondermijnd, mijn hoop verzwakt. Ik moest mijn woorden op een goudschaaltje wegen.

Op een dag vroeg ik haar of ze een kopje thee wilde, maar ze voelde zich aangevallen en begon een woordenwisseling. *"Stop toch met dat veroordelen. Kijk toch naar jezelf jij mislukkeling. Wie denk je wel niet dat je bent om mij te vertellen dat ik thee moet drinken. Ik drink wat ik wil!"*

Ze beschuldigde me ervan dat ik super veroordelend was, egoïstisch, lui en arrogant. Een mislukkeling. Het maakte niet uit dat ik diep van binnen wel wist dat het projectie was, zoals meestal het geval was. Het deed me pijn. Het maakte dat ik aan mezelf ging twijfelen. Het was een dagelijks terugkerend tafereel, zoals een hamerslag die me constant raakte waar het het meest pijn doet. Er leek altijd een waarheid in haar woorden te zitten die ze zo scherp neer wist te zetten in perfecte zinnen.

Ik wist dat ze ziek was. Ik wist dat zij niet de persoon was die tegen me sprak. Haar hersencellen waren corrupt geworden door een jaar van dagelijkse drankconsumptie. Ze schreeuwde naar me, maar eigenlijk schreeuwde ze tegen zichzelf. Ze beledigde me, maar eigenlijk beledigde ze zichzelf. Projectie. Ze gaf me het gevoel dat ik onredelijk was, ze dronk tenslotte bijna nooit overdag en ze dronk geen sterke drank.

Haar drinken begon altijd in de vroege vooravond; iedere avond twee pakken goedkope supermarkt wijn, gemixt met seven-up, in long-drink glazen, want ze vond de smaak van alcohol niet echt lekker. Ze at alleen maar tijdens de lunch; haar hongergevoel was verdoofd door de alcohol. 's Nachts, als ik naar bed was, begon ze te 'chatten' via Skype, met mannen over de hele wereld. Ze stuurde berichtjes naar iedereen die maar in haar geïnteresseerd was. Ze vertelde hen dat ze 'single' was, en zo voelde dat ook. Alsof we allebei alleenstaand waren, aparte levens leidend onder hetzelfde dak.

Ook tijdens de momenten dat ze niet dronk bleef ze toch nog onder de invloed van alcohol, haar zintuigen waren vertroebeld. De beledigingen werden harder, pijnlijker. Op een dag stond ze achter me met een grote mok kokend hete thee die ze recht boven mijn hoofd hield terwijl ze zei: *"Ik wil dit over je heen gieten, maar ik wil je niet het genoegen geven om een slachtoffer te worden zodat mensen je zielig vinden. Je bent zo'n idioot, zo egoïstisch; ze hadden je ouders moeten afschieten omdat ze jou op deze wereld hebben gezet!"* Ik besefte opeens dat dit het teken was dat ik verder moest. De projectie was duidelijker dan ooit, maar ik wist ook dat het nu tijd voor mij was om te gaan.

Het leed geen twijfel dat haar verbale mishandeling nu bijna het punt van fysieke mishandeling had bereikt. Het maakte niets uit dat zij de vrouw en ik de man was in onze relatie. Ik moest sterk worden en de beslissing nemen die al een tijdje door mijn hoofd speelde.

Ik hield nog steeds van haar en had gehoopt op haar herstel, maar het moment was daar. Ik moest gaan.

Drie weken later gingen we uit elkaar, ieder op zoek naar een eigen weg, naar nieuwe paden.

Ons grootste succes zit hem niet in nooit vallen, maar in weer opstaan

iedere keer dat het gebeurt

Confucius

Ik ontmoette hem in een bar

... en had nooit een probleem met het feit dat hij veel dronk. We dronken allemaal veel. Dat was gewoon wat je deed, jong,wild en feestjes met een hoop drank. Hij was een hele vriendelijke, zachtaardige man die meestal vrij stilletjes was in gezelschap totdat hij een paar drankjes op had. Ik dacht daar eigenlijk nooit zo over na.

We startten een gezinnetje en leefden het perfecte droomscenario, met onze twee kinderen ... tenminste voor het oog van de wereld. In onze vroege jaren samen hadden we niet genoeg geld om alcohol te kopen, het was te duur en daarom niet iets wat we ons konden veroorloven, maar dat veranderde toen materieel succes een normaal deel van ons leven werd.

Hij vond een baan in het buitenland en kwam alleen thuis tijdens het weekend en vakanties. Ik was de moeder die haar best deed om het huishouden zo goed mogelijk te laten lopen. Ik werd bijzonder onafhankelijk en goed georganiseerd en ik voelde me gelukkig met een grote groep vrienden om me heen en een druk leven. Weekenden kwamen en gingen, maar waren meer en meer gevuld met louter drinken. Langzaam drong het tot me door dat hij alcohol nodig had om te kunnen functioneren.

Ons sociale leven verdween langzaam maar zeker. We raakten steeds meer geïsoleerd. Ik nam geen uitnodigingen meer aan van vrienden omdat ik me teveel schaamde om hem mee te nemen. Ik schaamde me zo verschrikkelijk als ik de afkeuring over alles en iedereen in zijn ogen zag als hij weer eens stomdronken was. Hij kon niet stoppen met drinken. Eén glas moest altijd worden gevolgd door nog een glas en nog eentje, tot hij volkomen dronken was, meestal niet meer in staat om recht op zijn benen te staan.

Ik had het gevoel dat ik er niet meer bij hoorde. Ik had weliswaar een sociaal leven met mijn vriendinnen, maar het voelde niet meer alsof ik een relatie had. Ik begon een hekel te krijgen aan de vrijdagavonden wanneer ik naar het vliegveld reed om hem op te halen. Hij mocht eerste klas reizen en wat begon met een drankje om zijn zenuwen te kalmeren escaleerde altijd in 'binge'drinken gedurende de vlucht. En het was nooit genoeg. Op weg naar huis vanaf het vliegveld vroeg hij me vaak om hem af te zetten in zijn favoriete bar waar hij dan verbleef tot sluitingstijd, om vervolgens terug naar huis te waggelen. De volgende dag moest hij uitslapen omdat hij een kater had om daarna het hele tafereel 's avonds weer te herhalen. Op zondagavond bracht ik hem weer terug naar het vliegveld, opgelucht dat ik weer terug kon keren naar mijn 'normale' leven.

Ik houd van hem want hij is mijn man. Hij heeft me nooit mishandeld. Niet verbaal en niet fysiek, maar ik werd steeds kwader. Ik besefte dat hij verslaafd aan alcohol was en begon informatie te verzamelen over het onderwerp. Ik las alles wat los en vast zat en gaf hem folders van een ontwenningskliniek bij ons in de buurt, maar hij zei dat hij geen probleem had. Hij had waarschijnlijk gelijk. Hij had geen probleem, ik had een probleem. Ik kon het niet verdragen als hij zichzelf belachelijk maakte. Ik schaamde me dood toen de taxi chauffeur hem niet in zijn auto wilde vervoeren. Ik voelde me machteloos toen ik zag dat hij zijn plas had laten lopen en het niet eens doorhad.

Ik kon hem niet echt zien als een slachtoffer, ik was te boos. Ik kon niet begrijpen waarom het geen enkel probleem voor hem was om te stoppen met roken, maar niet kon stoppen met drinken. Ik was niet geïnteresseerd in het genetische feit dat zijn grootmoeder ook een alcoholiste was.

Ik zag mezelf alleen alleen maar als een woedende vrouw, niet als een slachtoffer. Dus op een dag, toen de kinderen volwassen waren en de deur uitgingen besloot ik om te verhuizen ... naar ons huis in het buitenland. Ik had genoeg van het drinken en ik had er genoeg van om me altijd maar voor hem te verontschuldigen. Ik wilde zijn afwezigheid tengevolge van de drank niet langer ervaren. Hij was continue in een staat van dronkenschap. Ik voelde me verdrietig, omdat wat ik zei geen enkel effect op hem had. Hij kon niet stoppen, het maakte niets uit wat ik zei. Hij kon voor niets of voor niemand stoppen, niet eens voor mij, zijn vrouw. Het maakte dat ik me waardeloos voelde. Ik moest gewoon vertrekken.

En nu voel ik me prima. Ik houd van hem en ik zal nooit van hem scheiden. Hij is de vader van mijn kinderen en de man van mijn dromen. We hebben nu officieel een LAT relatie, duizenden kilometers bij elkaar vandaan. Af en toe komt hij me bezoeken voor een paar weken en ieder jaar, rond de kerst, laad ik mijn auto vol met cadeaus en mijn twee honden en rijd terug naar huis om voor een paar maanden bij hem en mijn familie te zijn. Het werkt.

We hebben nu allebei de vrijheid om te doen wat we willen. Hij drinkt nog steeds en ik heb een nieuw leven opgebouwd. Dromen die we hadden over een toekomst samen zijn verdwenen, plannen zijn veranderd, maar daar heb ik vrede mee. Hij is mijn echtgenoot, mijn man. Volgend jaar vieren we ons veertigjarig huwelijk. Daar toast ik op!

De beste manier om met eergevoel te leven in deze wereld is om te zijn

wat we pretenderen te zijn

Socrates

In onze familie is bij iedereen seksueel een steekje los

... we kunnen geen intieme relaties opbouwen. Ik ben ervan overtuigd dat dit komt door de gestoorde relatie tussen onze ouders. Ik kom uit een Spaans gezin met zeven kinderen. Ik was ongeveer dertien jaar oud toen ik me voor het eerst bewust werd van de problemen tussen mijn ouders.

Ik was de derde zoon en we woonden in een veel te klein huis voor een gezin van negen personen. De wanden waren dun en geluiden konden gemakkelijk van de ene naar de andere kamer doordringen. Enkele verschoten foto's op de muren en het kleine altaar met een afbeelding van Jezus konden niet verhoeden dat wij alles konden horen als mijn vader dronken thuis kwam en mijn moeder dwong om seks met hem te hebben. Het gaf ons het gevoel alsof ook wij in die kamer waren, wij allemaal. We hoorden haar protesteren, we voelden haar pijn en haar afgrijzen. Nooit raakte hij haar aan met affectie, hij gaf haar nooit een knuffel, hij had alleen maar seks met haar. Zij kon nergens heen en wij, haar kinderen, die ze zo vol geduld opvoedde, konden ook nergens heen. We konden alleen maar luisteren en toezien.

Mijn moeder was een goede moeder maar het was onmogelijk voor haar om ons genegenheid te tonen en te zeggen dat ze van ons hield. We wisten wel dat ze van ons hield, maar ze had nooit tijd en maakte nooit tijd om haar kinderen te knuffelen. Ik denk dat ze niet wist hoe. Ze vertelde ons dat toen ze een kind was ze altijd danste in haar kamer, alleen, met de deur op slot, bang dat iemand haar zou zien.

Behalve de moeilijke relatie tussen mijn ouders was mijn kindertijd een gelukkige tijd. Er was veel plezier tussen mijn broers, zussen en ik en we lachten veel. Maar het was ook leuk als tantes en ooms van mijn moe-ders kant op visite kwamen. Ze kwam uit een grote familie en ook al was er niet veel fysiek contact, ze waren toch erg close.

Toch hadden de problemen tussen mijn ouders wel effect op mij. Ik werd een hele introverte jongen. Ik herinner me dat ik altijd veel fantaseerde, dat doe ik nog steeds. Ik heb de neiging om weg te rennen van problemen en me terug te trekken. Ik wil de realiteit nooit onder ogen zien; dat is een beetje een gewoonte geworden, geen makkelijke gewoonte voor mensen in mijn naaste omgeving. Ik laat niemand te dichtbij komen.

Mijn moeder was een eenvoudige vrouw; ze deed gewoon wat ze kon, wat ze moest doen om haar kinderen groot te brengen. Ze werkte voor een schoenenfabriek, vanuit het huis. Dat is wat ons hielp te overleven, want mijn vader gaf al het geld dat hij had verdiend uit aan dure kleding en drank. Hij was meestal absent en deed zich voor als iemand die hij nooit zou kunnen zijn.

Mensen uit het dorp gaven hem de bijnaam 'Baron' omdat hij er altijd zo duurgekleed uitzag. Altijd tot in de puntjes gekleed, als een dandy, hij ging om met mensen die ver boven zijn eigen sociale status stonden – rijke mensen. Hij wilde die facade hooghouden, maar het betekende ook dat hij boven zijn stand leefde. Hij werkte als verkoper voor dezelfde schoenenfabriek waar mijn moeder voor werkte en voor zijn werk moest hij dineren met potentiële klanten. Hij was altijd in een omgeving waar drank was.

In die jaren, de jaren zestig, was het normaal in Zuid-Spanje, waar we woonden, dat mannen veel tijd in een bar doorbrachten terwijl de vrouwen thuisbleven, om op de kinderen passen.

Mijn vader droomde dat hij een beroemde artiest was en hij was altijd aan het zingen en gitaarspelen. Hij hield van muziek en was autodidact. Hij kocht alle platen die hij kon vinden om de liedjes uit zijn hoofd te leren. Die zong hij dan voor wie ze maar horen wilde. Er waren veel mensen die graag naar zijn gezang luisterden, dus hij had vrienden, vele vrienden.

Hij was niet agressief, maar hij was ook niet lief. Thuis toonde hij nooit zijn waardering voor ons, maar in het dorp was hij altijd aan het opscheppen over zijn kinderen. Hij was de meest trotse vader en hij vertelde over ons tegen iedereen; hij was een levende leugen.

Hij wilde niet arm zijn, hij wilde geld hebben, maar hij kwam uit een arm, landelijk milieu. Zijn vader was een boer en herder en toen hij een jongen was, was hij ook een herder. Zijn familie was heel eenvoudig. Ik herinner me dat mijn grootvader nooit tegen ons, zijn kleinkinderen, sprak. Hij zei sowieso niet veel. Hij kon het simpelweg niet. Hij was zo gewend aan zijn lange dagen van eenzaamheid met de schapen in de bergen. Tien uur per dag, in regen en zonneschijn, zonder ook maar een woord te wisselen met iemand. Hij had het vermogen om een gesprek te voeren compleet verloren – hij wilde dat wel, maar hij wist niet hoe, dus sprak hij maar niet en wij haatten hem hierom. Wij hadden een hekel aan mijn vaders familie en gingen er liever niet naartoe.

De situatie tussen mijn ouders werd steeds erger. De laatste vijf jaar dat ze samen waren spraken ze letterlijk niet meer met elkaar. Mijn vader was veel weg en we wisten allemaal dat hij vreemd ging met andere vrouwen. Hij was als een vreemdeling die gewoon af en toe langs kwam als het hem uitkwam. Hij had zijn eigen bord en mok voor als hij thuis at, maar hij zat nooit met ons aan tafel om een maaltijd te nuttigen. Op een dag waren er vrienden op visite toen mijn vader onverwacht thuiskwam. Hij ging aan het einde van de tafel zitten en legde provocerend een banaan op zijn bord. Toen sneerde hij tegen de visite dat ze zijn eten opaten. Het was vreselijk genant voor ons allemaal.

We spraken niet over onze thuissituatie, maar iedereen in het dorp wist ervan. Ze begonnen mijn vader achter zijn rug uit te lachen als hij rondliep in zijn dure kleren. Inmiddels was hij een zware drinker geworden, een alcoholist, maar hij ontkende dit en zag niet dat er een probleem was. Hij deed net alsof alles normaal was en dat hij de trotse vader was van een gelukkig gezin.

Na vijf jaar leven met een 'vreemdeling' vroegen de oudste kinderen in ons gezin, nu volwassen, aan mijn vader of hij het huis wilde verlaten, maar hij weigerde. Omdat hij in het huis wilde blijven overtuigden we onze moeder om vader te verlaten en om te gaan scheiden. We hielpen haar dit door te zetten, iets wat ze alleen nooit zou hebben gedaan. Mijn moeder kocht een ander huis en we hielpen haar met de verhuizing. Mijn vader deed net of het niet was gebeurd en in het dorp ontkende hij dat hij in de steek was gelaten door zijn gezin. Maar de mensen begonnen hem te negeren en spraken niet meer met hem. Hij werd steeds eenzamer.

Ook was hij zijn baan kwijtgeraakt en had geen andere keus dan terug te gaan naar het dorp waar hij was opgegroeid. Hij werd weer een herder. Iedereen had hem verlaten, en zijn kinderen, ik ook, wilden niets meer met hem te maken hebben. In die periode negeerde de familie van mijn vader ons volkomen en niemand wilde met ons praten, niet met mijn moeder en niet met ons, zijn kinderen. Maar mijn vader probeerde wel met ons in contact te komen.

Als ik er nu op terugkijk ben ik ervan overtuigd dat hij ons echt miste, maar de boosheid die we toen voelden was te sterk, te overweldigend.

De laatste maanden van zijn leven bracht hij door in het ziekenhuis, hij leed aan leverkanker, net als zijn broer die aan dezelfde aandoening was gestorven.

Ik denk dat alcoholisme een genetische ziekte is, want mijn grootvader, mijn vader en zijn broer leden er aan. Maar ik weet niet veel meer over zijn familie en zijn achtergrond. Niemand sprak erover. Het is een blanke pagina voor ons allen en alles wat wij konden zien was een trieste man, onze vader, die niet zichzelf wilde zijn.

Ik weigerde om hem te bezoeken toen hij in het ziekenhuis lag en dit was ook het geval bij vrijwel al mijn broers en zussen. Alleen mijn jongste zus bezocht hem. Hij stierf als een eenzame man. Nu, twintig jaar later heb ik spijt dat ik niet heb geprobeerd om mijn vader te leren kennen. Ik heb er spijt van dat ik als volwassen man niet door de facade die hij had gecreëerd kon heenprikken. Ik kon de liefde die hij voor ons voelde niet zien, de liefde die hij niet kon uiten. Het was voor mij niet mogelijk om over mijn boosheid heen te stappen en de mens te ontdekken die mijn vader was. Een man die zoveel van zijn muziek hield, een man die zo zijn best deed om zijn eigen realiteit en problemen te negeren door zichzelf te verdrinken in een leven van dronkenschap.

Ik heb ook de neiging om, als er problemen zijn, de realiteit te negeren, maar er is een verschil tussen de manier waarop mijn vader op het leven reageerde en mijn manier. Ik praat, ik lees en verslind informatie over alcoholisme en ik weet nu wat het met iemand kan doen. Het maakt je eenzaam en maakt dat je alles verliest wat je lief is. Ik zou willen dat ik hierover met mijn vader had kunnen praten; ik zou zo graag zijn diepe liefde voor muziek, zijn gevoelsleven hebben leren kennen, maar ik was te laf toen ik de kans had om op zijn sterfbed met hem te praten.

Nu heb ik alleen nog maar een paar zeldzame herinneringen aan een lieve, warme man, maar ook een verlegen, teruggetrokken man als hij nuchter was. Hij had de drank nodig om sociaal te kunnen zijn. Hij praatte altijd over ons maar hij kon niet voor ons zorgen; dat moet hem hebben geraakt tot in het diepst van zijn ziel.

Ik heb mijn verleden inmiddels wel geaccepteerd, ook al heeft onze gezinssituatie problemen voor mij en al mijn broers en zussen gecreëerd. We zijn allemaal anders, en toch zijn we heel erg close, net als beste vrienden, we hebben veel contact met elkaar.

Mijn moeder leeft nog steeds en we hebben regelmatig familie-bijeenkomsten, die altijd heel gezellig zijn. Maar stuk voor stuk hebben we relatieproblemen die, daarvan ben ik overtuigd, een direct gevolg zijn van onze kinderjaren. Het lukt niemand van ons om een vaste relatie in stand te houden of een normaal familieleven te leiden, maar we praten hier wel veel over met elkaar en dat is prettig. We kunnen erkennen wie we zijn en waarom we zo zijn.

Ik ben soms wel bang dat ik ook een alcoholist kan worden. Niemand van mijn broers of zussen heeft een probleem met alcohol, maar ik ben me er erg van bewust dat als ik met een probleem word geconfronteerd ik een sterke drang naar drank voel. Ik weiger daaraan toe te geven, ik weet dat alcohol een deprimerend effect op me heeft en ik wil de weg die mijn vader moest gaan niet bewandelen. Ik bewandel liever mijn eigen weg.

Vandaag de dag, als een bijna vijftig jaar oude volwassen man, voel ik compassie met mensen die lijden aan alcoholisme en zou ik willen dat anderen ook de menselijke kant van alcoholisten zouden kunnen zien. Ik deed dat, maar helaas, veel te laat.

Wanneer je verliest, verlies dan niet de les

Buddha

Ik drink niet meer sinds 1992

... en werk in de verslavingszorg sinds 2004. Nadat ik twee jaar in een ontwenningskliniek had gewerkt, besloten mijn partner en ik in 2006 een ontwenningscentrum in het zuiden van Spanje te openen. Los Olivos is een privé centrum gebaseerd op onthouding.

Cliënten volgen een programma van onthouding van hun verslaving. Terwijl andere programma's zich richten op het op peil houden of verminderen van het gebruik van verslavende middelen, focussen wij ons op totale onthouding. We hebben een uiteenlopend team van mensen dat voor ons werkt; verslavingstherapeuten, mensen die zijn gespecialiseerd in eetstoornissen, artsen en psychiaters.

Voordat de behandeling plaatsvindt voeren we een intake-gesprek met de verslaafde, zodat we een individueel behandelingsplan kunnen opzetten. De basisfilosofie van ons centrum en de mensen die er werken is dat, in essentie, een verslaving van nature geestelijk is. Het gaat er vooral om dat we iedereen individueel behandelen om de aard van hun verslaving in te kunnen schatten.

Ik heb plezier in mijn werk want er is geen sprake van routine of een vastomlijnde traditie. We werken met een behandelingsplan op maat. Sommige mensen werken op basis van een spirituele insteek, anderen hanteren een psychologische aanpak. Soms doet de hulpbron er helemaal niet toe; het is belangrijker te achterhalen waar de cliënt zich het prettigst bij voelt. Het gaat er niet om een absolute waarheid te achterhalen.

Mijn baan in een verslavingskliniek was het rechtstreekse gevolg van mijn eigen ontwenning. Ik weet dat het mogelijk is om een leven zonder drank te leiden. Ik wilde anderen de hulp bieden die ikzelf had ontvangen. Ik had ongelooflijk veel steun ondervonden van behandelingscentra in Engeland en een groot deel van mijn herstel had te maken met het leren begrijpen wie ik ben. Ik ben tot de conclusie gekomen dat een deel van mijn identiteit het nodig heeft om andere mensen te helpen.

In ons centrum in Spanje bieden we intensieve interne behandelingen aan. Mensen komen bij ons terecht vanuit diverse hoeken; via onze website, door 'mond-tot-mond' reclame of bijvoorbeeld door informatiebureau's in Groot-Brittannië. Tot een bepaalde hoogte zou je kunnen zeggen dat het type persoon, dat de weg naar ons centrum vindt, waarschijnlijk nog wel in staat is om een redelijk normaal leven te leiden, zoals bijvoorbeeld het hebben van een baan en financiële onafhankelijkheid. Ze hebben nog niet alles verloren en zitten in een positie waarin ze het zich kunnen veroorloven om te betalen voor privébehandeling. Het komt echter ook voor dat de familie betaalt voor de behandeling, dus onze cliënten zijn representatief voor alle lagen uit de bevolking.

Mensen die bij ons komen doen dit uit vrije wil, dus ze worden niet gedwongen, bijvoorbeeld door de politie of een uitspraak van de rechter.

Het is wel belangrijk om te erkennen dat ze met een groot innerlijk conflict komen en er is altijd een deel van hen dat vast wil houden aan de verslaving. Ik ben ervan overtuigd dat niemand er echt 100% klaar voor is als ze door de deur komen en vaak is dat het eerste waar we mee aan de slag gaan.

We werken zo creatief mogelijk. We geven informatie, groepstherapie sessies maar ook individuele sessies met verschillende professionele hulpverleners zoals een psychiater of, bijvoorbeeld een therapeut die zelf het afkicken van een verslaving heeft ervaren. We introduceren ook de AA bij mensen. We zijn niet aangesloten bij de AA en we werken niet officieel met hen, maar we moedigen mensen wel aan om naar bijeenkomsten te gaan om het te observeren. Men wordt hierin echter wel vrijgelaten.

Je zou kunnen zeggen dat AA reactief is en dat wij proactief zijn. We erkennen de AA absoluut als een heel belangrijk hulpmiddel, vooral voor het verdere herstel na de behandeling in de kliniek. Wij zien onszelf als een korte-termijn behandeling, bijna als een eerste hulp of hulp na een ongeluk. Wij komen in beeld als iemand in een crisis zit en we proberen deze persoon dan de verschillende opties in hulpverlening te tonen waaruit men kan kiezen op de weg van herstel. We begeleiden mensen gedurende dat proces.

Er komen zowel mannen als vrouwen naar ons centrum voor behandeling. Overheidsstatistieken tonen aan dat er meer mannen zijn met problemen met alcoholmisbruik dan vrouwen, maar ik heb de indruk dat dit aan het veranderen is. Ik denk ook dat het voor een groot deel te maken heeft met de cultuur waarin iemand leeft, en dat je globaal kunt stellen dat er meer mannen verslaafd zijn aan alcohol dan vrouwen.

We dienen ook medicatie toe als iemand een ontwenningskuur moet volgen. Ze worden eerst onderzocht door een arts en de beslissing om een ontwenningskuur of andere medicatie toe te dienen wordt gebaseerd op het medisch rapport.

Ik ben zelf therapeut. We volgen een basisprocedure in het centrum. Eerst is er een zogenaamd screening proces om te achterhalen of wij wel de juiste plek zijn voor de cliënt. Als dit het geval is komt men naar het centrum. Daarna volgt een algemeen introductieproces waarin we uitleggen wat we doen en wat de volgende stap is. Er vindt een grondige beoordeling plaats gebaseerd op drie aparte interviews waarin het patroon van alcoholmisbruik, het sociale verleden, de geloofsovertuiging en de normen en waarden van een persoon worden besproken. De cliënt mag hierin ook zijn of haar mening geven maar deze gesprekken vinden wel plaats via vrij strikte richtlijnen. Dit maakt het voor ons mogelijk om een uitgebreid beeld te vormen.

Naar mijn mening is het vooral belangrijk dat we achterhalen waar iemand niet blij mee is in zijn of haar leven, wat ze zelf zien als reden van het probleem, wat men hier zelf aan wil doen en hoe zij denken dat wij kunnen helpen. Het gemiddelde verblijf in ons centrum is tussen de vier en zes weken.

De belangrijkste vraag die door de alcoholist wordt gesteld is of het mogelijk voor ze zal zijn om weer te kunnen drinken, gewoon een paar drankjes in gezelschap. Alleen de persoon zelf kan antwoord geven op die vraag. Als ze besluiten dat ze wel af en toe kunnen drinken in gezelschap, dan zijn ze daar misschien wel toe in staat, maar zonder een vast besluit zal dat niet lukken. De meeste mensen komen bij ons met een hoop vragen en ideeën die niet persé correct zijn. Het is onze job om die persoon te laten herkennen wat de werkelijke waarheid is, om het mogelijk voor ze te maken hun eigen beslissingen te nemen.

Veel mensen beginnen de behandeling met veel boosheid en rancune, gerelateerd aan problemen met de mensen in hun omgeving: familie-problemen, problemen op het werk, allemaal problemen die niets met henzelf te maken hebben. Ze komen dan met vragen zoals *"Wat kan ik doen om mijn vrouw te veranderen? Mijn baan? Hoe kan ik ervoor zorgen dat mijn kinderen stoppen met schreeuwen?"* Ze zeggen niet, *"Hoe kan ik stoppen met drinken?"*. Waar het op neerkomt is dat wij proberen de persoon te laten kijken naar zichzelf. Naar hoe zijzelf in feite hun leven hebben gecreëerd en wat ze kunnen doen om dit te veranderen.

De vraag in hoeverre familiebanden zijn verwoest moet ook worden besproken. Er is vrijwel altijd een probleem op dit gebied, maar het hangt er wel vanaf hoe erg het alcoholisme is geworden, hoelang overmatig drankgebruik al een probleem is en hoe erg mensen in de omgeving hierdoor zijn geraakt. Een alcoholist zal tijdens zijn actieve verslaving letterlijk het leven van bijna iedereen die hij of zij ontmoet negatief beïnvloeden.

Alcoholisme is een verborgen probleem, maar het is onderdeel van de maatschappij. Persoonlijk ben ik er niet van overtuigd dat het een ziekte is. Het is gewoon de manier waarop het menselijke ras leeft, hoe we hebben geleerd te leven. Het enige verschil dat ik zie is de mate van extremiteit. De meeste mensen gedragen zich op een bepaalde manier omdat het gewoon de manier is waarop we leven. Echter, de meeste alcoholisten leiden een zeer geïsoleerd bestaan.

Er is meestal sprake van een hoop boosheid en angst, en deze vormen vermoedelijk de basis voor agressie. Als deze gevoelens naar binnen worden gekeerd dan wordt een persoon verwoest en creëert zelfmedelijden. Als ze naar buiten toe worden geuit ontstaat er vaak een vorm van agressie. Als iemand drinkt kunnen deze gevoelens vertroebelen en maakt de alcohol remmingen los, met een negatief effect op de morele waarden die ze normaal gesproken hebben als ze nuchter zijn. We zien ook agressief gedrag in ons centrum en wij als therapeuten worden soms het doelwit van dergelijke agressie, want wij zijn de stem van de autoriteit die wil dat ze stoppen met drinken. We reageren niet op dergelijk gedrag wat tegen ons instinct in gaat. We gebruiken hiervoor verschillende technieken en het meeste personeel is getraind om hier niet op te reageren en ook in hoe men het vertrouwen van de klant kan winnen. Je moet aan hun kant gaan staan, geen tegenstander worden, want als je een tegensprekende opinie uit dan bekrachtig je nog meer conflict en agressie.

Sommige cliënten hadden problemen met de wet in de vorm van rijden onder invloed, agressie aanklachten, huiselijk geweld, diefstal, fraude en verschillende financiële misdaden. Deze laatste vaak meer gerelateerd aan andere vormen van druggebruik. Alcohol-gerelateerd gedrag heeft vaak te maken met hebzucht, het meer nodig hebben, wat er op neerkomt dat verslaafden geen voldoening vinden in het leven.

De gemiddelde leeftijd van mensen die naar ons centrum komen is ergens achter in de dertig en begin veertig, maar het zijn soms ook mensen van rond de twintig of in de zestig. Alles daarboven komt niet vaak voor, dit komt voornamelijk omdat mensen meestal lang voordat ze die leeftijd hebben bereikt overlijden. Sommigen kunnen stoppen op een natuurlijke manier, de wil om te drinken verdwijnt gewoon.

Ik heb ook gewerkt met mensen die uiteindelijk zelfmoord hebben gepleegd. Het is moeilijk te zeggen of dat is gebeurd door het alcoholisme of het resultaat van een niet-ontdekte ziekte die werd gemaskeerd door het alcoholisme, zoals bijvoorbeeld geestelijke gezondheidsproblemen en depressie. Ik ken mensen die voor lange tijd waren gestopt met drinken en toen toch weer begonnen; ze konden een leven zonder alcohol niet aan, maar liever dan door te gaan met drinken pleegden ze zelfmoord. Ik denk niet dat alcohol de reden is waarom mensen zelfmoord plegen, maar de manier waarop mensen met hun problemen omgaan. De meeste gevallen van overlijden waar ik van weet zijn echter door ongelukken, iets wat veel voorkomt als mensen nog drinken.

Het is moeilijk om een percentage in te schatten van mensen die succesvol stoppen. Ik ken veel mensen die zijn gestopt met drinken, maar ik ken veel meer mensen bij wie het niet is gelukt. Helaas zijn er velen die simpelweg niet kunnen stoppen.

Sommige mensen geloven dat er sprake is van een chemische onevenwichtigheid in de hersenen, maar ik ben er niet zeker van of daar wel bewijs van is, op dit moment is het niet meer dan nattevingerwerk.

Mensen praten ook over het Jekyll en Hyde syndroom. Alcoholisten zullen je mogelijk vertellen dat zij het gevoel hebben dat ze uit twee verschillende personen bestaan en op een bepaalde manier helpt de alcohol hen om daarmee om te gaan. Ze zeggen dat ze niet weten wie ze zijn en ze hebben de indruk dat ze niet hetzelfde voelen als andere mensen. Ze hebben het gevoel er niet bij te horen en de drank geeft hen wel dat gevoel. Naar mijn mening is het te simplistisch gesteld om te zeggen dat er sprake is van een chemische onevenwichtigheid. Mensen

110

zoeken naar een simpele uitleg, maar er is geen simpele uitleg. Het gaat om een uiteenlopende reeks van factoren.

In het algemeen heb ik het gevoel dat alcoholisme wordt veroorzaakt door een combinatie van genen, trauma's en maatschappelijke cultuur. Tegenwoordig wordt er wel gesproken van een biopsychosociale* ziekte.

Dat is zeker de algemeen geaccepteerde opinie in Groot Brittannië. Als je op dit terrein werkt dan is het een vereiste van de overheid dat je al deze zaken met de cliënt bespreekt. Iedereen heeft problemen op dat gebied maar in verschillende mate.

WAT IS VERSLAVING?

Zijn er bepaalde tendensen en welke zijn dat? Er is geen eenduidig antwoord. In de huidige maatschappij wordt veel geld geïnvesteerd in kankerresearch, maar er is weinig onderzoek naar alcoholisme, simpel- weg omdat er niet genoeg geld voor is. Veel mensen hebben een mening, maar er is geen bewijs. Kanker is een fysiek identificeerbare ziekte, alcoholisme niet en het wordt daarom soms minder serieus genomen in de medische wereld.

In Amerika wordt onderzoek naar genen-gerelateerd alcoholisme wel financieel gesteund en er wordt getracht een bewijs te vinden, want dat is het Amerikaanse concept. In Europa is men van mening dat het een sociale en culturele oorsprong heeft, vandaar dat er geen medische behandeling voor is.

Er wordt weinig overheidsgeld geïnvesteerd voor onderzoek naar alcoholisme in Groot Brittannië want het wordt niet erkend als een medische ziekte. Alcoholmisbruik is gewoon iets wat je doet of niet doet.

In onze huidige cultuur is het maar de vraag of de zogenaamde 'binge'drinkers alcoholisten zullen worden of zullen stoppen. Wie zal het zeggen! Naar mijn mening is wat we alcoholisme noemen nog steeds een probleem van een minderheid van de bevolking. Het fenomeen verslaving in het algemeen is mogelijk veel groter in de maatschappij. Iedereen wil meer hebben van wat dat dan ook moge zijn.

Ik ben echter wel van mening dat we meer zouden kunnen doen. In Europa is een trend in de richting van schadebeperking. De politiek is er niet op gericht om mensen te laten stoppen met drinken, maar om de schade die wordt veroorzaakt door drankmisbruik te beperken. Dit is anders dan de Amerikaanse aanpak, die meer gericht is op de behandeling van het individu, om een persoon te helpen om te stoppen met drinken.

Er rust nog steeds een stigma op alcoholisme. De maatschappij is in ontkenning. Mogelijk is één van de redenen hiervoor dat een deel van de medische professie, speciaal in Europa, weigert om het probleem te onderkennen, en dus wordt het gestigmatiseerd. Er is geen officiële erkenning van het probleem, net zoals dat het geval is met dakloosheid.

Er is geen officiële erkenning dat dakloosheid wordt veroorzaakt door een specifiek probleem dat tot gevolg heeft dat een individu dakloos wordt. Je zou hetzelfde kunnen zeggen over alcoholisme. Aangezien er niets is wat alcoholisme veroorzaakt, moet het wel aan jou liggen!

Mijn werk in de verslavingszorg heeft mijn mening over alcohol, die natuurlijk gebaseerd is op mijn eigen ervaring, niet veranderd. Het werken met alcoholisten heeft wel mijn mening over alcoholisten en alcoholisme veranderd. Totdat ik begon te werken met alcoholisten was mijn perceptie gebaseerd op mijn eigen ervaring, maar dat is compleet opengegooid nu. Er zijn vele soorten alcoholisten en verschillende gradaties in alcoholisme.

Het werken met verslaafden heeft mijn leven totaal veranderd. Je werkt op een heel intiem niveau met mensen en ik heb veel gezien en geleerd over mensen, maar ook over mezelf. Mijn reis van werken met mensen was ook een reis van inzicht in mezelf, al was dat helemaal niet mijn doel. Het gebeurde gewoon, en het was goed. Werken met mensen heeft me de kracht gegeven om mijn eigen professionele en persoonlijke leven verder te ontwikkelen. Natuurlijk zou het werken met 'verandering' een effect op mezelf hebben!

Tijdens mijn persoonlijk herstel volgde ik vooral één gedachtenlijn en ik zorgde ervoor dat ik alleen maar die ene methode volgde zodat ik erg gefocust kon zijn. Dat heeft me enorm geholpen. Vandaag de dag zijn mijn ideeën ruimer geworden en ik ben niet meer afhankelijk van één specifieke methode. Het was belangrijk voor me om iets te vinden waar ik me op kon richten. Nu is mijn focus meer spiritueel geworden, bijna religieus. Ik werd als vanzelf naar een dieper niveau van mijn spiritualiteit geleid. Mijn persoonlijke groei, mijn veranderingsproces is ruimer geworden.

Het meest interessante voor mij, voor wat betreft alcoholisme en ook mijn eigen herstel en dat van andere mensen is dat ik geïnteresseerd ben in de aard van alcoholisme, niet persé in de oorzaak. Vaak wordt de oorzaak behandeld terwijl we de diepere aard van verslaving negeren. Het fascineert me dat mensen deze behoefte creëren en of we hier al dan niet iets aan kunnen doen.

Mijn eigen ontwikkeling gaat steeds meer over de mens, over – op een bepaalde manier – een zoektocht naar mijn menselijkheid. Wat betekent het om een mens te zijn en vervullen we eigenlijk wel ons menselijke levenslot?

Ik ben ervan overtuigd dat de beste behandeling voor een individu afhangt van wat specifiek het beste bij die persoon past, en er zijn vele soorten behandelingen. Project MATCH* heeft onderzoek uitgevoerd naar de verschillende behandelingsmethoden en ze met elkaar vergeleken en geëvalueerd. De basis conclusie lijkt dat de ene behandeling niet beter werkt dan de andere. Eén van de belangrijkste voorwaarden voor een succesvolle behandeling is dat de verslaafde gelooft dat het zal werken.

Als de cliënt gelooft dat het werkt, is er een goede kans dat het ook werkelijk zo zal zijn!

*biopsychosociaal: een benadering waarin men stelt dat biologische, psychologische (gedachten, emoties en gedrag), en sociale factoren, allemaal een belangrijke rol spelen in het functioneren van de mens in de context van een aandoening of een ziekte
*Project MATCH
Een Multi-site Klinische Test van Alcohol Behandeling

Al wat ons in anderen irriteert kan ons iets doen begrijpen over
onszelf

Carl Gustav Jung

Hij was een rokkenjager

... Hij flirtte altijd met andere vrouwen, zelfs waar ik bij was. Ik voelde me als verdoofd, alsof ik 'mijn luiken' had dichtgedaan. Ik voelde me ongelooflijk kwetsbaar en onzeker. Hij was mijn echtgenoot en de vader van mijn twee kinderen. Hij had affaires, heel veel, en om de aandacht te krijgen waar ik zo naar verlangde verlaagde ik mezelf tot zijn niveau. Ik was ongelukkig en ik schaamde me zonder dit te beseffen. Het voelde alsof ik mijn echtgenoot niet kon bevredigen dus zocht ik mijn bevrediging in de armen van andere mannen, maar het werkte niet echt. Gevoelens van leegte zogen me in een zwart gat.

Toen ontmoette ik de man van mijn dromen voor de tweede keer in mijn leven. Ik werd verliefd op hem de eerste keer dat ik hem zag, ik was pas vijftien jaar oud en hij was eenentwintig. Een onmogelijk leeftijds-verschil. Dus gingen we ieder onze eigen weg en trouwden met iemand anders. Meer dan vijftien jaar later ontmoette ik hem weer. Hij was zo lief, zo voorkomend en zo bereid om al mijn wensen te vervullen. De man van mijn dromen, mijn geheime minnaar, die me gaf wat ik van mijn echtgenoot had willen krijgen maar niet kreeg. Hij gaf me aandacht en liefde. Hij maakte me het hof met prachtige bloemen, woorden en cadeautjes. Ik viel opnieuw voor hem en was tot over mijn oren verliefd. Maar hij was ook getrouwd en ik schaamde me vreselijk.

Ik wilde niet het huwelijk van een andere vrouw verwoesten en ik wilde niet dat mijn kinderen een scheiding zouden moeten verwerken.

Ik wist niet wat te doen. Het voelde alsof ik in de val zat, ik was de-pressief en machteloos. Ik werd bang van mijn gevoelstoestand, ik werd er moe van, het schuldgevoel knaagde aan mijn geestelijke gezondheid en ik wilde ervan wegrennen. Ik wilde weg van de twijfels, de zorgen en de angst in mijn hoofd. Ik voelde me vreselijk. Mijn depressie groeide en ik wilde dat donkere gevoel niet meer voelen. Ik had grote behoefte om rust in mijn hoofd te creëren. Weg van alles voor even, alleen maar heel lang slapen, om mijn kracht terug te krijgen. Ik wilde geen einde aan mijn leven maken, maar ik wist niet hoe te leven. Ik slikte teveel pillen.

Uren later vond een vriend van de familie mij en ik werd met spoed naar het ziekenhuis vervoerd waar mijn maag werd leeggepompt. Men vreesde het ergste, dat ik een zelfmoordpoging had ondernomen. Ik wist dat dit niet het geval was, maar was te overspannen om het uit te leggen, niet helemaal zeker of ik het zelf wel begreep.

De warme, zorgelijke bui van mijn echtgenoot in de dagen daarna duurde niet lang en voordat ik het wist viel hij weer terug in zijn oude gewoontes en ik besloot om bij hem weg te gaan. Recht in de armen van de man die me zou redden, die voor mij en voor mijn kinderen zou zorgen. We gingen allebei scheiden en mijn kinderen en ik trokken bij mijn geliefde in, in het grote oude huis.

Alles zou nu goedkomen. Hij was de perfecte man. Het feit dat hij veel dronk vond ik niet alarmerend, hij leek het prima onder controle te hebben. Ik was opgegroeid in een omgeving waar veel werd gedronken en ik dacht dat het normaal was.

Ik had geen idee!

***

Er waren voldoende waarschuwingstekens, vele zelfs, en ik kreeg zeker een idee van hoe hij kon zijn. Hoe hij opeens, zonder reden, kon veranderen van een warme, aardige man in een wrede dictator, maar ik dacht dat dit wel zou veranderen als we eenmaal getrouwd waren. Ik wist dat hij iedere dag dronk. Hij dronk zijn eerste drankje altijd al in de ochtend, maar ik was zo verliefd op hem, dat ik het negeerde.

Hij was zo lief en gul. Ik veegde de bezorgde vragen van vrienden van tafel en concentreerde me op het creëren van een zekere toekomst voor mijn kinderen. Hun vader wilde niet langer voor hen betalen want hij zei dat mijn nieuwe partner genoeg geld had. En dat was ook zo. Hij betaalde overal voor. Ik wist niet dat hij dit ook tegen mijn kinderen zei en hen vertelde dat hun vader waardeloos was.

Ik probeerde zijn gedrag te excuseren, en heel langzaam, bijna onmerkbaar raakte ik verstrikt in een web van ontkenning. Ik verontschuldigde me voor hem bij mijn vrienden, mijn familie, maar vooral ook bij mijn zoon en dochter. Ik dacht dat ik deed wat het beste was. Een goede school, een fijn huis, mooie dingen, hij betaalde voor alles. Ik probeerde het hem naar zijn zin te maken en aan al zijn wensen te voldoen om mijn kinderen voor zijn razernij te beschermen. Ik moest op eieren lopen, maar soms werd het me gewoonweg teveel. Ik had momenten van kwaadheid, van oncontroleerbare woede. Hij beledigde me, schold me uit en vertelde me hoe stom ik was en dan begon ik hem te slaan, wat alleen maar resulteerde in dat hij me terug ging slaan, harder en sneller. Ik wende aan zijn gedrag en maakte mezelf wijs dat ik de gevechten zelf was gestart.

Hij was mijn echtgenoot, mijn minnaar en mijn baas. Ik werkte bij hem in zijn kantoor wat me in ieder geval het gevoel gaf dat ik iets van het geld dat hij uitgaf aan mijn kinderen en aan mij aan hem terugbetaalde.

Ik werkte hard maar het werd nooit echt gewaardeerd. Hij vertelde me altijd hoe waardeloos en incompetent ik was.

Ik sprak over zijn excessieve drankgebruik met mijn dokter, een vriend van de familie. Hij besloot dat hij aan mijn man zou vragen om minder te gaan drinken omdat het mij ongelukkig maakte en gaf mij valium om de situatie aan te kunnen. Het enige wat dit met mij deed was dat het mijn gevoelens verdoofde, maar het verergerde ook de kwaadheid van mijn man.

 Ik geloof niet dat ik hem ooit nuchter heb gezien. Dagen en avonden werden overschaduwd door het gebruik van alcohol. We brachten vele nachten televisiekijkend door in de slaapkamer. Hij wilde altijd drinken en dwong mij om ook te drinken. Hij schonk wodka en tonic voor me in. Een klein beetje tonic en de rest wodka. Het gaf hem een excuus om ook te drinken en het maakte waarschijnlijk dat hij zich minder eenzaam voelde in zijn gedrag.

Dus dronk ik ook, meer dan ik wilde en meer dan mijn lichaam aankon. Er waren vele ongelukjes. Ik viel van de trap en brak mijn beide polsen, na alweer een avond van overmatig drankgebruik, en op een avond, tijdens een ruzie, rolde ik me op mijn andere zij; ik probeerde zijn vuist te vermijden, maar ik viel uit bed, op de koude marmeren tegels van de slaapkamervloer. Ik voelde meteen dat er iets serieus niet in orde was. Ik kon me niet bewegen en in het ziekenhuis werd mij verteld dat ik mijn rug had gebroken.

Er waren vele pijnlijke momenten, zowel geestelijk als fysiek. Ik zat gevangen in zijn web en zag geen uitweg. Waar kon ik heen, hoe zou ik ooit voor mezelf en mijn kinderen kunnen zorgen zonder hem?

Uiteindelijk, na twintig jaar, vroeg hij me om tijdelijk uit het huis te trekken en hij gaf me de sleutel van een flat die eigendom was van zijn bedrijf. Mijn leven was een complete leugen maar ik had al die jaren nodig gehad om dat te beseffen.

**

De flat was niets speciaals, maar het werd mijn veilige thuishaven, mijn toevluchtsoord. Het was het beste dat me had kunnen gebeuren. Ik zag toen pas in wat voor gevangenis ik de twintig jaren daarvoor had geleefd.

Ik voelde me geweldig blij met mijn nieuwgevonden vrijheid. Ik besloot om een cursus te gaan volgen om onafhankelijk te worden en ik ging naar bijeenkomsten van de Al Anon. Wat ik hoorde en leerde bij de Al Anon hielp me mijn situatie begrijpen. Ik wist opeens dat ik niet de enige was. Mijn ervaring was geenszins uniek. Ik werd voorgesteld aan sterke mannen en vrouwen die hadden samengewoond of nog steeds samenleefden met partners die aan alcoholisme lijden. Ik had nooit geweten dat het een ziekte was, ik wist niet dat het zo vaak voorkwam, ik wist niet dat het oké was om uit de relatie te stappen.

Hij was nog steeds mijn echtgenoot, maar ik kon weer ademen. Mijn kinderen hadden het nest verlaten en ik ook. Een nest van ingewikkelde non-realiteiten, een leven geleefd in een vage wereld onder constante invloed van alcohol. Het web was ineengestort en hij was er niet blij mee. Hij betaalde nog voor mijn flat en mijn leven. Hij was woedend over mijn nieuwgevonden zelfvertrouwen. Hij had er een hekel aan dat ik cursussen volgde en was woedend over mijn contacten bij de Al Anon.

Het leek alsof hij mij nog steeds onder controle had en dat zou hij me ook bewijzen. Toen ik op een avond thuiskwam van een Al Anon bijeenkomst zat mijn flat dicht, alles was met hout dichtgetimmerd . Ik kon er niet meer in. Alles wat ik had waren de kleren die ik aanhad. Het was het meest donkere moment uit mijn leven. Ik was dakloos.

Maar er is licht na de duisternis. Mijn ervaring met deze geciviliseerde, intelligente man, met zijn prachtige stem; een man die hield van het theater en van mooie dingen, heeft me een levensles geleerd die ik nooit had willen leren, maar het heeft ook een beter mens van me gemaakt, een sterkere vrouw en een liefdevolle grootmoeder.

Hij deed wat hij deed omdat hij niet anders kon. Hij werd overheerst door een ziekte waar hij geen controle over had. Ik kan hem zijn daden niet vergeven, maar ik kan zijn ziel wel vergeven. We gingen scheiden na eenentwintig jaar huwelijk. Slechts drie maanden later stierf hij aan levercirrose.

"Jekyll en Hyde"

Ik voelde me minderwaardig

... en niet in staat om beslissingen te nemen. Hij vertelde me dat ik onwaardig, nutteloos en stom was. Niet in staat om een andere man in mijn leven aan te trekken.

En ik geloofde hem

Hij treiterde me en wist precies hoe hij me kon afkraken, zorgvuldig refererend aan mijn onzekerheden, mijn twijfels, mijn gebrek aan zelfvertrouwen, en zei dat ik niet kon delen. Hij vertelde me hoe verschrikkelijk ik was.

En ik geloofde hem

Zijn stem, vol haat, in prachtige volzinnen, vertelde me dat ik hem nodig had en dat ik dankbaar moest zijn dat hij in mijn leven was.

En ik geloofde hem

Ik schaamde me, maar het lukte me om me sterk te houden tegenover de buitenwereld. Ik was blij dat ik niet langer een alleenstaande vrouw was zoals ik zolang daarvoor was geweest. Teveel jaren.

En ik geloofde mijn leugen

Het was een schijnvertoning. Ik verdedigde hem. Ik vertelde iedereen hoe fantastisch hij was. Een echter knuffelbeer, me altijd strelend en me zeggend hoeveel hij van me hield, hoe prachtig ik was en dat hij het niet in zijn hoofd zou halen om een relatie te hebben met een lelijke, domme vrouw.

En ik geloofde het

Maar ik geloofde niet langer in mezelf. Weg was de sterke, geëmancipeerde vrouw die over de hele wereld had gereisd, in andere landen had gewoond. Weg was het vertrouwen dat ik mijn geld kon verdienen met mijn talenten. Een dromer, met een vertekend beeld van de realiteit... gelovend dat ik het op een dag zou maken.

Kreupel door de 'ups en downs', zo onbegrijpelijk, maar voorspelbaar zich herhalend in mijn leven . . . Ik geloofde dat ik hulp nodig had.

Omdat iets jou moeilijk toeschijnt moet je niet denken dat het

onmogelijk is voor iemand anders

Marcus Aurelius

Ik was acht jaar en zo trots

... Mijn moeder stond voor de klas en verwelkomde alle kinderen. Iedereen hield van haar, ze was een briljante lerares met een oneindig geduld. Ze was mooi, lief en ze hield van lachen. Ze was de lerares in mijn tweede jaar van de lagere school en goh, wat was ik blij. Ze behandelde mij precies zoals de andere kinderen en we kregen allemaal dezelfde aandacht en hulp, maar het was toch speciaal om de zoon van de lerares te zijn.

Ze had voldoende om te geven. Het was in de jaren vijftig en een opwindende tijd niet lang na de tweede wereldoorlog. Vrouwen werden vrijer, zoals mijn moeder, met banen en verantwoordelijkheden buitenshuis. Ze werd als een moderne vrouw gezien. Ze hield van haar baan, en ze was er heel erg goed in. Ze hield van kinderen en omdat ze was opgegroeid in een religieus milieu, betekende dit ook dat mijn vader en zij de dingen maar lieten gebeuren.

Ik was hun zevende kind. Het leek haar geen enkele moeite te kosten om haar werk te doen en gelijktijdig liefdevol een grote familie te runnen. We voelden allemaal dat er van ons werd gehouden en dat we werden begrepen. Het leven was fantastisch.

Mijn vader was een hardwerkende, vrij dominante man, die zelfstandig een klein bedrijfje had opgestart aan het begin van de oorlog, maar mijn moeder hield ons familieleven perfect in balans. Omdat we een tweeverdieners familie waren betekende dit dat het leven goed was en ik heb warme herinneringen aan mijn vroege kindertijd.

Totdat het helemaal mis ging.

De menopauze kwam vroeg voor mijn moeder en met vijfenveertig werd ze overspoeld door hormonen, het maakte haar onzeker, kwetsbaar en depressief. Ze begon symptomen van schizofrenie te ontwikkelen. Ze hoorde stemmen in haar hoofd, stemmen die over haar spraken, en ze ontwikkelde vervolgingswaanzin. In overleg met onze huisarts werd ze opgenomen in de psychiatrische afdeling van het ziekenhuis.

Het was een moeilijke tijd voor de hele familie. Ze verbleef een aantal weken in het ziekenhuis en kwam toen terug naar huis. Ze kon geen les meer geven en ze moest haar dagen thuis doorbrengen; met haar echtgenoot en vier van de acht kinderen die nog thuis woonden. Een thuis dat steeds onwerkelijker werd voor haar.

De huisarts gaf haar het advies om een glaasje sherry te drinken en een sigaretje te roken om te helpen zich te ontspannen. Het was het begin van een tragische aftakeling van een fantastische vrouw.

Ik was twaalf jaar en moest op slag volwassen worden.

***

De situatie verergerde heel snel. Er kwam een huishoudster bij ons inwonen. Overdag zorgde ze voor het huishouden en hield ze mijn moeder gezelschap. Ze werd een beetje een surrogaat moeder.

Mijn vader was steeds vaker niet thuis en begroef zichzelf in zijn werk terwijl hij op zoek ging naar vrouwelijk gezelschap buiten de deur. De arts en het ziekenhuispersoneel hadden hem en ons, kinderen, het advies gegeven om de angsten en paranoïde gedachtenwereld van mijn moeder te negeren.

Er volgden vele jaren van afspraken met psychiaters en langdurige psychiatrische opnamen voor behandeling. In die tijd scheen niemand zich te verdiepen in het verschijnsel van schizofrenie in combinatie met traumatische oorlogservaringen. Haar symptomen, haar angsten, haar vertwijfeling, alles werd genegeerd.

Tussen de ziekenhuisopnamen door in slenterde ze vaak door de straten in ons dorp. Ze bezocht oude vrienden die haar binnenlieten uit medeleven. Ze nam flessen sherry mee uit winkels zonder ervoor te betalen. Het was geen probleem. Iedereen in het dorp kende haar, en mijn vader, een gerespecteerde zakenman, betaalde de rekening. Dus niemand weigerde haar de drankjes, ook niet na veelvuldig verzoek van mijn vader.

Mijn moeder was bang en geheel teruggetrokken in haar innerlijke wereld, verborgen achter wolken rook, ze had zich inmiddels ontwikkeld tot een kettingroker. Ze zat op de koude, harde keukenstoel, vaak urenlang, zonder zich te bewegen, behalve om haar drankje en de sigaret naar haar mond te brengen. Er was angst in haar ogen.

Er hing een 'negeer' atmosfeer in het huis, we probeerden te vergeten dat mijn moeders probleem er was. Mijn vader vermeed het duidelijk om veel thuis te zijn en wij, de kinderen hielpen waar we konden om daarna zo vaak mogelijk uit het huis te ontsnappen. We verbleven in de huizen van vrienden en onze verloofdes, om maar weg te zijn uit de depressieve sfeer thuis, om te proberen het te vergeten.

Net zoals zij probeerde te ontsnappen aan haar demonen, om te vergeten, in de troostende waas van een brein verdoofd door alcohol. Ze kon tenminste rustig slapen.

**

Steeds vaker nam mijn moeder geld uit de huishoudportemonnee; het was zogenaamd voor de kapper of voor huishoudelijke artikelen, maar ze gaf alles uit aan alcohol. Ze 'leende' ook geld van haar vrienden maar ze betaalde het nooit terug. Mensen raakten geïrriteerd en haar isolatie groeide.

Spanningen in ons huis en tussen haar en haar vrienden werden regelmatig onverdraagbaar en in overleg met de huisarts werd ze dan weer opgenomen in de psychiatrische afdeling van het ziekenhuis. Nadat ze was 'gekalmeerd'werd ze weer naar huis gestuurd, waar ze een paar weken later weer in haar oude gewoontes terugviel.

Inmiddels had ik mijn huidige vrouw getrouwd en mijn vrouw en ik verhuisden naar een huis in hetzelfde dorp waar mijn ouders woonden. Mijn moeder werd regelmatig letterlijk bij ons voor de deur gedumpt. Haar vrienden stonden niet meer voor haar klaar. Voor mijn moeder was het een opluchting om in ons huis te zijn; een plaats waar ze geen angst voelde. Het was een enorme druk op mijn vrouw en mij, want we werkten beiden buitenshuis en moesten mijn moeder alleen laten. Zij vond dat niet erg. Er was een dressoir vol met sterke drank in ons huis. Als we 's avonds thuiskwamen brachten we haar terug naar mijn ouderlijk huis en stopten haar in bed, hopend voor haar dat ze niet in de problemen zou komen met mijn vader. Hij was erg streng en niet vergevingsgezind ten opzichte van haar.

Jaren gingen voorbij en door hun vorderende leeftijd werden zowel mijn vader als mijn moeder een stuk kalmer. Mijn moeder kreeg maandelijks injecties om haar demonen te onderdrukken want ze weigerde tabletten in te nemen, die spoelde ze gewoon door het toilet. Mijn vader had een leven opgebouwd buitenshuis. Ze woonden niet echt samen, maar vreemd genoeg konden ze ook niet zonder elkaar leven. Voordat mijn vader het huis verliet zette hij een beperkt aantal glaasjes sherry voor haar klaar op de eettafel, zodat ze niet meer dan dat kon drinken. Maar ze vond het nooit genoeg en bleef altijd zeuren om nog een glaasje sherry, wat bijzonder akelig was.

Toch hadden mijn ouders een weg gevonden om met haar verslaving om te gaan. Gedurende de laatste jaren van haar leven verbleef mijn moeder in een verzorgingstehuis waar mijn vader haar iedere dag bezocht, jarenlang. Hij nam haar dan mee naar de eetzaal van het tehuis om een glaasje sherry voor haar te kopen. Hij bracht haar ook altijd drie of vier pakjes sigaretten die ze dagelijks rookte. Mijn moeder was niet gelukkig en bad vaak of ze dood mocht. Vanwege haar religieuze karakter was zelfmoord geen optie voor haar. Uiteindelijk, na bijna veertig jaar van onbeschrijfelijke angst en verdriet overleed ze vredig in haar slaap. Ze was eenentachtig.

Een vrouw, zo lief en warm, maar totaal onbegrepen. Ik vraag me vaak af of ze zichzelf begreep.

Ze was mijn moeder.

Herkenning kan mensen helpen een uitweg te vinden of een manier te vinden om te leven met een 'onmogelijke' situatie

Een geïnterviewde

Ik hield van mijn kinderen en ik hield van mijn baan

... Ik was lerares op een lagere school en heel trots daarop. Ik voelde me bevoorrecht en was me er sterk van bewust dat mijn situatie vrij ongebruikelijk was. Een moeder van een groot gezin die ook nog eens een fulltime baan had.

Ze zeiden dat ik geëmancipeerd was, daar moest ik altijd een beetje om giechelen. Maar ik was gelukkig. Ik hield van mijn drukke leven en was erg goed in organiseren. Mijn echtgenoot was druk met het opbouwen van een succesvolle zaak in tuinmeubels, en het leven was perfect. Ik dacht dat dit voor altijd zo zou blijven. Maar God had andere plannen voor me, al begreep ik niet goed waarom.

Ik was midden veertig toen ik me wat vreemd begon te voelen. Het was net alsof mijn leven werd overgenomen door iemand anders. Het viel samen met een grote verandering in mijn hormoonhuishouding. Mijn menstruatie was gestopt en ik voelde me niet meer thuis in mijn lichaam. Ik kreeg last van opvliegingen op de meest ongepaste momenten. Het maakte dat ik me minderwaardig voelde, en ik schaamde me vreselijk. Ik leek geen controle meer te hebben over mijn lichaam of mijn gedachten.

Mensen begonnen over me te praten, heel luid en duidelijk. Ik kon ze horen in mijn hoofd. Daar werd ik helemaal gek van. Ik wilde die stemmen niet horen, ze maakten me bang. Ze waren er altijd, dag en nacht. Toen begonnen mensen me te achtervolgen. Als ik naar de winkel ging om eten te kopen voor het avondeten, als ik een eindje ging wandelen ... Niemand geloofde me, maar het was wel degelijk waar. Ik werd overal waar ik naartoe ging gevolgd. Ik was erg van streek dat niemand me serieus nam, en ik wilde dat het zou stoppen.

De huisarts was een aardige man en hij stelde voor dat ik een paar weken naar het ziekenhuis zou gaan. Ik vond dat geen prettig idee, maar ik had geen keus. Ik dacht dat het misschien wel zou helpen om de stemmen te doen stoppen en dat mensen me dan niet meer zouden achtervolgen. Een paar weken later werd ik weer naar huis gestuurd. Ik was bang en erg nerveus. De dokter stelde voor dat ik een glas sherry en een sigaretje zou nemen om mezelf te kalmeren. Ik had nooit gerookt en dronk vrijwel nooit, maar ik dacht, als de dokter het zegt, dan is het misschien wel goed voor me.

Al wat ik ooit was geweest was een goede moeder en echtgenote, en nu moest ik één van die vrijgevochten vrouwen worden, drinkend en rokend.

Het voelde alsof ik in een bizarre, bijna buitenaardse wereld leefde, maar inmiddels was dat mijn wereld geworden en het was alles wat ik had.

***

Ik was bang, zo bang, ik wist niet wat te doen. En iedereen waar ik van hield leek me te ontwijken. De stemmen waren er nog steeds, altijd. Ik was bang en ik wist zeker dat ze me zouden komen halen en dat ze me op een dag te pakken zouden nemen. Dat zou verschrikkelijk zijn. Ik wist niet zeker hoe, maar ik moest het zien te ontvluchten.

In het begin vond ik de sigaretten en de sherry niet echt lekker, maar ze hadden wel een kalmerend effect op de herrie in mijn hoofd. Hoe meer ik dronk en rookte, hoe minder opdringerig de stemmen werden. Maar de angst bleef. Soms was ik verstijfd van angst. Dan kon ik urenlang gewoon maar in de keuken zitten.

Ik was me vaag bewust dat mijn kinderen en mijn echtgenoot kwamen en gingen, maar ik was zo bang. Ik wist niet wat te doen. Dus dronk ik nog een glaasje, en nog eentje, tot ik in slaap viel. Dat was prettig.

Ik moest vaak terug naar het ziekenhuis, maar ik kwam altijd weer terug na een paar weken. Ze konden me daar niet houden, niet tegen mijn wil, en ik wilde er niet blijven. Het was er niet fijn.

Soms ging ik gewoon een eindje lopen. Ik wist niet echt waarnaartoe en waarom, gewoon slenteren door het dorp, altijd bang. Ik kocht dan een lekkere fles sherry en klopte op de deur van vrienden. Ze waren aardig tegen me; ze lieten me binnen en soms dronken ze een glaasje sherry met me mee. Ik bracht altijd sherry mee. Maar de angst was er altijd, het was onderdeel geworden van wie ik was, slechts een schaduw van de vrouw die ik vroeger was geweest, maar dat besefte ik niet.

**

Ik wist niet meer wie ik was. Het voelde alsof niemand me meer aardig vond. Als ik mijn vrienden bezocht verzonnen ze een excuus zodat ik weer zou gaan. Maar ik wilde niet alleen zijn.

Ik was bang als ik alleen was, een gevoel dat ik kon verdoven met een paar drankjes, maar ik had geld nodig voor sherry en sigaretten. Ik voelde me heel rot dat ik het moest pakken zonder te vragen, maar ik wist dat ik het niet zou krijgen als ik erom vroeg. Dus ik moest me verlagen en geld stelen uit de portemonnee van mijn man. Ik was bang dat hij het zou ontdekken, want hij was altijd zo strikt dat ik vaak bang voor hem was.

Ik zag mijn man niet veel. Hij was altijd op zijn werk of uit met vrienden. Maar als hij thuis kwam dan was hij een echte despoot. Dan vertelde hij me wat ik wel en niet moest doen. Daar werd ik erg ongelukkig van, maar ik deed gewoon alles in het geheim. Het geld wat ik van hem stal gaf ik uit aan sherry, zoveel flessen als ik maar krijgen kon voor dat geld.

Soms dumpten mijn vrienden me op de stoep van het huis van mijn zoon en zijn vrouw. Dat vond ik fijn. Ik voelde me daar veilig. Zelfs als ik alleen in hun huis moest blijven, want mijn zoon en mijn schoondochter moesten naar hun werk. In de eetkamer stond een klein dressoir en dat kon ik openen. Niet zoals thuis, want daar was alles voor mij op slot gedaan, zodat ik nergens bij kon. Er stonden allerlei soorten heerlijke flessen sterke drank en flessen sherry in het dressoir. Dus kon ik een paar glaasjes van het ene, en dan een paar glaasjes van het andere drinken. Dat was fantastisch; het hielp me om mijn gevoel van eenzaamheid te verdoven.

Ik vond het niet prettig om thuis te zijn, ik wilde mijn medicijnen niet innemen en ik vond het vervelend dat mijn drankjes op rantsoen gingen. Ik was ongelukkig en ik bad tot God dat hij me zou komen halen. Ik was liever 'aan de andere kant', maar het was mijn tijd nog niet.

De angsten bleven en uiteindelijk werd ik opgenomen in een speciaal tehuis. Mijn echtgenoot kwam me daar iedere dag bezoeken. Hij zorgde er voor dat ik een glaasje sherry kon drinken en dat ik mijn sigaretten kon roken. Dat was aardig van hem. Ik was eenentachtig toen mijn gebeden eindelijk werden verhoord.

Een diamant met een foutje is meer waard dan een perfecte

kiezelsteen.

Chinees gezegde

Ik voel me zo schuldig

... Het is de week van Kerstmis en ik wilde dat ik mijn mond had gehouden. Het regent, het heeft de hele dag al geregend. Het lijkt wel of het nooit meer ophoudt. Het is zeven uur 's avonds, donker en er is zelfs was bliksemlicht en gedonder in de verte. Het maakt dat alles nog dramatischer aanvoelt.

De thermometer buiten geeft slechts vier graden aan. Mijn huis is koud. Ik heb geen geld voor een hoge verwarmingsrekening en ik heb mezelf in diverse lagen kleding gewikkeld om warm te blijven. Twee paar sokken, twee joggingbroeken over elkaar aangetrokken, een hemdje met daaroverheen twee t-shirts met lange mouwen en een gebreid vest. Mijn gezicht en mijn handen zijn nog steeds koud, zodat ik de warme tranen die uit mijn ogen stromen des temeer kan voelen. Ik voel me een beetje misselijk. Misselijk van bezorgdheid.

Hij ging naar buiten op zijn pantoffels, gekocht in de goedkope 'Chinese' winkel om de hoek. Zwarte plastic klompen met witte nep-schaapshuid als voering om zijn voeten warm te houden. Ze zullen nu wel door en door nat zijn.

Ik moest hem wel met zichzelf confronteren want hij houdt zich niet aan mijn ultimatum. Ik heb er genoeg van steeds weer hetzelfde "als je ervoor kiest om te drinken, dan kies je er ook voor om ergens anders te gaan slapen" ultimatum te moeten herhalen. Ik ben zo teleurgesteld dat in plaats van niet te drinken, en samen kerstboodschappen te gaan doen, zoals we hadden gepland - net zoals een leuk weekend samen- hij ervoor kiest om langzaam zelfmoord te plegen. Want dat is hoe het voelt; ik moet toekijken hoe hij zichzelf langzaam van het leven berooft.

Slechts drie dagen geleden, na anderhalve week van niet drinken, vond ik hem in diepe slaap op de bank. Het was nog vroeg in de middag. Ik was geschokt, want ik dacht dat hij dood was. Hij lag daar zo stil, zijn gezicht mooi en ontspannen, bijna geen rimpels. Het herinnerde me aan mijn moeders gezicht vlak na haar overlijden; haar gezicht zo mooi en ontspannen.

Maar hij was niet dood. Hij ademde nog steeds. Even dacht ik dat hij gewoon een middagslaapje hield, maar dat was niet zo. De alcoholwalm die om hem heen hing was een duidelijk teken. Normaal gesproken probeerde hij altijd alle bewijs van zijn drinken voor me te verbergen, maar dit keer was hij kennelijk te ver heen om nog helder na te denken. Ik voelde een onbeschrijflijk verdriet toen ik de lege fles wodka uit de gele plastic vuilniszak zag steken. Wodka! Het werd erger. Hij was altijd al een 'binge'drinker geweest, maar had nooit sterke drank gedronken. Twee flessen goedkope wijn en vele blikjes goedkoop bier op een lege maag was meer zijn stijl. Hij was zelfs trots op het feit dat hij nooit sterke drank dronk. 'Nooit' is nu een woord uit het verleden geworden.

Met zorgvuldig gekozen woorden beschreef ik hem de volgende dag mijn zorgen. Hij waaide mijn bezwaren weg met een groot gebaar en zei *'zo erg is het niet, zo slecht ben ik niet bezig ... vóór gisteren heb ik tenslotte anderhalve week niet gedronken'*. Ik wist dat hij in volledige ontkenning was. Alweer. Maar die dag werd een dag zonder drank en een sprankje hoop plantte zich weer in mijn ziel. Ik krijg nog steeds een sprankje hoop, maar dat is tegen beter weten in, want een dag niet drinken is niet genoeg voor hem om zijn verslaving te overwinnen.

Gisteren lag er een briefje van hem op de tafel toen ik thuiskwam. Hij zou die nacht in een pension verblijven. Dat was zijn 'ik houd me aan jouw ultimatum' beslissing, alhoewel hij diep van binnen wel moest weten dat het voor mij betekende dat hij volledig bij mij uit zou trekken en op zichzelf ging wonen. Hij besloot om buitenshuis te gaan drinken, maar hij zorgde er wel voor dat ik wist hoe vreselijk duur dat alles voor hem was, waarmee hij me duidelijk een schuldgevoel aanpraatte.

Ik had gemengde gevoelens; verdrietig dat hij weer was gaan drinken en blij dat hij zich tenminste aan mijn 'in dit huis geen drank' ultimatum hield, maar er is geen logica of normbesef in een brein dat onder invloed van alcohol is. 's Middags kwam hij alweer terug. Duidelijk op het randje van stomdronken, net dat beetje teveel pratend, net een beetje te hysterisch. Hij probeerde mij duidelijk te overtuigen dat hij nuchter was, maar het was zo overduidelijk. Hij ging naar buiten op het terras en nam plaats op de plastic stoel, die maar gedeeltelijk buiten het bereik van de stromende regen stond. Een terras met een fantastisch mooi uitzicht op de bergen en wat witte huisjes her en der verspreid, terwijl het water met bakken uit de lucht viel. Lage wolken omarmden de bergtoppen, maar de plastic tweeliterfles naast hem, waarin hij wodka had gemixt met een klein beetje limonade, toonde een minder romantisch plaatje.

Ik wist dat het beter was geweest voor me als ik niets had gezegd, dat het beter was om te wachten totdat hij weer nuchter was. Maar ik kon het niet. Ik moest hem confronteren en dus deed ik dat. *"Waarom wodka? Wat is er gebeurd met alleen bier en wijn? Wat denk je dat je lever daarvan vindt?"*

Er volgde een totaal zinloos gesprek dat ik nooit kon winnen. Het duurde niet lang voordat hij het deed klinken alsof alles mijn schuld was. Ik was intolerant, abnormaal in mijn gedrag. Ik was wreed en ik veroordeelde hem.

Ik zei niet dat hij moest gaan, maar dat was wel wat hij hoorde, dus stond hij op, sloeg de deur achter zich dicht en verliet het flatgebouw. Ik keek naar hem terwijl hij naar beneden liep, de straat in, op zijn pantoffels en met een rode glimmende kerstbal met een veiligheidsspeld aan zijn zwarte, wollen muts vastgespeld, in de stromende regen....

Ik voel me zo schuldig.

***

Ik ben zo boos, ik haat hem.

Ik kan hem wel verrot slaan. Daar is hij weer, na twee dagen van extreme bezorgdheid, loopt hij gewoon mijn deur binnen alsof er niets is gebeurd. Hij groet me met een vriendelijk 'hallo' en gaat rechtstreeks naar de logeerkamer om zijn roes uit te slapen.

Zo wil ik niet meer leven!

Hoe ben ik toch ooit in deze situatie terecht gekomen? Waarom, oh waarom liet ik hem weer terug in mijn huis? Wat ben ik eigenlijk? Ben ik een masochist die pijn nodig heeft, teleurstellingen, ruzie? Waarom kan ik hem niet gewoon haten? Niets om hem geven. Wat wil ik nog van hem? Er is toch zeker geen hoop meer over in mijn hart dat hij ooit zijn verslaving zal overwinnen en dat we voor altijd en eeuwig gelukkig zullen leven?

Ik heb genoeg gezien, ik heb er genoeg van. Ik weet hoe het werkt. Maar ik weet ook dat het mijn beurt is om iets te ondernemen, maar het lukt me niet. Ik ben te zwak. Ik wil niet meer dat hij nog langer in mijn leven is, maar ik kan het niet verdragen als ik niet weet waar hij is en of hij in orde is. Ik ben bezorgd. Het is slopend om me steeds maar weer af te vragen of hij ergens dood in de goot ligt, maar ik ben ervan overtuigd dat dit op een dag zal gebeuren. Ik weet dat het mijn leven gemakkelijker zou maken, maar ik voel me schuldig, alleen al om die gedachte in mijn hoofd. Misschien had ik verwacht dat het vandaag zou zijn gebeurd.

Hij was zo lang weg. Ik kon de teleurstelling aflezen van zijn gezicht toen hij naar de logeerkamer liep. Ik weet dat hij zichzelf nu haat. Ik weet dat hij zich zwak voelt over het feit dat de alcohol belangrijker is dan al het andere in zijn leven. Belangrijker dan zijn familie, zijn vrienden, zijn kinderen en vooral zijn werk. Ik neem aan dat hijzelf niet eens weet waarom. Ik vermoed dat zijn aandrang om te drinken groter is dan zijn aandrang om gewoon gelukkig te zijn. Alles ging zo goed. Hij had een fijne baan met geweldige collega's en feedback, een belofte voor de toekomst. Hij was zo gelukkig.

Hij keek uit naar de Kerst. Om deze samen door te brengen. Hij zou een lekkere maaltijd voor me bereiden met gebraden kip, verse groenten en heerlijke bijgerechten. Genoeg om tweede Kerstdag de restjes op te eten. We zouden samen cadeautjes kopen, hij zou cadeautjes voor mij kopen nu hij een beetje geld had, wat meestal niet het geval was. Hij was zo blij en optimistisch en trots. Trots dat zijn drankgebruik nu iets uit het verleden was, dat hij het onder controle had.

Nu ligt hij te slapen en ik weet niet of de teleurstelling in zichzelf zal omslaan in een boosheid die hem helpt om zich weer op te pakken en te stoppen met drinken of dat het hem nog verdrietiger zal maken. Verdriet om te vergeten, om niet te voelen, om niet te herinneren. Een nieuwe fles om zijn gevoelens te verdoven.

Ik ben boos op hem dat hij me met al deze troep opzadelt, boos dat hij naar mijn huis komt, boos dat hij me in een positie plaatst waarin ik maar moet zien hoe ik me ermee red. Ik ben boos omdat ik niet lijk te weten wat ik eigenlijk wil. Ik kan mezelf niet uitstaan dat ik zo zwak ben. Ik ben zo boos. Ik haat mezelf.

Het maakt niet uit hoe langzaam je gaat, als je maar niet stopt

Confucius

Ik voelde me verraden

... Ze had al die jaren tegen me gelogen. Ik geloofde haar, want ze was mijn moeder. Ze gaf mijn vader de schuld. Ze zei dat hij een moeilijke man was, en ik twijfel er niet aan dat mijn moeders situatie alles te maken had met zijn koppigheid, met zijn onvriendelijke woorden en het feit dat hij haar nooit steunde. Dit vertelde ze me; ze was mijn moeder en ik hield van haar.

Ik was nog maar een jong meisje toen me al duidelijk werd dat mijn moeder en vader erg verschillend waren. Hij zei vaak dat het beter zou zijn als hij zou vertrekken, maar hij ging nooit. Ik nam het altijd op voor mijn moeder. Ze vertelde me hoe moeilijk haar kindertijd was geweest en hoe ongelukkig ze was in het huwelijk met mijn vader.

Ze werd vaak opgenomen in de psychiatrische afdeling van het ziekenhuis en ik had altijd medelijden met haar. Maatschappelijk werkers bezochten ons huis om te helpen een oplossing te vinden, maar die gesprekken liepen altijd uit op nog meer frictie. Meer beschuldigingen en meer problemen.

Ik was acht jaar toen ik voor het eerst merkte dat er problemen waren. Ik was dertien jaar toen ik voor het eerst de ernst van die problemen besefte, maar het duurde nog tot mijn zeventiende voordat ik besefte dat mijn moeder een serieus alcoholprobleem had. Ik gaf nog steeds mijn vader de schuld.

Na jaren van ruzie en psychiatrische opnames van mijn moeder zei ik tegen mijn vader dat het beter voor iedereen zou zijn als hij zou vertrekken. Ik zag de pijn in zijn hart niet, ik kon zijn gevoel van verlies niet voelen, ik kon niet begrijpen dat het verschrikkelijk pijnlijk voor hem was dat zelfs zijn dochter zich nu ook tegen hem had gekeerd. Dus hij vertrok.

Mijn moeder was een drinker en haar broer en haar zuster ook. Alcoholisme – een familieprobleem. Toch verwachtte ik dat mijn moeder zou stoppen met drinken nu mijn vader was vertrokken, en dat ze de moeder zou worden waar ik zo naar verlangde, maar dit gebeurde niet. Ze begon nog meer te drinken en de problemen thuis werden alleen maar erger.

Mijn broer begon ook zwaar te drinken, vaak samen met mijn moeder en met vrienden die op visite waren. Het voelde alsof ik de enige verstandige persoon in huis was; ik had een vaste baan en zorgde voor het huishouden en voor mijn moeder, maar ik hield niet meer van haar. Ze had tegen me gelogen, al die jaren.

Ik wilde het huis uit maar zij zorgde ervoor dat ik bleef. Ze vertelde me dat ze me nodig had. Ze overtuigde me, maar ze had alles kapotgemaakt en mijn onderdrukte boosheid ten opzichte van haar groeide. Ik was woedend, zo gefrustreerd dat ze niet kon stoppen met drinken, niet eens voor haar kinderen, niet eens voor haarzelf.

In een moment van wanhoop, van complete frustratie en kwaadheid was ik totaal het spoor bijster. Het was net een slechte B-film, een droom. Als ik er nu op terugkijk zie ik de herinnering voor me, als in slow motion. Het was het angstigste moment uit mijn leven. Ik kon het niet meer aan en voordat ik er erg in had hield ik mijn handen om haar keel, ik probeerde haar te wurgen. Ik was in shock en pas achttien jaar oud.

Ik voelde me verraden.

***

Ik was zo onzeker, ik was te moe om te vechten; Ik had geen levenslust meer over. Ik probeerde hulp voor mezelf te krijgen, maar hoewel er voldoende hulp was voor mensen die lijden aan alcoholisme, kon niemand me vertellen waar familieleden van mensen met een verslaving terechtkonden. Ik voelde me steeds hulpelozer in mijn situatie.

Niet lang nadat mijn moeder van mijn vader was gescheiden trouwde ze totaal onverwacht met een andere man. Deze man was ook een alcoholist. Hij wilde het huis niet delen met opgroeiende kinderen dus mijn broer en ik werden uit huis geschopt. Tengevolge van het huizentekort in Nederland moesten mijn broer en ik in hetzelfde huis gaan wonen. We konden het nooit goed met elkaar vinden, maar we hadden geen keuze.

Mijn vriendje trok ook bij ons in om me te beschermen tegen mijn broer die inmiddels een alcoholist was en zich verbaal en fysiek agressief gedroeg tegenover mij. Helaas, de situatie werd van kwaad tot erger. Mijn vriend begon ook steeds meer te drinken en alcohol werd het grootste probleem in mijn leven. Ik voelde me extreem eenzaam, onveilig en bang en ik werd heel erg depressief.

Ik kon het leven niet meer aan en probeerde een paar maal zelfmoord te plegen. Het leek een goede oplossing, maar ik bleef leven. Mijn vriend was inmiddels ook agressief tegen me geworden en dreigde me te zullen vermoorden als ik ooit bij hem weg zou gaan. Hij ging om met de verkeerde mensen. Pistolen en messen werden zijn speelgoed en hij gebruikte deze om mij te bedreigen.

Ik had het gevoel alsof ik volledig in de val zat en totaal verdoofd besloot ik nergens meer op te reageren. Ik ontweek ruzies, ik ging geen discussies meer aan. Ik gaf mijn mening niet meer. Ik vermoed dat de verveling toesloeg bij hem na een aantal jaren van relatieve kalmte in onze relatie. Toen hij me vertelde dat hij me zou verlaten voor een andere vrouw had ik het gevoel dat mijn gebeden waren verhoord.

Voor het eerst in mijn leven had ik het gevoel dat dingen beter konden worden. Ik kon de vrijheid inademen. Ik had nooit echt geleefd en ik was de enige die dat kon veranderen. Ik verbrak alle contact met mijn broer en mijn moeder en begon te studeren om de vrouw te worden die ik, diep in mijzelf, had ontdekt. Een vrouw zonder kinderen. Ik wilde niet toegeven aan mijn natuurlijke drang om moeder te worden. Ik wilde niet dat nog meer kinderen zouden moeten doormaken wat ik had doorgemaakt. De vrouw in mij had verzorging en liefde nodig. Dus begon ik te lezen.....

***

Ik ontdekte boeken over verschillende culturen, boeken over religies, boeken over Boeddhisme, quantum fisica; in het hier en nu leven en ieder ander zelf-hulp boek dat ik in mijn handen kon krijgen. Ik was als een spons. Ik was gefascineerd.

Een vriend vertelde me over 'The Work' door Byron Katie. Ik las haar verhaal, ik verslond haar boek. Ik deed alle oefeningen en volgde alle tips op. Ik zat in een proces om de vrouw te worden die ik was voorbestemd te worden. Een vijftigjarige zelfverzekerde vrouw met een fantastisch leven. Het lukte me om mezelf te bevrijden van het patroon van mishandeling dat mijn leven had overheerst. Ik kon mijn moeder zien als en haar vergeven voor wie ze werkelijk was. Ik kon mijn vader vergeven voor de man die hij werkelijk was, voordat hij stierf, vijftien jaar geleden. Ik kon mezelf vergeven voor het niet begrijpen, voor het niet weten.

Ik kan nu vrede vinden in wat me is overkomen. Het heeft een sterke, vergevende vrouw van me gemaakt met een groot hart, bereid om te geven en te delen.

Mijn moeder, mijn broer en mijn ex-vriend konden me niet veranderen in de persoon die zij nodig hadden om hun frustratie, pijn en desillusies op te projecteren, maar ik kon mezelf veranderen in de persoon die ik werkelijk ben.

Ik heb nooit meer contact gezocht met mijn broer. Ik heb het hoofdstuk waarin hij mijn leven domineerde afgesloten. De vele behandelingen op de psychiatrische afdelingen hielpen mijn moeder wel om te stoppen met drinken, jaren nadat ik het ouderlijk huis had verlaten. Ik heb nu weer contact met haar. Het lukte haar om achttien jaar lang niet te drinken, maar een opeenstapeling van tragedies in haar leven hebben ertoe geleid dat ze opnieuw is gaan drinken. Het is haar keuze.

Ik heb geleerd om los te laten. Ik ben gelukkig.

Je kunt je leven slechts op twee manieren leiden: alsof alles een

wonder is of alsof niets een wonder is

Albert Einstein

Alcoholisme is een symptoom

... alcoholisme is genetisch; alcoholisme is gecreëerd door de omgeving en door geloofssystemen waarmee we zijn geprogrammeerd vanaf het allereerste moment. Alcohol is een niet-erkend spiritueel verlangen. Ik ben een alcoholist die niet meer drinkt en dit is mijn verhaal.

Ik ben geboren in 1956 in een ongelukkig gezin. Twee jaar later werden mijn tweelingzusters geboren en kreeg ik geen aandacht meer. Door dat gebrek aan aandacht begon ik mezelf onbewust te vermoorden, ook al was ik nog maar een heel klein kind. Ik was twee jaar oud en stopte met eten, maar de artsen konden niets vinden wat niet in orde was. Ik was stervende en de predikant kwam om me mijn laatste sacramenten te geven. Mijn ouders werd verteld dat ik voor het einde van die dag zou komen te overlijden en de predikant zei tegen mijn moeder dat ze me op moest pakken om me vaarwel te zeggen. Ik moet die aandacht hebben gevoeld want vanaf dat moment begon ik weer te eten.

Op zeer jonge leeftijd had ik geleerd dat ik, om liefde te krijgen, vlakbij de dood moest zijn. Het was geen liefdevolle omgeving waarin ik opgroeide. Mijn ouders haatten elkaar gedurende de lange zesenvijftig jaar dat ze getrouwd waren en hun manier van 'communiceren' was of niet tegen elkaar praten of tegen elkaar schreeuwen – er was geen middenweg. Er was geen alcoholisme in mijn directe omgeving, maar kennelijk leden een oom en mijn grootvader er aan.

Voor mij was alcohol wat het was voor zovele jonge kinderen. Ik dronk mijn eerste alcoholische drankje toen ik ongeveer vijftien of zestien jaar oud was. Ik was geen extreme drinker en ik deed gewoon wat andere kinderen van mijn leeftijd deden. In die tijd was het eigenlijk nooit mogelijk voor me om grote hoeveelheden alcohol te drinken.

Rond mijn veertigste jaar dronk ik iedere dag, maar het stond mijn dagelijkse routine nooit in de weg. Ik ging gewoon naar mijn werk, in de nachtdienst, en had een 'normaal' drinkpatroon. Later werd ik wel een zware drinker, in de laatste vijf jaar van mijn actieve drinktijd begon ik er al vroeg in de ochtend mee. Toen ik achterin de veertig was ging ik meestal, meer als een sociale activiteit, samen met vrienden drinken, maar later werd ik iemand die alleen dronk. Voor zover ik weet, eindigt het grootste deel van alcoholisten als een eenzame drinker. Dit is hoofdzakelijk omdat het gemakkelijker is om het schuldgevoel te negeren als je weet dat andere mensen niet weten wat jij doet. Zo werkte het in elk geval bij mij.

Ongeveer vier jaar voordat ik stopte kreeg mijn drankprobleem pas een negatief effect op de relaties met mensen om me heen. Beetje bij beetje nam het alles van me af wat ik had, al mijn vrienden, mijn vrouw en mijn huis. Mijn gevoel van isolatie groeide. Ik had het gevoel dat ik zou overlijden als ik nog één drankje meer zou drinken, maar als ik dat drankje niet zou nemen, zou ik ook sterven.

Alcohol was de hoofdreden waarom mijn vrouw en ik gingen scheiden na vijf jaar huwelijk. Het was niet gemakkelijk, voor niemand, om te leven in een huis met mijn teenager stiefkinderen en mijn vrouw terwijl ik verslaafd was aan alcohol. De kinderen waren niet de gemakkelijkste en het was moeilijk voor hen om te zien dat hun moeder pijn leed door de situatie thuis.

Terugkijkend op mijn leven besef ik dat er een vrij precieze reden was voor mij om van een stevige drinker over te gaan op een probleemdrinker. Het was in de tijd dat ik moest zorgen voor mijn beide, inmiddels bejaarde, ouders die dichtbij ons huis woonden. Het was heel zwaar voor me want iedere keer als ik bij hen was, kwam het gevoel terug dat ik als klein kind had – een schuldgevoel over het feit dat ik in leven was.

Mijn vrouw begreep mijn drinkgedrag niet. Zij dacht dat mensen gewoon drinken omdat ze een drankje lekker vinden. Ze kon niet begrijpen dat een alcoholist gewoon moét drinken. Ondertussen zat ik compleet in een ontkenningsfase voor het grootste deel van de tijd. Ik gaf ook anderen de schuld van mijn problemen. Als ik thuiskwam na een lange dag werken werd ik geconfronteerd met mijn vrouw, die verslaafd leek aan macht en controle; met mijn arrogante stiefkinderen die geen respect voor me hadden, en met mijn ouders waar ik ook nog voor moest zorgen, naast alle ellende bij mij thuis. Ik had drank nodig, het was mijn enige ontsnapping. Verbaal was ik echt agressief, maar fysiek niet. Diep van binnen was ik een zachtaardige persoonlijkheid, zoals zo veel alcoholisten – gevoelig, zorgend en met medeleven.

Alcoholisme is in de eerste plaats een neuro-endocriene afwijking van de hersenen en van het autonome sympathisch zenuwstelsel. Het gevolg hiervan, naar mijn mening, is dat ons vermogen om de realiteit waar te nemen vertekend is. Daarom zien we dingen anders.

Als mijn vrouw iets zei dat niet direct een bedoeling had kon ik dat compleet verkeerd opvatten. Mijn verstand visualiseert dingen extreem. Ik heb dat nu nog steeds hoewel ik niet meer drink. Dit blijkt een vrij normale ervaring te zijn van alcoholisten. Dit heeft niets te maken met alcohol.

Het is wel duidelijk dat de situatie volkomen uit de hand liep en niet meer te harden was en ik ging op mezelf wonen, ik had alles verloren waar ik van hield. Mijn eigenwaarde was verdwenen en ik had een bijzonder negatief zelfbeeld tengevolge van mijn kindertijd. Ik voelde me totaal afgesloten van het leven en eigenlijk probeerde ik een einde aan mijn leven maken – ik keek eerlijk gezegd uit naar de dood. Ik was me er wel degelijk van bewust dat ik langzaam zelfmoord aan het plegen was, maar ik had nooit de wens om te stoppen met drinken. Mijn enige wens was de dood.

Ik keek uit naar de vrede die ik van binnen voelde wanneer ik dronk. Het had twee kanten, de fysieke en de geestelijke aandrang. Maar mijn zenuwstelsel raakte verwoest, ik begon te bibberen en te trillen, continue. Ik wist dat alcohol dat kon verminderen en dus werd het gemakkelijk om nog een drankje te drinken, en nog ééntje, en nog ééntje....

Ik ben er absoluut van overtuigd dat onze geest ons veel sterker mishandelt dan wie dan ook in de wereld zou kunnen doen en ik was ook emotioneel onrustig. Vermoedelijk was negenennegentig procent van die onrust het resultaat van teveel nadenken over het verleden en over de toekomst. Wanneer ik dronk probeerde ik in 'het nu' te leven waardoor de herrie in mijn hoofd leek te stoppen. Voor mij was drinken een manier om 'uit het leven te stappen', het was de enige manier die ik kende.

Zes maanden voordat ik naar een ontwenningskliniek ging had ik een hele slechte drankervaring gedurende een weekend. Ik besloot om naar de dokter te gaan om me te laten onderzoeken. Hij deed wat tests en toen de resultaten binnen waren zei hij dat ik een leveronderzoek moest laten uitvoeren. Er was een drie-maanden wachtlijst, en gedurende die periode voelde ik me een stuk meer ontspannen, ik was ervan overtuigd dat ik dood zou gaan. Ik ging naar de notaris om mijn laatste wil op te laten tekenen en regelde de muziek voor mijn begrafenis. Ik had alles keurig voorbereid toen ik voor het onderzoek naar het ziekenhuis ging. Maar er was geen serieuze schade aan mijn lever en in mijn belevingswereld betekende dit dat ik mogelijk nog twintig tot dertig jaar moest leven. Ik kon die gedachte niet verdragen en ging rechtstreeks naar de supermarkt om een fles wodka te kopen.

Twee maanden later brak de laatste dag van mijn drankgebruik aan. Inmiddels dronk ik continue, van 's ochtends vroeg tot 's avonds laat. Meestal twee tot drie flessen wodka per dag. Ik had al wekenlang niets gegeten, want ik wilde niet meer leven. Ik nam alle medicatie die ik maar te pakken kon krijgen, librium, diazepam, en beta-blokkers om mijn hartslag te reduceren. Ik spoelde alles weg met alcohol en hoopte dat ik de volgende dag niet meer wakker zou worden. Maar ik werd wel wakker en ging direct weer naar de supermarkt om nog meer drank te kopen.

Op weg naar de supermarkt kwam ik één van de weinige vriendelijke mensen die nog in mijn leven waren tegen. Hij zorgde voor een ambulance om me naar het ziekenhuis te vervoeren, want hij zag dat mijn drankgebruik volledig uit de hand was gelopen. Ik werd opgehaald en we gingen op weg naar het ziekenhuis, een rit die ongeveer een half uur duurde.

Wat er tijdens die rit gebeurde had ik nooit kunnen verzinnen of dromen.

Ik had de meest diepzinnige ervaring van mijn leven in de ambulance. Een gevoel dat me overspoelde, het voelde alsof ik volledig was omringd door liefde. Ik werd vervuld met een ongelooflijk gevoel van vrede en kalmte. Het leek wel alsof ik verbonden was met alles wat er om me heen was. Er was geen dualiteit meer, ik was alles en alles was mij, ik kan het niet anders omschrijven.

Ik ben een quantum fysicus en had hier wel over gehoord en gelezen. Ik wist dat dit 'quantum entanglement' werd genoemd. Het is de enige spirituele waarheid waar ik sindsdien over heb gelezen, dat alles één is. Op het moment dat dit gebeurde had ik al twaalf uur geen drank gehad. Ik was heel ziek, maar hallucineerde niet, want dat had ik regelmatig ervaren. Ik wist het verschil. Het voelde alsof tijd niet bestond, maar het duurde de gehele rit naar het ziekenhuis. In dat half uur hoorde ik een stem in mijn hoofd, die kwam niet van mijn verstand, het was dieper dan dat. Het enige wat de stem zei was *"je bent nu veilig, je hoeft je geen zorgen meer te maken"*. Op dat specifieke moment voelde ik totale overgave. Dat was niet naar de buitenwereld toe, maar overgave naar de bron of wat het dan ook was dat ik had ervaren.

Vanaf dat moment stopte ik met mijn verstand te gebruiken om mijn leven te controleren en vanaf datzelfde moment had ik geen behoefte meer aan drank. Mijn ervaring op weg naar het ziekenhuis was als een geestelijk ontwaken. Ik ging naar een ontwenningskliniek voor een afkickprogramma van drie weken. Mijn therapeut raadde me aan om tenminste drie maanden naar een andere ontwenningskliniek te gaan. Na deze periode ging ik regelmatig naar bijeenkomsten van zelfhulpgroepen en inmiddels heb ik al twee jaar niet meer gedronken.

Ik geloof dat er methodes zijn om de geest en de emoties onder controle te houden, en een leven te leiden zonder alcohol. AA is niet de enige weg om een leven zonder drank te kunnen leiden, maar ik heb wel het gevoel dat het een goed handvat is om te gebruiken.

Wel vraagt het veel werk en toewijding. Het vraagt ook veel bezinning en we moeten leren hoe we inzicht in onszelf kunnen krijgen. Voor mij was het belangrijk dat ik begreep en accepteerde dat de manier waarop ik dingen interpreteer niet persé de manier is waarop 'normale' mensen dingen interpreteren.

Nu, terwijl ik een leven leid zonder drank, voel ik me vredig en tevreden en ik ben blij dat het me eindelijk gelukt is om de wanhoop en het gevoel van isolement achter me te laten. Ik hoop dat mijn verhaal kan helpen om mensen een ander beeld te geven van hen die lijden aan een verslaving; het is niet hun schuld, het is een ziekte van de geest. In al deze jaren ben ik tot de conclusie gekomen dat alleen een alcoholist kan begrijpen waarom een alcoholist drinkt, en dat er misschien geen reden is voor 'begrijpen', maar wel voor compassie.

Pas nadat ik me realiseerde dat alcoholisme niets te maken heeft met alcohol kon ik de weg van mijn herstel bewandelen.

Een niet-drinkende alcoholist

Ik werkte voor Caritas

... een organisatie die werd geleid door de Rooms Katholieke kerk. Ik werkte in het verslaafdencentrum waar chronische alcoholisten werden gehuisvest. Het tehuis was voornamelijk bedoeld voor mensen die verslaafd waren aan alcohol en voor zogenaamde kruis-verslaving verslaafden, die zowel aan alcohol als aan een andere drugs verslaafd waren. Mensen die alles hadden verloren wat ze ooit bezaten. Caritas is een internationale liefdadigheidsorganisatie en het centrum werd gefinancierd door de provinciale overheid. Ik was zelf niet katholiek, maar hun aanpak sprak me aan. Nadat ik jarenlang manager was geweest van een thuiszorgorganisatie was ik klaar om een nieuwe weg in te slaan in mijn leven.

Ik nam ontslag omdat er, vanwege bezuinigingen, een enorme druk op me kwam te staan en de stress die dit veroorzaakte werd me teveel. Toen ik de advertentie zag voor een baan in een nieuw-te-openen tehuis voor alcoholverslaafde mensen voelde ik me hier erg toe aangetrokken; sterker nog, ik had het gevoel dat ik die baan gewoon moest hebben, alsof ik er naartoe werd gezogen door een onzichtbare kracht! Het lukte me om Caritas te overtuigen van mijn kwaliteiten en dat ik de juiste persoon was voor die baan.

De bewoners kwamen in het centrum terecht door tussenkomst van het ziekenhuis, ontwenningsklinieken of maatschappelijk werkers. Het was bedoeld voor mensen die moesten stoppen met het drinken van alcohol. Anders dan bij veel ontwenningscentra hoefden de bewoners niets te betalen voor hun behandeling . De meesten van hen hadden niets meer, ze hadden alles verloren. Hun baan, hun huis, hun familie.

In het begin van de behandeling moesten bewoners een kamer delen. Nadat ze hadden bewezen dat ze de alcohol en andere middelen konden afzweren kregen ze een eenpersoonskamer en mochten ze net zolang blijven als ze wilden. De leeftijd van de verslaafden in het centrum varieerde van eenentwintig tot ongeveer vijfenzeventig.

Er was altijd een wachtlijst van vijf of zes personen die in het huis wilden wonen. Als iemand niet van de drank af kon blijven moesten ze vertrekken. De regels hieromtrent waren heel strikt. Dat was echt nodig.

Het basisprincipe van de behandeling was sociaal-therapeutisch. De bewoners moesten zich houden aan een gestructureerd programma, dat begon met simpele dagelijkse routines. In de eerste plaats lag de focus op persoonlijke verzorging. De verslaafde kreeg hulp om zijn of haar leven weer onder controle te krijgen.

Ze kregen ook hulp bij het re-organiseren van hun leven. Ze leerden hoe ze hun kleren schoon konden houden, dat ze zichzelf moesten wassen, hun tanden poetsen, enzovoort. Vervolgens lag de focus op hun gedragsroutine. Er werd hen geleerd hoe ze konden luisteren naar hun lichaam. Als ze honger hadden moesten ze geld zien te krijgen om naar de winkel te gaan en boodschappen te doen. Dat eten moest worden klaargemaakt en opgegeten. In de volgende stap lag de focus op het onderlinge contact met medebewoners door middel van routines en karweitjes in het huis.

Enkele bewoners vonden een baan met behulp van het team. Caritas werkte samen met bedrijven die werknemers aannamen voor twee of vier uur per dag. Dit waren zowel bedrijven in de publieke als in de private sector. Ze gaven de verslaafden een kans om weer terug te keren in de maatschappij, stap voor stap. Ik werkte gedurende bijna vijf jaar in het centrum. In mijn eerdere baan als manager van de thuiszorg-organisatie had ik veel ervaring opgedaan in organiseren en het voelde als een privilege om te helpen dit nieuwe tehuis op te zetten. Ik was verantwoordelijk voor de gezondheidsafdeling in het centrum. Het was fantastisch hoe ik mijn kennis, ervaring en ideeën kon inzetten om een goedlopende afdeling te creëren. Het voelde alsof ik op de juiste plek zat.

***

Nu ik erop terugkijk kan ik pas zien dat er een onbewuste reden was voor die sterke drang om te gaan werken in het verslaafdencentrum. Mijn vader was een alcoholist. Mijn ouders hadden altijd ruzie, gewoonlijk over geld. Iedere vrijdag ontving mijn vader zijn weekloon. Ik kan me heel goed herinneren dat mijn moeder nerveus afwachtte, zich afvragend of hij wel thuis zou komen met de envelop met zijn loon, wat nodig was om ons huishouden te runnen.

Hij kwam vaak laat thuis, en had dan bijna al het geld uitgegeven met als gevolg dat we weinig te eten hadden. Het creëerde een constante ruziesfeer tussen mijn ouders. Ik kan me vele momenten nog goed herinneren. Zoals bijvoorbeeld de keer dat ik mijn vader zag liggen in zijn eigen braaksel na een heftige drinksessie, alweer dronken; of mijn moeder die bang was om naar feestjes of feestelijke gelegenheden te gaan, omdat hij dan altijd dronken werd. Er was zoveel gegil en geschreeuw. *"Ik wil dat je weggaat"* gilde ze een keer! Ik was nog maar een klein meisje van vijf jaar oud en ik wilde niet dat hij wegging. Toen hij de trap opliep om zijn spullen te pakken probeerde ik hem te stoppen, ik hield me vast aan zijn broekspijpen, maar hij schudde me van zich af. Ik was zo bang dat hij ons voor altijd zou verlaten, maar dat deed hij nooit. Hij was timmerman en ging naar zijn werkruimte om dingen uit hout te maken; het was zijn hobby en zijn toevluchtsoord. Daar kon hij drinken zonder te worden gestoord door andere mensen.

Hij dronk iedere dag, meestal bier, maar hij dronk ook vaak sterkere drank en ik was eraan gewend geraakt om hem stomdronken te zien. Ik heb een zuster, die acht jaar ouder is dan ik, maar vreemd genoeg weet ik niet wat haar herinneringen zijn uit onze kindertijd. We hebben er nooit over gesproken, tot op de dag van vandaag. Zij verliet het ouderlijk huis om te gaan trouwen toen ze twintig jaar oud was.

Ondanks alles bleef mijn moeder bij mijn vader tot haar dood. Daarna werden mijn vaders drinkgewoonten erger dan ooit. Mijn zuster was erg bezorgd over hem, bang dat hij zou vallen en gewond zou raken. Ze wilde dat mijn vader bij haar of bij mij en mijn echtgenoot zou komen wonen. Mijn werk in het ontwenningscentrum had me veel geleerd en ik probeerde haar ervan te overtuigen om onze vader niet te helpen, ik wist dat dit niet zou werken. Als hij wilde drinken, dan moest ze hem laten drinken, als hij zou vallen en gewond raken, dan was dat nog steeds zijn verantwoordelijkheid.

Door mijn werk had ik geleerd om los te laten en om de verantwoordelijkheid bij mijn vader te laten. Mijn vader leefde nog heel lang; hij was tweeëntachtig toen hij stierf. Een half jaar voor hij stierf stopte hij met drinken en hij was zo trots toen hij me dat via de telefoon vertelde. Toen ik hem bezocht in het ziekenhuis, vlak voordat hij overleed, zei hij met een glimlach op zijn gezicht *"misschien kan ik nu ook wel stoppen met roken!"* We lagen allebei dubbel van de lach, eindelijk wisten we dat we elkaar zonder woorden begrepen.

Ik heb totale vrede met de situatie rond mijn vader. Het is heel fijn om me zo te kunnen voelen; er is niets meer wat ik nog moet vergeven of vergeten. Ik kan op herinneringen terugkijken met warmte en medeleven, maar ik zie ook heel duidelijk dat dit thema mijn hele leven heeft gekleurd.

***

Ik ben ervan overtuigd dat alcoholisme een genetische ziekte is. Twee zusters en één broer van mijn vader zijn ook gestorven vanwege alcoholisme, alle drie op relatief jonge leeftijd. Maar er was ook sprake van alcoholisme in mijn moeders familie. Haar broer overleed aan een leverziekte.

Ik ben ervan overtuigd dat er net zoveel vrouwen als mannen verslaafd zijn aan alcohol, maar het verschil is dat vrouwen meestal in het geheim drinken, alleen, thuis. Mannen, daarentegen, gaan vaker naar bars en drinken buitenshuis. Dit is wel aan het veranderen want steeds meer vrouwen drinken tegenwoordig ook buitenshuis.

Ik geloof dat in mijn geval de ziekte een generatie heeft overgeslagen. Ik heb namelijk twee zoons die allebei verslaafd zijn aan marihuana. Op een gegeven moment begon mijn oudste zoon ook extreem veel te drinken, tot hij op een dag werd wakker geschud. Hij was eraan gewend om zichzelf totaal van de wereld te drinken, had zogenaamde 'blackouts' en op een dag viel hij van de trap. Hij zag eruit alsof hij in elkaar was geslagen door een bende. Tot op de dag van vandaag heeft hij geen idee wat hij die nacht heeft uitgespookt. Hij schaamde zich verschrikkelijk en het heeft hem ook grote angst aangejaagd. Vanaf die dag drinkt hij geen alcohol meer, maar zijn marihuanaverslaving bleef nog steeds heftig, tot vrij recent.

Mijn jongste zoon raakte zelfs in een psychose tengevolge van zijn marihuanagebruik. Toen hij zestien jaar was probeerde hij zelfmoord te plegen door zijn polsen door te snijden. Ze hebben allebei een verslavingspersoonlijkheid. Ik ben blij te kunnen zeggen dat ze op het moment geen van beiden meer gebruiken, dat ze allebei een vriendin hebben en dat één van hen mij de trotse oma van een prachtig klein meisje heeft gemaakt.

Mijn beide zoons zijn nu enkele maanden vrij van hun verslaving en gelukkig kan ik er met hen over praten zonder woordenwisselingen te krijgen. Het duurde lang voor ik me realiseerde dat ze allebei hun verslaving erkenden en ik vind dat ik het nu niet meer moet bespreken. Als moeder wilde ik me altijd met hen bemoeien, ik vertelde hen dat ze moesten stoppen en wees hen erop dat hun marihuana afhankelijkheid tot depressiviteit kon leiden. Ze hadden beiden depressieve neigingen, maar ze verzetten zich altijd tegen mij. Het was ontzettend moeilijk voor me maar op een gegeven moment nam ik de beslissing dat ik iets moest doen om mezelf niet compleet te verliezen.

Ik besloot de verslaving symbolisch aan mijn zoons terug te geven en herinner me dat intense moment glashelder. Ik ging voor mijn beide zoons staan, hield mijn handen voor me in de vorm van een ronde schaal en zei tegen hen:

"Ik houd van jullie, maar ik kan niet langer de verantwoordelijkheid

voor jullie dragen. Hier zijn jullie verslavingen, neem ze alsjeblieft aan,
want ik word ziek als ik ze bij mij houd. Ik ben ervan overtuigd dat ieder
van jullie op een dag wakker zal worden en zal beslissen dat het genoeg
is geweest. Ik zal tegenover jullie je verslaving nooit meer noemen en
ook nooit meer aanroeren in een gesprek, tenzij jullie dat zelf willen!"

Het was mijn enige uitweg. Als ik hun problemen bij me zou houden
kon ik niet langer slapen; zoveel nachten van wakker liggen, me
afvragend, bezorgd, ik wilde dat niet meer. Ik vond mijn kracht en mijn
kalmte door middel van meditatie. Interessant is ook dat het contact met
mijn zoons sinds die symbolische dag echt veel beter is geworden.

Tegenwoordig kan ik mijn zorgen over hen echt loslaten. Ze hadden
problemen met zogenaamde softdrugs, maar het had net zo goed alcohol
kunnen zijn. Toen ik zelf jong was heb ik ook met allerlei drugs en
drankjes geëxperimenteerd, ik was niet echt bezorgd toen mijn jongens
er voor het eerst mee begonnen. Nu weet ik dat zij het verslavingsgen
moeten hebben geërfd en begrijp ik ook waarom ik zo sterk het gevoel
had te moeten werken met verslaafde mensen. Die link is mij nu
duidelijk.

***

In mijn afkickcentrum waren veel bewoners met een kruisverslaving; ze
waren verslaafd aan verschillende drugs zoals alcohol, tabak, cocaine,
tabletten, pijnstillers, etc.

Het was onderdeel van mijn werk om intake gesprekken te voeren met
nieuwe bewoners. Ik moest hun ziektegeschiedenis noteren en vragen
stellen over hun huidige gezondheid. Ik stelde ook vragen over hun
familiesituatie, of ze getrouwd waren en kinderen hadden, maar ik ging

daar niet te diep op in. Dat werd gedaan door andere mensen uit het team, zoals bijvoorbeeld maatschappelijk werkers. Ik moest achterhalen hoe hun medische situatie was en of de verslaafde behandeld wilde worden door de arts in het tehuis of door zijn of haar eigen huisarts. Tijdens de intake lette ik ook op hun lichaamstaal.

Ik ben gediplomeerd verpleegster en wist veel over de ziekteverschijnselen van alcoholisme. Ik kon bepaalde kenmerken herkennen. Ik keek of ze uitslag hadden op hun huid, bijvoorbeeld jeuk of psoriasis wat normaal gesproken te maken heeft met de leverfunctie. Veel alcoholisten hebben last van psoriasis. Ik keek ook of ze schoon waren en schone kleren aan hadden. Ik wist dat er veel multimorbide patiënten waren, mensen met meer dan één ziekte. Veel alcoholisten ontwikkelen ziektes zoals levercirrose, (slag)aderafwijkingen, hartstoornissen, problemen met de bloedvaten of neuropatische pijnen, die worden veroorzaakt door alcoholmisbruik. De uiteinden van de zenuwen raken beschadigd en er is geen gevoel meer in de tenen. Je kunt deze ziekte vaak herkennen als de patiënt loopt als een eend; de tenen zijn aan het afsterven wat een gevoel geeft alsof ze hele brede voeten hebben.

Mensen kwamen uit alle lagen van de bevolking, van fabrieksarbeiders, leraren, professoren, advocaten en kappers tot huisvrouwen. Gedurende de periode dat ik bij Caritas werkte, had vijfennegentig procent van de twintig mensen die in het centrum woonden geen vaste relatie. Slechts één persoon had nog een vrouw die thuis op hem wachtte. De meesten van hen hadden geen sociale contacten meer; niet met hun kinderen, niet met hun ex-partners en niet met hun vrienden. Een uitzondering hierop leken de jongere alcoholisten, die soms nog wel contact hadden met hun ouders.

Er waren toen ook minder vrouwen dan mannen. De verhouding was, schat ik zo, ongeveer zeventig – dertig. In de praktijk gaan vrouwen vaak voor behandeling naar geestelijke gezondheidsinstituten, terwijl mannen meestal hun weg vinden naar meer conventionele ontwenningsklinieken. Echter, het lijkt of dit aan het veranderen is.

Tijdens hun verblijf in het centrum waren de bewoners verplicht om deel te nemen aan groepsbijeenkomsten, één keer per week. Als mensen behoefte hadden aan meer groepsbijeenkomsten, kon het team hen helpen dit te organiseren. Echter, de aanzet diende dan van de kant van de bewoners te komen.

Men moest ook leren hoe men sociaal met mensen om kon gaan door middel van ergotherapie* en huishoudelijke taken zoals schoonmaken en koken, deze waren verplicht. Eenmaal per week hadden de bewoners een één op één gesprek met een

maatschappelijk werker. Het was ook verplicht om deel te nemen aan andere activiteiten, waaronder de meditatiesessie die door mij werd geleid. Tegen deze sessie werd vaak eerst geprotesteerd, maar meestal werden de 'tegenstanders' later de meest trouwe deelnemers. We deden fijne dingen zoals mandala schilderen, vergezeld van ontspanningsmuziek en dan bleek de anderhalf uur die we hadden vaak niet genoeg.

Ik ben ervan overtuigd dat ontspanningstechnieken en meditatie goede handvatten kunnen zijn op de weg naar herstel. Er werden ook medicijnen toegediend, meestal psychopharmaceutische middelen, maar dit hing af van de gezondheidssituatie van de bewoner.

Naar mijn ervaring varieerde de agressie in mensen en ook dit hing af van de situatie en diagnose van de bewoner. Sommigen waren in een psychose of kruisverslaafd en gebruikten zowel drugs als alcohol. In veel gevallen ontwikkelen jongeren psychoses waarin ze verstrikt kunnen raken, dit kan hand in hand gaan met veel agressiviteit. Ze zijn meestal erg intelligent en vaak horen ze stemmen. Die stemmen zijn in veel gevallen een direct gevolg van hun verslaving.

Veel mensen kwamen in het centrum terecht door een bepaalde conflictsituatie. Eén persoon had letterlijk iemand vermoord toen hij dronken was, en er was een vrouw, een hele kleine magere vrouw, die zo ongelooflijk sterk en agressief werd als ze dronken was dat ze artsen, politieagenten en andere sterke mannen in elkaar sloeg. Ze was pas een paar dagen bij ons toen ik haar moest interviewen. Mij werd verteld wat ik wel en niet moest doen en zeggen. Direct buiten de deur van de interview-ruimte stonden drie sterke mannen te wachten om me te beschermen voor het geval dat nodig was. De vrouw kwam van een psychiatrische afdeling.

Gewoonlijk bekeek het team van het centrum of wij wel of niet met zo iemand mochten werken en als de beslissing was genomen, werd overlegd met de bewoner of hij of zij wilde meewerken aan de ontwenning. Persoonlijk ken ik geen enkel geval waarbij verslaafden zelfmoord pleegden, maar voor mijn gevoel plegen ze sowieso zelfmoord, een heel langzame zelfdoding door extreme alcoholconsumptie.

Gedurende mijn vijfjarig dienstverband in het centrum heb ik van de velen die ik daar heb behandeld, slechts twee mensen leren kennen die werkelijk in staat bleken om volledig van hun verslaving te 'genezen' en dat ook vele, vele jaren hebben volgehouden.

171

Ik geloof dat alcoholisme een erfelijke ziekte is, dat deze genetisch bepaald is. Als je gaat drinken omdat je een trauma moet verwerken, dan drink je misschien een aantal weken teveel, misschien zelfs wel langer, maar je kunt weer stoppen. Als je een alcohol gen hebt, dan ga je door met drinken.

Het lijkt vaak of alcoholisten twee persoonlijkheden hebben. Ik heb ervaren dat het altijd ontzettend lieve mensen zijn, die een hekel hebben aan ruzie. Ze bottelen problemen in zich op, die dan later op een agressieve manier worden geuit. Het is een leerproces voor hen om nee te zeggen, aangezien ze vaak ja zeggen tegen dingen die ze eigenlijk niet willen doen. Achterhalen wat ze doen en niet doen is onderdeel van hun herstel.

Ik vind dat de overheden niet genoeg doen. Naar mijn mening is het absurd dat er nog steeds overal reclame wordt gemaakt voor alcohol. Het mengen van alcohol met zoete drankjes zoals limonade en zogenaamde alcopops, is een echt gevaar voor jonge kinderen, vooral als zij mogelijk het gen hebben geërfd. Onderzoek suggereert dat dit niet zo is, maar ik heb er mijn twijfels over. Ik kan het niet bewijzen, maar mijn persoonlijke ervaring is dat minstens drie van vijf mensen op de één of andere manier negatief zijn beïnvloed door een alcoholverslaafde.

Sinds ik in het centrum heb gewerkt, drink ik helemaal niet meer. Ik realiseerde me dat drank me niet echt goed deed, maar ik ben ook bang dat ik misschien teveel zou kunnen drinken. Vroeger had ik een hekel aan alcoholisten en veroordeelde ze altijd. Ik dacht dat ze dom waren en geen doorzettingsvermogen hadden. Ik zag de mens niet die achter het probleem zat en dacht dat ze simpelweg niet wilden stoppen. Want als ze dat echt zouden willen, dan zouden ze dat toch zeker ook doen. Nu weet ik wel beter; zo simpel is het niet. Het is een verschrikkelijke en bijzonder complexe ziekte.

Door mijn werk heb ik de ware mens leren kennen achter die hartverscheurende verhalen. Waardevolle mensen met problemen, vaak veel grotere problemen dan die van de meeste andere mensen. Ik zag hoe hard ze vochten en hoe vaak ze hun gevecht verloren. Velen proberen het iedere keer weer, steeds opnieuw; ze pakken zichzelf op nadat ze zijn gevallen.

Ik geloof dat de maatschappij veel meer zou kunnen en moeten doen voor alcoholisten, te beginnen met mededogen en begrip.

*ergotherapie: arbeidstherapie, bezigheidstherapie

Je kunt me nooit de vragen stellen die me meer pijn doen dan de vragen die ik mezelf stel... iedere dag.

Vrex

Een vriend, een minnaar

... een 'feel-good' leraar; hij redde me van een diepe depressie en van mijn zelfmedelijden.

Het was middenin mijn tragische scheiding. Ons dertigjarig huwelijk viel uit elkaar zonder goede reden. We probeerden wel om het vol te houden; we werkten er ook hard aan, maar het ging niet. Het voelde alsof mijn wereld in elkaar stortte toen mijn echtgenoot me vertelde dat hij moe was van het 'proberen'. Hij wilde scheiden. Deze situatie ontnam me mijn levenslust, alles waarvan ik ooit had genoten, mijn gevoel van eigenwaarde en mijn zelfvertrouwen. De kinderen waren al volwassen en kennelijk was er geen groot drama, geen echt trauma, dus waarom voelde het wel zo?

Ik moest even weg van dit alles, even in een totaal andere omgeving zijn. Ik was ongelukkig. In een waas pakte ik de krant, richtte mijn wijsvinger op een willekeurig opengeslagen pagina en met gesloten ogen landde mijn vinger op Tunesië. Twee weken later landde ik zelf in Tunesië, met een georganiseerde reis van een week.

Ik besloot een excursie te boeken met een overnachting in de woestijn. We waren met een kleine groep mensen, en daar zag ik hem voor het eerst. Een bijzonder lange, donkere, knappe jonge man die dezelfde excursie had geboekt als ik. We spraken dezelfde taal, letterlijk en figuurlijk. Het klikte. Hij kwam uit mijn thuisland, was zelfs geboren in de stad waar ik vandaan kwam.

Hij hielp me weer positief te denken en ik zou hem ook gaan helpen. Hij was een kettingroker en na mijn belofte hem te helpen die verslaving te overwinnen met behulp van reflexologie en acupunctuur, spraken we af dat hij een paar weken later naar mijn huis zou komen voor de behandeling.

Hij belde me voor een afspraak toen hij voor zijn werk een cursus ging volgen in de stad waar ik woonde. Aangezien hij drie uur rijden bij mij vandaan woonde besloten we dat hij tijdens de cursus bij mij zou overnachten, op de bank. Hij betaalde me een klein bedrag voor de huur en we werden de beste vrienden.

Ik hoopte nog steeds, tegen beter weten in, dat mijn echtgenoot en ik weer bij elkaar zouden komen, dus op dat moment was er geen intimiteit tussen mijn gast en mij. Na zijn cursus ging hij weer weg, maar we hielden contact en spraken elkaar regelmatig via de telefoon. Het duurde een jaar voordat ik me realiseerde dat er echt geen kans meer was dat mijn man en ik weer bij elkaar zouden komen. Het was definitief over.

Dus belde ik mijn nieuwe vriend en vroeg of we elkaar konden ontmoeten. Het werd een fantastische, anderhalf jaar durende liefdesaffaire. Ik was vijftig en hij was vierenveertig.

***

Een paar maanden na het begin van onze relatie ontdekte ik dat hij een drankprobleem had. Omdat we niet samenwoonden viel het eerst niet zo op. Ik had er weinig last van, behalve als hij af en toe verbaal heel gemeen tegen me werd, hij deed me dan bewust pijn met zijn woorden; een veelvoorkomend symptoom van alcoholisme.

Ik was verpleegster van beroep en kende deze symptomen wel: irrationeel gedrag, projectie en mogelijke mishandeling. Soms was ik ontzettend bezorgd om hem, maar dit deed niets af aan de heerlijke momenten die ik met hem doorbracht. Het was geweldig. Voordat ik hem ontmoette was ik 'verdwaald' en hij hielp me mezelf weer terug te vinden. Door hem voelde ik me weer fantastisch en mijn eigenwaarde kwam volledig terug. Het werd de mooiste tijd van mijn leven.

Hij was de grappigste en meest interessante man die ik ooit had ontmoet. Een man van uitersten. Warm en een hele goede verzorger van verstandelijk gehandicapten in zijn nachtdienst baan; vol passie en interesse tijdens zijn werk als journalist en fotograaf; egoïstisch en gemeen als hij gedronken had; en een avontuurlijke en prettig gestoorde man met een vrije geest wanneer hij bij mij was.

Het viel me niet zwaar hem de beschamende momenten te vergeven, zoals toen hij dronken verscheen op de trouwdag van een vriend, voor wie hij de trouwreportage zou verzorgen, of zijn vaak asociale gedrag. Ik genoot gewoon van zijn liefde, zijn lach en het feit dat hij zijn leven ten volle leefde. We voerden eindeloze gesprekken over de maatschappij, de wereld, mensen en spiritualiteit gevolgd door de meest fantastische seks. We keken naar films en we lazen boeken. We maakten uitstapjes vol vrijheid en plezier; we dansten naakt in de regen, zwommen in berg-stroompjes en bedreven de liefde op een mat op het terras van ons onderkomen in de bergen.

Ik herontdekte de vrouw die ik heel lang geleden was en genoot van elke minuut, van zoete herinneringen, van stoute uitspattingen, van grappige momenten, met een glimlach op mijn gezicht. Zelfs nu nog, als ik terugdenk aan dat moment waarop hij me in zijn zwembroek kwam bezoeken in mijn woonplaats, een grote moderne stad.

We hadden afgesproken met vrienden in een restaurant en hij kwam gewoon in zijn zwembroek. Het kon hem niets schelen wat andere mensen van hem vonden, meningen waren niet belangrijk, maar hij respecteerde mij voldoende om me toe te staan een spijkerbroek en een t-shirt voor hem te kopen in de dichtstbijzijnde winkel.

Hij toonde me heerlijke bevrijdende gekte en leerde me de gave van vergeven, van loslaten en accepteren, maar boven alles, van extreme blijdschap en geluk.

Ik was éénenvijftig en hij was vijfenveertig.

***

Als psychiatrisch verpleegkundige was ik gewend aan de omgang met psychotische patiënten en ik had in mijn leven al veel ernstig zieke mensen gezien. Op een dag kwam ik thuis na een lange dag werken. Hij was bij mij op bezoek en ik keek uit naar een leuke avond samen. Toen ik binnenkwam zag ik het al: lege en halflege flessen her en der verspreid over de vloer – mijn single malt whisky flessen. Ik had een hele collectie malts want ik genoot graag van een glaasje whisky van goede kwaliteit bij speciale gelegenheden. Ik zag een groot glas met nog wat whisky erin balanceren op de rand van een bijzettafel.

Hij lag languit op de bank en de as van zijn sigaret was op de grond gevallen en had gaten gebrand in mijn favoriete tapijt. Ik was zo kwaad – ik was woedend. Ik ruimde alle flessen op en het lukte me zowaar hem te laten opstaan. Hij was een lange, grote, sterke man. Ik deed al zijn kleren uit, duwde hem onder de douche in mijn kleine badkamer en draaide de kraan open. Ik zei dat hij daar moest blijven en ging zelf naar de dichtstbijzijnde supermarkt en kocht er het goedkoopste bier en whisky die ik kon vinden. In de daarop volgende dagen gaf ik hem steeds kleine beetjes drank, want ik wilde niet dat hij in één keer zou stoppen met drinken, iets wat ze 'cold turkey' noemen.

Ik ging gewoon naar mijn werk terwijl hij in mijn huis bleef. Hij was in een staat van delirium, hij zag overal kleine beestjes en was in paniek vanwege zijn hallucinaties. Ik diende hem medicijnen toe om hem te verdoven en verzorgde hem totdat hij weer de oude was, wat ruim een week duurde. Toen vertelde ik hem dat hij niet meer welkom was in mijn huis en ik beloofde mezelf dat ik het nooit meer zo ver zou laten komen.

Ik sprak met hem over zijn drankprobleem en voor het eerst ontkende hij zijn probleem niet, wat hij daarvoor altijd wel deed. Ik probeerde hem te overtuigen van het nut van een ontwenningskuur, maar op dat moment was hij daar nog niet klaar voor. Jaren later was hij dat wel. Hij ging naar een ontwenningskliniek en vertelde me dat hij dit voor een groot deel aan mij te danken had. Ik had hem geholpen om zijn leven weer op de rit te krijgen, net zoals hij dat jaren geleden voor mij had gedaan, maar dan op een andere manier.

Hoewel onze relatie nooit officieel werd beëindigd, hield het geen stand. Ons contact verdween simpelweg beetje bij beetje naar de achtergrond en dat was goed. Ik ben hem eeuwig dankbaar voor de dingen die hij me heeft geleerd, voor zijn vriendschap en zijn liefde. Mijn leven is een andere weg ingeslagen. Ik ben naar het buitenland verhuisd waar ik nu gelukkig samenleef met mijn nieuwe partner. Maar hij zal altijd een speciaal plekje in mijn hart innemen. We zijn nog steeds goede vrienden. Ik ben zestig en hij is vierenvijftig.

Alle bloemen van alle dagen die komen, zitten in de zaadjes van
vandaag

Indiaas gezegde

Ik was zo boos op hem

... hoe durfde hij op die manier te praten over de man waar ik van hield? Hij was zijn beste vriend en vroeg me of ik van zijn drankmisbruik op de hoogte was en van het feit dat mijn aanstaande echtgenoot soms heel erg agressief kon zijn.

Ik haatte hem, en dat noemde zichzelf een vriend . . . Ik was een volwassen vrouw, een achtentwintig jarige onafhankelijke vrouw die haar leven onder controle had, hoogopgeleid en met een perfecte, goedbetaalde baan. Ik hield van de man met wie ik zou gaan trouwen. Hoe durfde hij zijn beste vriend, mijn toekomstige echtgenoot op die manier te beoordelen?

Natuurlijk zou alles perfect zijn. Ik zou toch zeker wel kunnen omgaan met me af en toe een nacht afvragen waar hij was en met het feit dat het zijn gewoonte was om weg te lopen als er problemen waren? Zo vaak gebeurde dat nou ook weer niet. Ik hield zo veel van hem en liefde overwint toch alles?

Het was een sprookjesachtige bruiloft. Deze fantastische man die tegen me zei dat hij van me hield in het bijzijn van familie en vrienden, voor de ogen van de wereld. We zouden een gelukkig gezin worden met een heleboel kinderen.

Hij was zo intelligent, hij sprak zo beschaafd, was zo geweldig aardig en voorkomend, altijd nadenkend. Ik had het gevoel dat ik werd omringd door een warm bad van speciale momenten tijdens een fantastische motorvakantie in Griekenland. De perfecte echtgenoot, de meest perfecte tijd van mijn leven. Ik was natuurlijk voorbestemd om nog lang en gelukkig te leven.

Hij was advocaat van beroep en leek overal verstand van te hebben. Ik was zo trots op hem. Ik had niet eens door dat vriendschappen uit mijn leven verdwenen. Ik had een interessante baan en een druk sociaal leven, maar ik voelde me steeds eenzamer en geïsoleerder naarmate de avonden toenamen waarop hij niet aanwezig was.

Nachtenlang lag ik wakker, hopend de sleutel in het slot van de voordeur te horen, hopend op een oplossing, een excuus, een uitleg. Maar er werd nooit iets uitgelegd, er viel niets te begrijpen en niet wetend wat te doen voelde ik een intens verdriet toen mijn oog viel op een overheidsadvertentie op de televisie. *"Drank verpest meer dan je lief is"*

***

Het voelde alsof hij zichzelf totaal had verloren, alsof hij niet echt hier was maar op een andere planeet. We hadden pas een paar maanden verkering toen ik het voor het eerst opmerkte. Zijn afwezige energie, zelfs als hij in mijn gezelschap was.

Ik wist dat hij graag een drankje dronk en hoewel ik het niet prettig vond dat hij rookte, maakte dit niet dat ik minder van hem hield. Ik begreep echter niet waarom hij soms zo teruggetrokken was. Ik begreep niet waarom hij regelmatig, vrij letterlijk, bij me wegliep. Hij verzon een suf excuus om vervolgens urenlang en soms dagenlang niet terug te komen.

Maar hij was zo geweldig; hij was de perfecte adviseur en had altijd een oplossing voor alles. Hij wist zoveel en had echt een geweldige mensenkennis, wist hoe andere mensen zich voelden, waarom ze zich op een bepaalde manier gedroegen en hoe ze hulp nodig hadden. Ik werd verliefd op zijn intelligente woorden en zijn ongelooflijk gulle, vriendelijke en liefdevolle karakter, hoewel hij soms ook behoorlijk koppig kon zijn.

Ik dacht dat zijn afwezige gedrag en zijn koppigheid zouden veranderen zodra we getrouwd waren en kinderen zouden krijgen, iets wat we allebei wilden. En dus was ik blij toen ik ook 'gelukkig getrouwd' was, net als mijn ouders en al mijn andere familieleden. Nu kon ook ik mijn eigen gelukkige gezinnetje creëren, net als het gezin waarin ik was opgegroeid.

Maar de koppigheid verminderde niet en hij bleef roken en drinken. Ook leken zijn verdwijnperioden erger te worden. Zijn zaak kon alleen maar blijven voortbestaan door een briljante assistent die de boel draaiende hield wanneer hij weer een periode had waarin hij zijn geld aan whisky en gin uitgaf. Ik ontdekte een kant aan hem die ik niet wilde ontdekken.

In het hele huis vond ik verstopte flessen; achterin keukenkastjes, op zolder, zelfs in het tuinhuisje, bedekt met wat oude paardendekens. Ieder keer als ik een fles vond was het of iemand me met een mes tussen de ribben stak. Waarom deed hij dit? Hield hij niet genoeg van me om ook dat gelukkige gezin te willen? Waarom dronk hij zoveel?

Nooit kreeg ik een antwoord van hem op mijn vragen en in plaats daarvan noemde hij me een zeurpiet en een kreng omdat ik die vragen stelde. Ik begon alcohol te haten en werd geheelonthouder. Vrienden en collega's noemden me een saaie piet, maar ik kon niet meer drinken.

Om mijn gedachten te verzetten begroef ik me in mijn werk en in uitgaan met vrienden. Hij was blij als ik uitging want dan kon hij zoveel drinken als hij wilde zonder dat ik als een politieagent op hem lette. Zonder dat ik hem controleerde. Dat haatte hij en dat vertelde hij me ook regelmatig. Ik schaamde me verschrikkelijk, ik wilde niet dat ook maar iemand het wist. Ik voelde me ongelooflijk eenzaam en geïsoleerd door mijn geheim.

En ik was bezorgd. Verschrikkelijk bezorgd als hij 's nachts niet thuiskwam, wat steeds vaker gebeurde. Ik was vreselijk bang dat hij zichzelf pijn zou doen of, nog erger, dat hij op straat iemand of een kind zou aanrijden wanneer hij met drank op in de auto stapte. Ik sta nog verbaasd over mezelf dat ik naast hem ging zitten als hij dronken achter het stuur kroop en mijn smeekbede negeerde om te mogen rijden.hij was de man, met hem was niets mis en hij kon rijden, er was geen gevaar.

Regelmatig schaamde ik me voor hem wanneer hij weer eens niet kwam opdagen tijdens familiebijeenkomsten. Op mijn moeders verjaardag vertelde ik mijn familie, met een geforceerde glimlach op mijn gezicht dat mijn kersverse echtgenoot griep had. Ik probeerde hun verbaasde reacties niet te horen... *"alweer ziek?"* Ik voelde dat ik had gefaald in mijn huwelijk. Het was mijn geheim, mijn probleem waar ik niet aan toe wilde geven. Ik leed in stilte terwijl ik mijn huis ontvluchtte om bij mijn vrienden te zijn. Het leek hem niets uit te maken, hij leefde op een andere planeet!

***

Onze pogingen om kinderen te krijgen leidden tot niets en ik ging steeds meer aan mezelf twijfelen. Het was natuurlijk mijn fout. Ik ging naar de dokter om erachter te komen. Het was mijn grootste wens om moeder te worden. Het kwam niet bij me op dat de oorzaak ook bij hem zou kunnen liggen, dat zijn alcoholmisbruik een rol zou kunnen spelen. Het kwam ook nooit in hem op dat hij onvruchtbaar zou kunnen zijn. We hunkerden beiden naar een kind. Verlangend naar een gelukkig gezinnetje maakten we een afspraak voor mijn eerste controle.

Het was een regenachtige dag, ik moest alleen naar de afspraak omdat hij besloot dat hij er niet bij hoefde te zijn. Ik zorgde dat ik sterk genoeg was, overtuigd dat, als we eenmaal een kindje zouden hebben, hij meer verantwoordelijkheid zou nemen en de vader zou worden die hij zo graag wilde zijn. Er werd hem gevraagd om zijn sperma te laten controleren. In eerste instantie weigerde hij, maar mede op mijn aandringen ging hij er toch mee akkoord, zij het met tegenzin. De uitslag was een verrassing voor ons beiden. Hij kreeg pillen en het advies om geen alcohol meer te drinken.

Onze beide families stonden helemaal achter ons en zagen alleen maar een jong stel dat waanzinnig graag het plaatje compleet wilde maken. Ik onderging drie maal behandeling voor kunstmatige inseminatie. Hiervoor moest ik pillen innemen en mezelf injecteren met hormonen. Ons werd voorgedaan hoe we de injecties moesten toedienen. Ik was zo bang; bang voor de injecties, maar erg dankbaar dat hij bereid was zich te laten trainen door het vriendelijke personeel in de kliniek. Hij had er het volste vertrouwen in dat hij precies wist hoe hij het moest doen. Iedere dag op een specifieke tijd, maandenlang.

Dikke tranen rolden over mijn wangen toen ik, uiteindelijk, zelf de naald in mijn handen nam en me schrap zette, mezelf dwingend om de naald op de juiste plek te injecteren. Hij was er nooit bij, niet eens één keer. Hij had altijd een excuus om me geen injectie te geven. De pillen die hij moest slikken nam hij slechts gedurende een week om ze vervolgens voor mijn ogen in de prullenbak te gooien. Het was één van de meest verdrietige dagen in mijn leven.

Terwijl ik vertwijfeld doorging met de pillen en de injecties in de hoop zwanger te worden, gaf hij er de voorkeur aan om uit te slapen of er gewoon geen zin in te hebben; en helemaal nooit gaf hij me het geschenk van leven.

Het was mijn grootste wens om moeder te worden maar hij was niet sterk genoeg om de vader te worden die hij zo graag wilde zijn.

***

Zijn familie gaf mij de schuld. Ze vertelden me dat ik overdreven hard was. Ik dronk en rookte niet en dus mocht hij van mij ook niet drinken of roken. Ik stond niet toe dat hij van de kleine pleziertjes in het leven kon genieten. Ik wist dat dit onzin was maar het deed me toch pijn dat ze zo over mij dachten. Hoe bestaat het dat ze de vreselijke waarheid niet zagen, dat hun geliefde zoon zichzelf aan het dooddrinken was?

Ik heb hem vaak gevraagd, gesmeekt om te stoppen, maar hij wilde niet luisteren. Hij ging regelmatig naar zijn ouders huis om te drinken – zij genoten ook graag van een goed glas wijn, wat was het probleem?

Mijn isolement groeide, ik had het gevoel dat ik niemand in vertrouwen kon nemen. Maar op een dag vertrouwde ik toch mijn geheim toe aan een goede vriend die was opgegroeid in een gezin met een aan alcohol verslaafde vader. Het was zo'n opluchting om er achter te komen dat ik niet de enige was. Ik begreep opeens hoe ziek hij was, dat ik het hem niet echt kwalijk kon nemen, maar ook dat dit geen excuus was voor zijn gedrag. Toen wilde ik hem natuurlijk helpen, hem redden om toch nog dat liefdevolle gezin te worden waar ik zo naar verlangde. Dus verdiepte ik me in organisaties die gespecialiseerd waren in alcoholverslavingsproblemen. Ik nam contact op en ontving brochures en andere gedrukte informatie. Ik wilde hem helpen.

Hij gooide de folders in mijn gezicht *"Ik heb geen probleem . . . Jij hebt een probleem!!!"*

Vele maanden later ging ik van hem scheiden. Ik voelde me machteloos, onbeschrijfelijk verdrietig en een mislukkeling, maar met een sprankeltje hoop om de kracht te vinden die ik nodig had om mijn leven weer op de rails te krijgen. Hij zat altijd in mijn hoofd, altijd in mijn hart. Ik heb nog steeds het kleine pluche konijntje dat hij me gaf toen hij zei *"Ik houd van je!"*

"Tot de dood ons scheidt", het heeft niet zo mogen zijn. Ik moest hem ter wille van mijn eigen geestelijke gezondheid loslaten, lang voor zijn overlijden.

En hier sta ik dan. Ik bewijs hem de laatste eer, mijn laatste vaarwel aan deze mooie man, bevrijd van zijn zelfopgelegde gevangenschap.

Hij stierf tengevolge van levercirrose. Hij was tweeënveertig jaar oud. God zij met hem.

Het is makkelijk een excuus te vinden om te drinken
Het is makkelijk een excuus te vinden om te vechten
Een gevecht is een gemakkelijk excuus om te drinken

Renate

Ik kan me vooral de feestjes herinneren

... uit mijn kindertijd. Zoals toen mijn ouders ons meenamen naar alweer een feestje in de bungalow van de vrouw, die later in mijn leven mijn buurvrouw zou worden. Mijn broer en ik waren eraan gewend en gingen graag mee.

De vrouw en haar man waren rijk, de bungalow was supermodern en stond in een klein dorpje op het platteland. Ze hadden alle nieuwste snufjes en interessante electronische producten waar wij mee mochten spelen. Terwijl de volwassenen dronken werden en zich tegoed deden aan een overdaad aan luxe gerechten en drank, werden wij alleengelaten en mochten ons tegoed doen aan snacks en cola en limonade, dingen die mijn moeder nooit voor ons kocht, want ze wilde niet dat we te dik zouden worden.

Die weekenden waren één groot feest voor iedereen, ook voor ons kinderen. Ik herinner me dat we in het zwembad doken, we stiekem ondeugende zwart-wit films keken op de projector en dat we alle nieuw uitgekomen stripboeken konden lezen. Het was geweldig.

Dertig jaar later werd ik haar buurvrouw. Haar echtgenoot, die vele jaren ouder was dan zij, was reeds lang daarvoor overleden en ze leefde van een bijzonder goed pensioen in een luxueus appartement met een fantastisch uitzicht op het stadspark. Haar huis was blinkend schoon want ze hield van schoonmaken. De oude, maar dure leren bank en stoelen, waarop ik had gezeten toen ik nog een kind was, hadden probleemloos de tijd doorstaan. Net zoals zij. Een beetje verweerd aan de buitenkant, maar nog steeds warm en uitnodigend wanneer je met haar in contact kwam.

Ze was een vriendin voor iedereen. Haar hart was groot genoeg om compassie te voelen voor hen die minder geluk hadden gehad dan zijzelf en ze zou desnoods haar laatste maaltijd met hen delen. Ze hield ervan om mensen uit te nodigen voor koffie, eten of gewoon voor een borrel.

Ze was aardig, altijd in een goede bui en altijd aan de drank. Iedereen in de kleine stad waar we woonden kende haar. Ze bezocht alle bars in de buurt en ging opvallend gekleed in kleurrijke 'vintage' kleding die ze nog had uit haar verleden. Goede kwaliteitskleding die een leven lang meeging, haar leven lang. Zeventig jaar oud en nog steeds sterk en optimistisch. Ze leefde op heel weinig eten, twee flessen jenever en een pakje zware shag per dag. Een alcoholiste en een kettingroker. Ze was erg mager, maar zo sterk als een beer. Ik mocht haar graag. Ze was interessant, intelligent en ze bleef op de hoogte van wat er in de wereld aan de hand was via kranten en televisie.

Ik kon haar excentrieke uiterlijk wel waarderen, met een asymmetrisch kapsel, zelf geverfd in een spetterend rode kleur uit een flesje van de drogist. Ze had een duidelijke voorkeur voor kleurrijke kleding met wilde patronen en ze liep altijd op naaldhakken. Behalve in de zomer, dan liep ze meestal blootsvoets door de straten, haar mooigevormde voeten, met tenen altijd voorzien van felrode nagellak, aan de wereld tonend. De vele rimpels in haar gezicht misstonden haar niet, maar de jaren van zwaar drinken en roken waren duidelijk zichtbaar achter haar gulle lach.

Ze ontkende dat ze een drankprobleem had, maar diep van binnen moet ze zich toch hebben geschaamd want ze goot haar drankje in een theemok om te verbergen dat ze vroeg in de morgen al aan de alcohol zat. Alleen als gasten een drankje accepteerden, gunde ze zichzelf ook een wijnglas, dat ze helemaal vulde met pure jenever.

Ongelukjes en valpartijen waren veelvoorkomende gebeurtenissen in haar leven en ze had regelmatig een gebroken pols, een bloeduitstorting op haar arm of een verzwikte enkel. Ze was sterk en niet kleinzerig. Opgewekt wuifde ze onze bezorgdheid weg en lachte om haar onhandigheid.

Eén van haar grootste liefdes waren dieren; ze hield van dieren, bijna extreem veel. Ze was wel zo wijs om niet aan een hond of een kat te beginnen, alhoewel ze dat graag had gewild. Ze kon uren spelen met mijn hond en keek graag naar de vogels en andere dieren in het park.

Haar optimisme verbaasde me vaak, ik zag haar nooit boos of agressief als ze dronk. Ik kende haar familie ook, haar zuster en broers, haar dochter, die van mijn leeftijd is en haar moeder. Haar moeder was een lieve, zeer kleine maar zeer krachtige, sterke vrouw die haar grote gezin - zij was een alleenstaande met zes kinderen - in een tijd van oorlog en armoede had grootgebracht. Ik weet niet wat er met haar man is gebeurd, maar het zou me niet verbazen als zijn verdwijning uit het gezin iets te maken heeft gehad met alcohol. Mijn buurvrouw sprak nooit over haar vader maar ze aanbad haar moeder.

Toen haar moeder overleed hield ze zich kranig, ze accepteerde het grote verlies en was gesterkt door haar 'het leven gaat door' houding.

Als ze andere mensen kon helpen dan deed ze dat en ze was de steun en toeverlaat voor haar zuster. Ze hield contact met de artsen en hulpverleners in het afkickcentrum waaruit haar zuster was weggelopen. Haar zuster koos voor een leven met alcohol, ook al wist ze dat ze hierdoor nog maar korte tijd te leven had. Ze stierf aan levercirrose, slechts vier maanden nadat ze het centrum had verlaten. Mijn buurvrouw regelde alles. De begrafenis, de verkoop van het huis van haar zus, de financiën, alles. Ze stortte niet in, ze werd niet zwak, ze stopte niet met drinken.

Tien jaar later is ze nog steeds niet gestopt met drinken. Ik ben al lang niet meer haar buurvrouw, want het leven heeft me meegenomen naar andere plaatsen, andere landen en nieuwe avonturen. Maar ik zal me haar altijd blijven herinneren als de inspirerende vrouw die ze was en nog steeds is. Iemands buurvrouw op de rijpe leeftijd van tachtig jaar.

Hoelang de nacht ook is, de ochtend zal aanbreken

Engelse uitdrukking

Zorgen voor mensen die niet verzorgd willen worden

... met andere woorden, wij proberen mensen te overtuigen om hulp te accepteren, ook al proberen zij dit te vermijden, we noemen dit 'bemoeizorg'. Ik werk voor Tactus, een organisatie met meer dan 1100 werknemers. Het is onze missie om verzorging te bieden aan de hand van een biopsychologisch-sociaal model, gebaseerd op biologische, psychologische en sociale aspecten. Het model gaat uit van oorzaak en gevolg in relatie tot alcoholisme en andere vormen van verslaving. Deze zorg wordt gefinancierd door Nederlandse ziektekostenverzekeringen.

Op dit moment werk ik als interim 'head of operations' van Tactus, maar de eerste vijf jaar heb ik gewerkt als maatschappelijk werker in de 'bemoeizorg'. Onze hulp wordt gewoonlijk ingeroepen door Gemeentelijke gezondheidsdiensten, huisartsen of de politie, maar ook door familie of buren.

Eén van de kenmerken van de mensen in onze doelgroep is dat ze iedere vorm van zorg proberen te vermijden en dus zeker geen hulp voor zichzelf zoeken. Ze leiden een zeer asociaal leven en eenzaamheid is een groot probleem. Onze basisaanpak is daarom het maken van contact en het onderhouden van contact, en dát is vaak al heel moeilijk. Een groot deel van de mensen aan wie we onze hulp aanbieden is alcoholist.

Ervaring heeft ons geleerd dat geen van hen echt wil leven zoals zij doen; niemand wil bijvoorbeeld in zijn eigen uitwerpselen op de bank zitten – dus na voorzichtig aandringen nemen ze uiteindelijk wel hulp aan. 'Vroeger' werd deze manier van leven gezien als een keuze, maar binnen onze organisatie beschouwen we dit als een symptoom van verslaving aan bijvoorbeeld alcohol, gokken, seks of eten.

Ik bezocht mensen thuis. De eerste stap was contact maken en ervoor zorgen dat we weer terug mochten komen. Dit nam soms maanden in beslag. Mensen die nog in een huis woonden hadden vaak hulp nodig met praktische zaken. Sommigen werden gedreigd dat ze hun huis zouden worden uitgezet en wij hielpen dit dan voorkomen. Wij maakten een afspraak met de sociale huisvestingsorganisatie dat zij contact met ons zouden opnemen zodra iemand langer dan twee maanden de huur niet had betaald.

We hielpen ook met praktische zaken als een uitkering regelen, het huis schoonmaken, reparaties uitvoeren en een netwerk van hulp opbouwen. Nadat dit was gebeurd wilden mensen vaak zelf iets doen aan hun verslaving en gingen dan akkoord met opname in onze kliniek. Binnen de organisatie was ook een afkick- en crisisafdeling waar mensen een ontwenningskuur konden volgen. Dat duurde ongeveer een week en diende ook om verdere escalatie, in het geval van een crisis, te voorkomen.

Tactus heeft twee klinieken die zich bezighouden met alcohol en drugs en tevens wordt er psychiatrische hulp geboden. De focus van de behandeling ligt op de verslaving en we beginnen met het verstrekken van informatie over de behandeling. De klinische opname houdt verschillende behandelingen in. Eén van die behandelingen is bedoeld om de motivatie om het verslavingsgedrag te stoppen groter te maken. Tegen die tijd zijn mensen vrij van gebruik en we moedigen hen aan om meer inzicht te krijgen in hun persoonlijke problemen. Dit wordt een diagnostische opname genoemd en duurt drie weken.

In die periode wordt het leven tot dan toe van de persoon onderzocht om te proberen te achterhalen wat de oorzaak van de verslaving is en ook om afspraken te maken over een behandeling die bij die persoon past.

Na een diagnostische behandeling van een alcoholist volgt een klinische behandeling, die tussen de drie en zes maanden duurt. Deze is gericht op het bereiken van een alcoholvrij bestaan. Mensen die niet hoeven te worden opgenomen en voor wie het veilig is om de verslavingscyclus thuis te doorbreken, met onze hulp, worden behandeld als poliklinische patiënten. Tijdens de behandeling wordt medicatie toegepast indien dit nodig is. Dit is meestal een medicijn dat de drang om te drinken verdrijft; het geeft de alcohol een bijzonder onaangename smaak. Alle medicijnen worden voorgeschreven door een arts.

Het was mijn taak om deze mensen binnen het zorgsysteem te krijgen en op het moment dat iemand de hulp accepteert, de zorg in gang te zetten. In principe was mijn werk dan klaar. Ik werkte echter ook in de poliklinische zorg en bezocht mensen bij hen thuis. Deze behandelingen waren gericht op het bewerkstelligen van verandering, om een vicieuze cirkel van verslaving te doorbreken.

Persoonlijk ben ik zeer geïnteresseerd in het onderwerp verslavingszorg. Het intrigeert me hoe iemand het zover kan laten komen, maar ook de mens achter het verhaal. Ik realiseer me dat dit veronderstelt dat mensen een keus hebben, maar naar mijn mening is de lijn waarop dingen fout kunnen gaan erg dun. We behandelen mensen uit alle lagen van de bevolking, ook zeer hoog opgeleide mensen met een afgeronde universitaire studie. Het is duidelijk een zeer wijdverspreid probleem.

Als de hulp uiteindelijk wordt geaccepteerd lijkt het vaak of de verslaafde schreeuwt: "HELP ME!" Niemand wil zo leven, maar het is wel duidelijk dat het bijzonder moeilijk is om geen alcohol te drinken. De maatschappij heeft wat dat betreft twee gezichten. Op feestjes vraagt iedereen je om gezellig mee te doen met een drankje en als je dan weigert noemt men je saai, maar als je een bepaalde lijn overschrijdt en teveel drinkt dan veroordeelt iedereen je.

Uit meerdere tekenen blijkt dat alcoholisme vaak voorkomt. Eén van de tekenen is dat veel mensen autorijden met drank op. In Nederland zijn speciale cursussen over het effect van alcohol terwijl men rijdt. Deze worden de 'EMA'* genoemd. Deelname aan zo'n cursus kost 750 Euro. Tot de doelgroep behoren die mensen die door de politie zijn aangehouden terwijl ze met drank op achter het stuur zaten.

Onze organisatie heeft ook een zelfhulp afdeling waar we onder andere Twaalf Stappen Programma's aanbieden. In de ene groep komen mensen samen om onder supervisie van iemand van ons team te praten over hun problemen en in de andere groep praten verslaafden over hun problemen onder leiding van een gewezen alcoholist. De opzet is vergelijkbaar met die van de AA, maar zonder referentie naar 'God' of een 'Hogere Macht'.

Ook hebben we een groep waar familieleden terecht kunnen om hun verhaal te delen. Dit delen is heel erg belangrijk voor iedereen. Behalve therapie met individuen bieden we ook discussiegroepen aan voor kinderen in de leeftijdsgroep van acht tot twaalf jaar en van twaalf tot zestien jaar. Dit is niet hetzelfde als bijvoorbeeld de Al Anon en Alateen. Het verschil is dat er bij onze organisatie altijd een therapeut bij aanwezig is.

Voor alcoholisten die in aanraking zijn geweest met de politie en door hen zijn doorgestuurd naar ons, hebben we een speciale afdeling. In dit geval vindt behandeling plaats onder supervisie van reclasserings-ambtenaren.

Een belangrijk onderdeel van onze zorg is het contact; wij laten mensen die niet worden begrepen, weten dat ze serieus worden genomen. We vragen hen wat ZIJ nodig hebben, wij gaan op hun niveau staan, als hun gelijke. We houden contact, ook na het einde van de afkickperiode en helpen de mensen een baan te vinden door middel van re-integratie. Chronisch zieke personen hebben vooral veel structuur nodig in hun leven en moeten daarom hun gehele bestaan opnieuw opbouwen. Bij de eerste kennismaking blijkt vaak dat mensen een heel slecht eetpatroon hebben of dat ze hun dagritme hebben verruild met een nachtritme. Het simpelweg ergens op tijd moeten zijn kan verschrikkelijk moeilijk zijn. We helpen deze mensen hun leven weer op de rit te krijgen.

De meeste alcoholisten hebben nog wel familie, maar vaak zijn alle banden verbroken, deze mensen zijn heel erg eenzaam. In andere gevallen is de familie erg bezorgd. Deze bezorgdheid kan de gewoonte van de alcoholist ook in stand houden doordat familieleden bijvoorbeeld eten en drank geven; dit creëert een vals gevoel van stabiliteit. Ze hebben geen last meer van de alcoholist; het is gemakkelijker om toe te geven.

Tijdens mijn jaren in de 'bemoeizorg' heb ik persoonlijk niet veel agressie ondervonden. We werden altijd binnengelaten en mochten altijd terugkomen, wat een indicatie is dat de mensen, diep van binnen, wel degelijk hulp wilden.

Ze waren alleen zo laag gezonken dat ze geen uitweg meer zagen en steeds dieper in hun eigen negatieve spiraal werden gezogen. De leeftijd van mensen die ik bezocht varieerde van rond de dertig tot achter in de zeventig, 90% van hen waren mannen. Deze mensen hadden zichzelf vaak compleet verwaarloosd en waren anderen tot last door hun geur, hinder, lawaai en door het feit dat ze niet langer zelf een huishouden konden runnen. Vrouwen waren ver in de minderheid, zij drinken vaak meer in het geheim en zijn beter in staat om hun gedrag te camoufleren en om een redelijk geordend huishouden te leiden.

Tactus biedt ook anonieme online behandeling aan. Het percentage vrouwen ligt daar veel hoger, ook onder hoogopgeleide vrouwen. De Nederlandse website heet 'alcoholdebaas.nl' en de Engelse website heet 'lookatyourdrinking.com'. Het succespercentage van onze programma's ligt vrij hoog. De afgelopen vijf jaar zijn ongeveer vijftig van de honderd mensen gestopt met drinken, permanent.

Ik geloof dat alcohol vaak wordt gebruikt als zelfmedicatie. Het verdooft je gevoel. Als mensen genetische aanleg hebben voor verslaving dan kan dit heel gemakkelijk worden aangewakkerd. Ik ben van mening dat iedereen verslaafd kan raken aan alcohol. Het is slechts een dun lijntje tussen goed en kwaad, en als alles in je leven verkeerd lijkt te gaan, zoals bijvoorbeeld een scheiding, het verlies van een partner, het verliezen van je baan of misschien wel je huis, dan kan alcohol een oplossing lijken die de pijn kan verzachten.

Soms gaan mensen op zoek naar een conflict om hun drinken te kunnen rechtvaardigen. Het is een constant gevecht. Ik herken dat mechanisme ook in mezelf als ik kijk naar mijn rookverslaving.

Het is moeilijk om er niet aan toe te geven.

Ik geloof dat alcoholisme voor een deel een ziekte is, maar ook gewoon pech hebben. Als je uit een familie komt waar vader of moeder een zware drinker is, en je er misschien aan gewend bent om hen verbaal en fysiek agressief met elkaar te zien omgaan als ze dronken zijn, dan is er een kans dat je datzelfde gedrag zult vertonen in je latere leven. Dus in zekere zin aangeleerd gedrag. Echter, ik geloof ook dat er een element van keuze is.

Ikzelf drink wel alcohol en soms, tijdens een feestje, kan het gebeuren dat ik teveel drink. Het werken met alcoholisten heeft mijn drinkgedrag niet beïnvloed, hoewel ik nooit autorijd met drank op, niet eens één glaasje. Maar het heeft mijn mening over alcohol wel sterk beïnvloed en ik ben ervan overtuigd dat het een veel grotere impact heeft op mensen, en daarom op de maatschappij, dan drugs. Naar mijn mening zou alcohol moeten worden geclassificeerd als een zogenaamde "hard" drug! In Nederland wordt een hoop gedaan op preventief gebied, maar tegelijkertijd kun je overal alcohol kopen en je ziet overal reclame voor alcohol. Het is te koop in iedere supermarkt, bar, restaurant en zelfs in sportcentra. Een gemengde boodschap als je het mij vraagt. Persoonlijk houd ik best van een drankje; het is leuk om een beetje gek te doen als je met wat vrienden bent. Ik denk dat het totaal verweven is in de maatschappij. Het is moeilijk om je een maatschappij voor te stellen zonder alcohol.

*EMA: (Educatieve Maatregel Alcohol) een driedaagse cursus over het risico van alcoholgebruik tijdens het autorijden. Het doel van deze cursus is het voorkomen van een herhaling van alcoholconsumptie tijdens het autorijden. De cursus is verplicht en als iemand weigert deel te nemen dan verliest men automatisch de rijbevoegdheid. De cursus wordt acht keer per jaar gehouden en is altijd vol.

'Eén drankje is teveel, maar twintig drankjes is niet genoeg.....'
Uitspraak vaak gebruikt door alcoholisten die niet meer drinken

Ik trouwde een Spaanse man

... en ik creëerde het perfecte familiescenario met twee kinderen en een huis wat een thuis werd. Mijn man was, en is, een lieve, zachtaardige man en ik ben erg trots op de zoon en dochter die we samen hebben grootgebracht en die nu mooie, verantwoordelijke jonge volwassenen zijn. We wonen in een badplaats in zuid Spanje.

Ik heb een fantastisch leven geleid. Wij hadden veel vrienden die allemaal hier woonden, zogenaamde 'expats' die hun droom volgden door een bar of een restaurant te openen. Terwijl ik mijn kinderen grootbracht, een goede huisvrouw was en ook nog een bijbaantje had voor dat beetje extra, had ik ook een druk sociaal leven.

Het leven in Spanje is totaal anders dan in Engeland, waar ik vandaan kom. Echt totaal anders. Heel regelmatig sprak ik af met vriendinnen op één van de vele zonnige terrasjes voor een beetje roddelen en om lekker te lachen. Het was heel normaal om een paar glazen wijn te drinken, vroeg in de middag. In Engeland zou ik nooit overdag uitgaan en om half twee 's middags in een bar een drankje nuttigen met vrienden, maar in Spanje werd dat gewoon een deel van mijn leven. Het was verder geen probleem.

Bijna twintig jaar gingen voorbij in wat een veel kortere tijd lijkt. Mijn kinderen zijn inmiddels het huis uit en hier zit ik dan, in een zaaltje waar een bijeenkomst van de plaatselijke AA groep plaatsvindt, om te herstellen van de alcoholverslaving die ik heb ontwikkeld. Velen geloven dat alcoholisme een ziekte is, ik geloof dat niet, maar ik zit niet meer in de ontkenningsfase. Ja, ik ben een alcoholist. Ik kan dat nu volmondig toegeven, maar dat was niet altijd zo.

Er was niemand in mijn directe familie die aan alcoholisme leed voor zover ik weet. Alhoewel het verhaal de ronde doet dat een tante van mij, die naar Australië is geëmigreerd, een soortgelijk patroon heeft vertoond en dat ze ook aan alcohol verslaafd was om redenen die vergelijkbaar zijn met de mijne. Echter, alcoholverslaving was niet iets wat in mijn leven een rol speelde.

Ik dronk mijn eerste drankje toen ik achttien of negentien jaar oud was. We dronken meestal sinaasappel- of ananassap. Ook al brouwde mijn vader zijn eigen bier in een schuur in de tuin, dat was zijn hobby, was hij geen grote drinker en ik was nooit in drank geïnteresseerd.

Ik had altijd het idee dat alcoholisten mensen waren die buiten op een bank in het park zaten of op de stoep voor een supermarkt met een blik bier of een fles in een bruine papieren zak, bedelend. Ik had helemaal niet door wat er met mij gebeurde, het overkwam me gewoon. Ik was altijd een sociale drinker geweest, zoals zovelen van mijn vrienden.

Thuis dronken we niet veel. Mijn man was en is geen echte drinker; het maakt hem helemaal niets uit als hij nooit meer een drup zou mogen drinken. We hadden nooit sterke drank in huis, tot ik er zelf mee begon, pas twee jaar geleden.

Goede vrienden van me waren teruggegaan naar Engeland tengevolge van het economische klimaat. Ik miste hen echt, voelde me eenzaam en verveelde me, dus begon ik meer te drinken dan ik gewend was. Vooral thuis, als ik alleen in huis was. Het was iets dat ik nooit eerder had gedaan. Overdag televisiekijken was een goede reden voor een drankje. Iedereen op de televisie deed het; in de soapseries en de detective series waar ik graag naar keek, in de prachtige opnames van gelukkige mensen die drinken in reclamespotjes en in kookprogramma's die leken te zeggen dat een maaltijd zonder een drankje geen echte maaltijd was. Ik werd absoluut beïnvloed door dit alles. Zodra ik op televisie zag dat iemand een glas wijn inschonk, ging ik ook naar de keuken om hetzelfde te doen.

Ik had helemaal niet door dat ik het niet meer onder controle had. Al snel begon ik te drinken voordat ik naar een feestje ging of gewoon voordat ik uitging. Niemand wist dat ik zoveel dronk omdat ik het stiekem deed. Mijn vrienden dachten dat ik altijd gewoon een paar glaasjes dronk, net als zij, maar als ik thuiskwam moest ik meer drinken. Ik dronk gewoon door tot ik doodmoe was en ging dan naar bed.

Pas toen mijn dochter zag dat flessen wijn plotseling leeg waren begon ik me te schamen voor mijn gedrag en dus begon ik de flessen te verstoppen. We wonen in een groot appartement, maar het was niet gemakkelijk om nieuwe plekjes te vinden om de flessen te verbergen. Ik voelde me schuldig, maar niet genoeg om te stoppen. Ik kon niet stoppen.

Mijn drinkgedrag creëerde niet veel problemen voor mijn familiesituatie. Er was weinig ruzie, soms was ik wel verbaal agressief tegen mijn man en ik kon erg geïrriteerd raken toen mijn dochter steeds vaker zomaar even langskwam, duidelijk om mij te controleren. Die controles leverden overigens geen grote drama's op, alleen wat opmerkingen over de staat van het huis en het feit dat ik de schoonmaak niet had gedaan. Door de alcohol was ik mentaal al ver heen en de opmerkingen troffen geen doel, ik deed er niets mee.

Mijn leven werd een geheim, maar ik was ontzettend bang. Bang om te worden ontmaskerd, altijd bang om bekenden te ontmoeten als ik naar de supermarkt ging om de wijn te kopen die ik nodig had. Ik ging vaak wijn halen op zondag, als mijn man uit werken ging. Hij onderhield de tuin van andere mensen. Ik rekende dan precies uit hoeveel tijd ik had, kleedde me aan, kocht de wijn, ging snel terug naar huis, net op tijd om de flessen te verstoppen en mijn pyjama weer aan te trekken.

Mijn leven ging alleen nog maar over drinken. Ik was niet meer geïnteresseerd in een sociaal leven. Ik verzon excuses om mijn jaarlijkse familiebezoek in Engeland af te zeggen, iets waar mijn zuster in Engeland en ikzelf altijd erg naar uitkeken. Ik had geen zin meer om naar feestjes te gaan. Ik wilde alleen maar drinken, thuis, alleen. Ik voelde me eenzaam en depressief. Niemand wist dat ik overal in huis flessen had verstopt; ik werd er heel handig in mijn probleem te verbergen voor mijn naaste familie.

Mijn leven was één grote leugen geworden en ik voelde me ontzettend schuldig, een rotgevoel dat ik dan weer wegwerkte door nog meer te drinken. Ik was totaal in ontkenning, maar gaf niemand de schuld van mijn geheime aandrang.

Mijn eerste 'wake-up call' kwam in de winter van 2009, tijdens een familiebijeenkomst. Iedereen genoot van een hapje en een drankje en ook ik dronk een glaasje wijn in de woonkamer en deed alsof alles geweldig was. Maar ik ging regelmatig naar de keuken om mezelf extra in te schenken, wat ik probeerde te verbergen voor mijn gezin. Ik schaamde me verschrikkelijk toen de vriend van mijn dochter me betrapte terwijl ik snel een vol glas wijn achteroversloeg. Hij vertelde dit tegen mijn dochter en dat werd de start van mijn herstel.

Aanvankelijk dronk ik gewoon door, ondanks mijn ontmaskering. Ik kon niet stoppen. Maar een paar maanden later besloten mijn man en kinderen dat het genoeg was geweest en ze vertelden me dat ik móest stoppen. Dat ging niet, maar ik werd me er wel van bewust dat ik een alcoholiste was geworden. Niet lang daarna nam een vriendin me mee naar mijn eerste AA bijeenkomst. Het was een openbaring voor me. Ik was niet de enige met dit pijnlijke geheim.

Ik ben er nu bijzonder trots op dat ik precies zes maanden geleden ben gestopt met drinken, nadat ik ruim twee jaar een zware alcoholiste was. Daarvoor was ik altijd een normale drinker, maar nu weet ik dat dit geen garantie is om geen alcoholist te kunnen worden. Ik ben daarvan het bewijs. Maar ik ben ook het bewijs dat je in positieve zin kunt veranderen en herstellen.

Ik weet best dat er nog een lange weg te gaan is, maar ik ben dankbaar voor de hulp van vrienden die hetzelfde hebben doorgemaakt als ik en voor het Twaalf Stappen Programma. Ik kan niet zeggen dat ik dit programma gemakkelijk vind, maar ben er wel van overtuigd dat het mijn leven heeft gered. Ik kijk nu heel anders tegen dingen aan en weet hoe ik met moeilijke situaties moet omgaan: sterk zijn tijdens sociale uitjes, me echt inhouden en niet toegeven aan een eventuele behoefte aan drank. Ik ben wel bang voor een terugval. Alcohol is overal. Tijdens elk feestje wordt er van je verwacht dat je drinkt, en als je dat niet doet vinden mensen je een saaie tut.

Het is voor mij nu geen probleem meer om wijn in huis te hebben en ik vind het niet erg om niet te drinken tijdens een feestje, maar het is wel heel vervelend als mensen proberen me over te halen om 'gezellig' een drankje mee te drinken. Maar ik heb alle vertrouwen in de toekomst en weet hoe belangrijk het is om dingen te ondernemen, om mezelf niet te isoleren. Het ging mis met mij toen ik me ging vervelen, in huis rond hing en geen hobbies had. Dus leg ik me toe op actief bewegen, ik pak mijn hobbies weer op en ik zet me in voor andere mensen. Mijn advies aan anderen is om je goed bewust te zijn van je gedrag en om niet toe te geven aan verleidingen.Blijf actief, zoek een hobby.

Ik heb het gevoel dat ik geluk heb gehad en ben dankbaar dat ik zoveel steun en liefde ondervind van mijn familie; ze hebben me werkelijk gered. Hoewel ik geen behoefte heb het tegen iedereen die ik ontmoet te vertellen, kan ik nu gewoon toegeven dat ik een herstellende alcoholiste ben en dat ik het vaste plan heb om de rest van mijn leven niet meer te drinken.

Werk aan je eigen redding. Wees niet afhankelijk van anderen.

Buddha

"Ik ga daar niet meer naar toe", zei je, "Het zit er vol met alcoholisten!"

... Het was ons eindelijk gelukt om je naar een AA bijeenkomst te krijgen en we hoopten dat je zou erkennen dat je een alcoholiste was, maar je wilde er niet meer naar toe. We waren allemaal zo teleurgesteld.

Nu kan ik er om lachen, maar toen niet. Ik heb vele tranen om je gelaten en vind het nog steeds moeilijk om erover te praten, ook al ben ik nu volwassen, een tweeënzestig jarige vrouw met een lieve man en fijne familie. Maar hoe kun je *niet* worden beïnvloed door zoiets? Je was mijn moeder!

Alcohol kan alles vernietigen; iedereen zou zich daarvan heel bewust moeten zijn, want het kan zoveel ellende veroorzaken. Het heeft mijn familie totaal geruïneerd maar dat lijken we altijd te willen ontkennen.

Ik was nog een klein kind toen ik door begon te krijgen dat er iets serieus niet in orde was in onze familie. En Jimmy voelde zich net als ik, dat weet ik. We praatten er niet over, maar onbewust wisten we dat we elkaar moesten steunen omdat we alleen elkaar hadden, zo leek het. Jij en pappa waren er niet echt voor ons.

Ik herinner me dat je in het geheim zat te drinken want je wilde niet dat de buitenwereld ervan wist. Maar je kon of je wilde ons niet daarvoor beschermen. Dat leek je niet te interesseren, maar zoals ik nu weet, kon je simpelweg niet anders.

Je was een alcoholiste.

Er was veel verbale agressie in ons huis en tijdens mijn kinderjaren dacht ik dat dit normaal was. Ik wist niet beter, maar als ik er nu aan terugdenk voel ik me daar heel verdrietig over. Ik dacht dat het bij al mijn vriendinnetjes op school net zo ging als bij ons, totdat ik werd uitgenodigd voor feestjes en slaappartijtjes bij hen thuis. Ik realiseerde me opeens dat er iets vreemds aan de gang was in mijn familie. Bij ons was altijd zoveel boosheid, zoveel spanning.

Ik weet wel dat je al jaren geleden bent overleden mam, en ik weet niet of je me nu kunt horen, maar ik ondervind nog steeds de gevolgen van mijn opvoeding. Ik voel me nog steeds onzeker en ik ben bang dat ik dat gevoel nooit zal kwijtraken.

Waren er veel mensen op de hoogte van onze thuissituatie, weet jij dat mam? Als dit zo was, hebben ze dan geprobeerd om er iets aan te doen?

Ik voelde me zo eenzaam in ons huis en trok me vaak terug in mijn eigen fantasiewereld, in mijn roze slaapkamer. Om het allemaal even te vergeten, om jou te vergeten. Maar dat lukte bijna nooit. Je zat altijd in mijn gedachten. Als je niet thuis was werd ik bang dat je weer dronken thuis zou komen, want als je dronken was, werd je altijd heel erg gemeen. Kun je je dat herinneren mam?

Ik heb maar weinig fijne herinneringen aan jou en ik krijg tranen in mijn ogen als ik luister naar je heerlijke lach, warm weggestopt in een hoekje van mijn hoofd. Die zeldzame momenten dat je nuchter was. Jouw heerlijke, grappige, luide lach die ook andere mensen aan het lachen maakte. Je kon zo fantastisch zijn. Waarom moest je dit allemaal verpesten?

Als kind wist ik al dat je een alcoholiste was, al begreep ik niet waarom. Je ontkende het altijd en kon nooit toegeven dat er een probleem was. Nu ik zelf moeder ben vind ik dat moeilijk te begrijpen. Ik zou werkelijk alles over hebben voor mijn kinderen, ik zou ze beschermen met mijn leven. Jij deed dat nooit. Jij maakte je eigen leven, en tegelijkertijd ook ons leven kapot.

Ik wist niet wat het was om in vrede te leven. Ik leefde altijd op scherp, wachtend op het moment dat er iets ergs zou gebeuren en dat gebeurde dan ook vaak. Zoals die keer dat je laat thuiskwam, helemaal dronken. Ik wist dat pappa je eruit zou gooien als hij je zo zou zien. Je kwam meestal bij mij slapen als je dronken was en ik was net bezig je uit te kleden toen pappa mijn kamer binnenkwam. Hij wierp je alleen maar een blik toe en zei dat je de volgende ochtend het huis moest verlaten. Kun je je dat herinneren mam? Het was zo verschrikkelijk voor me. Maar jij viel gewoon op het bed, draaide je om en viel in slaap. Je was je totaal niet bewust van dit alles.

Ik had nooit het gevoel dat Jimmy en ik het probleem waren in huis of dat wij de reden waren dat je dronk. Ik dacht vaak dat als je met iemand anders was getrouwd in plaats van met pappa, je geen alcoholiste zou zijn geworden. Wij namen het altijd voor jou op. Pappa was echt afschuwelijk tegen jou en ook niet echt aardig tegen ons. Hoewel, dat moet je hem nageven, hij schopte je vaak het huis uit, maar hij nam je ook altijd weer terug wanneer je op de stoep stond, schuldbewust en vol verontschuldigingen. Het was een gebed zonder einde.

Ik bleef achter met de herinnering aan zo vreselijk veel momenten waarin je ons in verlegenheid bracht. Kun je je dat eigenlijk wel herinneren? Zoals die keer van ons uitstapje, toen we een weekend in een klein hotelletje aan zee zaten? Het was midden in de nacht toen de eigenaar van het hotel op onze kamerdeur klopte. Hij zei dat hij je had gevonden, in je nachtjapon, terwijl je probeerde een drankje te krijgen aan de bar. We schaamden ons heel erg voor je, maar ik geloof dat je dat niet eens merkte. Je was helemaal van de wereld, zoals we van je gewend waren.

Ik zou graag willen begrijpen waarom je moest drinken; wat iedere keer weer de aanleiding was voor jou om te drinken in plaats van voor je kinderen te zorgen. Dat is iets waar ik nog steeds mee worstel. Ik weet helemaal niets over jouw opvoeding of over jouw verleden, dus ik kan geen excuses voor je verzinnen die je gedrag acceptabel maken. Ik weet alleen dat het echt moeilijk was vroeger thuis.

Ik had het geluk een fantastische man te ontmoeten en verliet het ouderlijk huis om te gaan trouwen. Dat was een enorme opluchting voor me want, eerlijk gezegd was er geen enkele plek waar ik naar toe kon tijdens mijn kinderjaren. Jij was mijn thuis.

Ik drink af en toe wel een glaasje wijn of iets dergelijks, maar slechts één drankje en dan stop ik. Nadat ik zo vaak had gezien wat alcohol kan doen met iemand, wist ik één ding heel zeker: dat gaat mij niet overkomen! Ik leid nu een gelukkig leven en geniet volop van mijn fantastische kinderen en kleinkinderen, van mijn echtgenoot en onze hond. We wonen in een prachtig huis op het platteland, vredig in de natuur die ons omringt.

Wel heb ik een uitgesproken mening over alcohol. Ik vind dat we jonge mensen bij de opvoeding moeten wijzen op de gevaren die alcohol met zich mee kan brengen. Volgens mij moeten mensen zich er meer van bewust worden hoe alcohol levens kan vernietigen. Het is veel te makkelijk om aan alcohol te komen en het is zo verschrikkelijk moeilijk om niet aan de drang toe te geven als je eenmaal een alcoholprobleem hebt.

En wat jou betreft mam, de waarheid is dat je iemand niet kunt helpen die niet geholpen wil worden ... zoals jij niet geholpen wilde worden. Het maakt niets uit hoeveel je van iemand houdt. Dus mam, misschien is er toch iets wat je me hebt meegegeven. Ik ben me er sterk van bewust wat alcohol met je kan doen en hoop met mijn verhaal andere mensen te bereiken, moeders zoals jij, die graag een paar glaasjes teveel drinken!

Al zou er slechts één mens worden geholpen door deze woorden, dan was het al de moeite waard om met je te praten mam, hier en nu. Ik heb alleen nog herinneringen, maar het zijn mijn herinneringen, en jij bent mijn moeder!

JE KRIJGT MAAR ÉÉN MOEDER!

Als je eenmaal zelf bevrijd bent, bevrijd dan ook anderen. Als je eenmaal op de andere oever bent aangekomen, help dan ook anderen die te bereiken.

Buddha

'Ik ben zo gelukkig'

... zei ze met een brede glimlach op haar ronde, warme gezicht. *"We hebben het fantastisch gehad"!* Haar huid was een beetje rood, haar gezicht wat opgezet. Maar ze was gelukkig, heel gelukkig. Dat is ze altijd .. nou ja, behalve dan wanneer haar melancholie haar teveel wordt en er tranen uit die mooie blauwe ogen stromen. Meestal na het nuttigen van overvloedig veel drank tijdens een maaltijd met haar echtgenoot, wat vrijwel iedere dag is.

Ze genoten volop van het goede leven. Uitstekend eten, een overdaad aan drank, veel reizen en feestjes. Hun zaak - die ze samen met veel succes hadden opgebouwd - gaf hen de financiële vrijheid om ten volle van het leven te genieten, en dat deden ze.

Ze vinden het heerlijk om zich helemaal vol te proppen met exclusief eten en drinken en daar zijn ze het levende bewijs van, te dik en vrolijk. Iedere lunch gaat vergezeld van een fles van de beste Rioja crianzas en Orvieto chardonnays, hun favorieten. En bij speciale gelegenheden, wat volgens hen iedere avond is, openen ze een paar flessen lekkere, diep rode Barolo wijn of originele Champagne, die ze genereus delen met hun vrienden. Ze hebben veel vrienden en ik ben er één van.

Ze zijn fantastisch gezelschap en het is heerlijk om te luisteren naar hun gekleurde avonturen die ze vertellen met levendige gebaren en een warme lach. Reizen naar 'ver-weg' landen, waar ze zich te buiten gaan door de beste restaurants en de meest interessante wijnkelders te bezoeken en door luxueuze kookworkshops bij te wonen, staan altijd op hun 'verhalenmenu'.

Ze vertellen over hilarische slap-stick situaties die hen tijdens vrijwel iedere reis schijnen te overkomen. Situaties variërend van het vallen van een barkruk, uitglijden op natte tegels, bijna worden geraakt door een auto, wankelend op hun benen, terwijl ze proberen de aandacht te trekken van een taxichauffeur, worden verteld met veel humor. Hun laagje extra vlees is een geweldige bescherming en ze hebben nooit meer dan een paar onflatteuze schrammen en blauwe plekken, die ze zien als een leuke herinnering aan een geweldige tijd.

Ze zijn hevig verliefd op elkaar, wat heel aandoenlijk overkomt. Ze lijken zich geen zorgen te maken over de toekomst en ze zien geen kwaad in hun uitbundige en overdadige gedrag. Ze kiezen ervoor om niet na te denken over hun gezondheid en gaan ervan uit dat de risico's van ziekten en aandoeningen en verstopte aderen die worden veroorzaakt door een overdaad aan calorierijk eten en teveel alcohol, alleen andere mensen treft. Ze kiezen voor een leven in 'onwetendheid'. 'Je leeft maar één keer' is hun motto!

Meestal negeer ik mijn zorg om hen en geniet ik van hun opgewektheid, maar vandaag voel ik me ietwat ongemakkelijk. Ze zijn zo dronken. Ze lachen en praten teveel, mensen zitten naar ons te kijken in het restaurant. Hun verhalen zijn niet langer te volgen, ik begrijp nauwelijks waar ze het over heeft, ze is beneveld door alcohol. Er zit een grote, rode vlek tomatensaus op zijn witte blouse en haar mascara was toch niet zo waterproof als de verpakking deed geloven. Hij lacht luid, te luid, *"Ik houd van mijn schatje... Is ze niet prachtig?"* Ze staat op en loopt op hem af om hem een knuffel te geven; ze wijst met haar vinger naar de tomatensaus op zijn shirt en gilt *"je hebt tomaat op je rechter 'manboob'! ha ha"* om plots met haar hand tussen haar benen te grijpen

"Oeps, ik heb in mijn broekje geplast". Ze giert het uit, struikelt en valt. Ik help haar met opstaan, maar ik schaam me vreselijk voor haar.

In tranen van het lachen bestelt ze nog een fles champagne, maar de eigenaar van het restaurant is zo wijs om te weigeren. Hij weet dat ze toch wel terug zullen komen. Hij kent hen goed en accepteert veel van hun gedrag. Ik weet niet of ik dat ook nog kan. Ze staan erop om de hele rekening te betalen en eenmaal buiten voel ik me opgelucht. Ik wil eigenlijk alleen maar naar huis, slapen. Ik voel me een beetje ziek, misselijk door teveel drank. Morgenvroeg zal ik daar zeker spijt van hebben en ik ben er opeens niet meer zo zeker van dat dit geluk is!

Maar dat kan hen niets schelen. Ze vinden het allemaal heel grappig en ze hebben nooit spijt de volgende ochtend. Drinken en eten blijven een belangrijk deel van hun bestaan en geven hen een gevoel van geluk en van liefde, voor het leven en voor elkaar. Dat uiten ze ook, op alweer een dineetje met een lange drinksessie, terwijl de tranen van melancholie vrij over hun rode wangen stromen. Ze worden langzaam een karikatuur van zichzelf, staan model voor een deel van de moderne maatschappij waar overdaad de norm is geworden. De basis voor een gelukkig leven?

Het pad wordt gemaakt door het te lopen

Afrikaanse uitdrukking

Hij is mijn zoon!

... En ik houd van hem, ik zal altijd bezorgd over hem blijven, dat zal nooit veranderen. Het doet er niet toe dat hij nu een volwassen man is. Hij zit in een proces om af te kicken van zijn alcoholverslaving. Het is hem gelukt om zonder hulp te stoppen met drinken, zonder therapie en ogenschijnlijk zonder al te veel problemen. Zijn huisarts had hem gewaarschuwd en hem gewezen op het effect van alcoholmisbruik op zijn lichaam zoals zijn vader was overkomen, die als direct gevolg van vele jaren excessief drinken was overleden aan kanker. De waarschuwingen hadden mijn zoon zoveel angst ingeboezemd, dat hij is gestopt. Uiteindelijk bleek een aanval van delirium tremens de definitieve schop onder zijn achterste te zijn die hij nodig had om de ernst van zijn situatie tot zich door te laten dringen.

Ik sta echt niet verbaasd te kijken dat mijn zoon een alcoholist is. Niet alleen ben ik als oud-verpleegkundige bekend met de kenmerken van alcoholisme, ook persoonlijke ervaringen hebben mij, helaas, tot expert op dit gebied gevormd. Mijn echtgenoot had een serieus drankprobleem. Hij was een zogenaamde 'functionerende alcoholist' en had gewoon een goede baan. Maar thuis was hij onaardig, altijd maar pesten. Ik moest altijd heel alert blijven, want één fout woord kon hem ongelooflijk kwaad maken. Dan schold hij me uit, vloekend en tierend. Het was een zwaar leven en ik zag geen andere uitweg dan van hem te gaan scheiden zodra de kinderen de deur uitwaren, ook al was deze man mijn grote liefde. De enige man waar ik ooit van heb gehouden.

Mijn zoon is een stille jongen, altijd geweest. Hij was ook een mooie jongen, met prachtige rechte witte tanden en een bijzonder atletisch lichaam. Maar hij was extreem verlegen, had nooit een vriendin en was altijd alleen. Zijn broers en zusters zijn allemaal getrouwd en begonnen zelf een gezinnetje, maar hij niet. Hij kocht wel een huis toen hij het ouderlijk huis verliet, vond een goede baan en leek een normaal leven te leiden. Maar hij dronk veel. Na enige tijd realiseerde ik me dat hij veel te veel dronk. Hij had het niet meer onder controle. Hij was niet fit meer, zijn eens zo mooie tanden begonnen weg te rotten in zijn mond en zijn atletische lijf raakte opgeblazen. Zijn haar zat altijd rommelig en hij verspreidde vaak een onaangename lichaamsgeur.

Mensen gingen hem ontwijken, zelfs zijn broers. Het brak mijn hart, maar wat kon ik doen. Ik probeerde wel met hem te praten en smeekte hem niet meer te drinken, maar nam dan weer wat afstand om niet te veel druk op hem uit te oefenen. Behalve zijn naaste buren waren één van zijn zusjes en ik nog de enigen die hem bezochten. Hij bleef een lieve jongen en we hadden regelmatig contact, meestal via de telefoon.

De drank maakte hem gelukkig niet agressief. Hij dronk omdat alcohol hem zelfvertrouwen gaf en hij het met een slok op makkelijker vond om met mensen te praten. Voordat hij ergens heenging moest hij gewoon eerst wat drinken om zich beter in zijn vel te voelen. Het lukte hem wel om zijn baan te behouden en hij ging gewoon iedere dag naar zijn werk, maar hij had geen sociaal leven. Hij dronk altijd als hij alleen was, in zijn eigen huis dat hij deelde met zijn twee katten.

Er waren weinig mensen die van zijn situatie afwisten, alleen zijn directe familie, de huisarts en zijn buren, die altijd een oogje in het zeil hielden. En ja, zij hebben me nog wel eens opgebeld om me te waarschuwen als het weer helemaal mis was met mijn zoon. Vaak gebeurde dit in de vakantietijd, als hij geen verplichtingen had of werk waar hij naar toe moest. Hij kon dan de verleiding niet weerstaan en bedronk zich tot in de kleine uurtjes van de nacht.

Ik heb me nooit voor hem verontschuldigd. Dat was ook niet nodig want hij woonde niet bij mij thuis, maar ik was wel verschrikkelijk bezorgd, altijd. Ik belde hem iedere week en dan vertelde hij me dat alles in orde was. Ik wilde hem zo graag geloven, dus dat deed ik ook. Maar hij was prima in staat om zijn drinken voor me verborgen te houden. Nu accepteer ik volkomen dat hij vaak dronken was.

De situatie maakte me erg verdrietig. Verdrietig dat hij zich zo liet gaan, dat hij niet goed voor zichzelf zorgde. Meer dan eens werd ik gebeld door de buren met het verzoek of ik kon komen, meestal in een weekend. Heel vaak trof ik hem dan aan met een verdoofde blik in zijn ogen, hij kon er vreselijk uitzien. Soms had hij duidelijk al dagen zijn tanden niet gepoetst en was het een enorme rotzooi in zijn huis. Hij was dan te dronken om een normaal gesprek te kunnen voeren. Maar meestal lukte het hem om weer voldoende te ontnuchteren om op maandagochtend gewoon weer naar zijn werk te gaan.

Ik leerde met de situatie te leven en moest ook doorgaan met mijn eigen leven. Ik ben inmiddels een gepensioneerde grootmoeder, en begin net weer een beetje mijn kracht terug te krijgen na een heupoperatie – Ik doe niet veel – af en toe een interessant reisje naar het buitenland – maar mijn zoon is altijd in mijn gedachten.

Precies een jaar geleden nu, nam ik de telefoon aan. Het was zaterdag en één van mijn dochters was bij me op bezoek. De buren drongen erop aan dat ik direct naar het huis van mijn zoon zou komen. Hij was niet in orde. We stapten direct in de auto en reden ongerust de dertig kilometer naar zijn huis. Het gaf een schok hem zo te zien; zijn huis was volkomen vies en verwaarloosd. Overal volle vuilniszakken, ook in de woonkamer, lege flessen lagen her en der verspreid en het huis zat onder de kattenvlooien. De katten waren duidelijk al een tijdje niet verzorgd of gekamd; dit was heel vreemd want die katten waren zijn lust en zijn leven en hij zorgde altijd heel goed voor ze.

Mijn zoon was in een staat van delirium tremens. Hij kraamde onzin uit. Hij zei dat hij vreemde figuren zag, creaturen en dieren in de woonkamer. Hij zei dat ze achter mij stonden. Hij was bang en in paniek. Hij was ook vreselijk vies. We namen hem mee naar mijn huis, kleedden hem uit en deden hem in bad.

Daarna brachten we hem naar een ontwenningskliniek. Het was een week voor de Kerst. Hij kreeg medicijnen om hem te verdoven en zo hielp men hem door zijn delirium heen. Het was afschuwelijk hem zo te zien. Later vertelde hij me over zijn ervaring in het centrum; over de Kerstpuddingen die, tijdens de lunch, opeens snel weer van tafel werden verwijderd omdat de kok ze abusievelijk met alcohol had bereid!

Hij vertelde ook over de behandeling en hij vertelde dat hij diverse gesprekken had gevoerd met sociale werkers tijdens de twee weken dat hij in het afkickcentrum verbleef. Ze hadden hem vragen gesteld over zijn verleden om te proberen de kern van zijn alcoholprobleem te achterhalen. Maar er was geen specifiek probleem verborgen in zijn verleden. Niet volgens hem, zo vertelde hij me. Hij had een fantastische kindertijd gehad en voelde zich helemaal niet verwaarloosd. Hij had niet het gevoel dat hij iets tekort was gekomen. Hij vond dat hij alles had gekregen wat hij zich maar kon wensen. Hij wist simpelweg niet waarom hij zoveel dronk als hij deed. Maar hij wist wel dat hij zo niet meer wilde leven. Hij was geschokt hoe diep hij had kunnen zinken. Hij was bang voor wat er met hem had kunnen gebeuren.

Nu, een jaar later, is hij nog steeds nuchter. Hij is ervan overtuigd dat hij nooit meer zal drinken. Zijn huis houdt hij schoon en netjes en zijn katten zien er gezond en tevreden uit. Hij is nog steeds een stille jongen, een einzelgänger die niet veel uitgaat, maar hij is nu iemand die niet drinkt.

Ik ben trots op hem, heel erg trots, maar dat verhindert niet dat ik nog steeds aan hem denk, vrijwel altijd, ook nu. Er is altijd een klein stemmetje in mijn achterhoofd, zich bezorgd afvragend of het wel goed met hem gaat. Het maakt niet uit dat hij een vijftig jaar oude man is.

Hij is mijn zoon!

Het beste moment om een
boom te planten is twintig jaar geleden,
het op één na beste moment om een boom te planten is vandaag
Chinese uitdrukking

Ik ontmoette hem bij mijn geboorte

...eenenzestig jaar geleden. Hij was mijn vader, een diep ongelukkige man.

Ik was nog erg jong toen ik me ervan bewust werd dat het alcohol-misbruik van mijn vader veel spanning in ons huis teweegbracht. Er was veel ruzie en het voelde er niet veilig. Mijn vader pestte mijn moeder zoveel dat ze het op een gegeven moment niet meer kon uithouden en bij hem wegliep, ze nam mij met zich mee. Het was een regelmatig terugkerend ritueel. Ze maakte me dan midden in de nacht wakker om naar mijn grootmoeders huis te gaan en later gingen we weer mee terug naar zijn huis, iedere keer als hij ons kwam ophalen, vol spijt en excuses.

Mijn moeder zag mijn vader als een kind dat haar nodig had. Hij was verslaafd aan alcohol en zij was verslaafd aan hem. Zij waren alles wat ik kende, maar op de een of andere manier voelde het fout. Ik probeerde mijn moeders aandacht te krijgen door mezelf te verwonden. Ik schraapte met mijn knieën tegen de muren zodat ze voor me zou zorgen en ik stal huiswerk van een klasgenootje om maar opgemerkt te worden. Het was een constante roep om aandacht, maar mijn moeder had weinig tijd voor mij. Ze was simpelweg aan het overleven in haar eigen situatie en ze kon mij daarbij vaak helemaal vergeten.

Mijn leven ging niet over mij, maar over mijn vader en zijn alcoholverslaving. Ik voelde me schuldig dat ik in leven was en dacht dat het feit dat ik was geboren zonder dat dit was gepland, de situatie alleen maar had verergerd. Ik wilde dat mijn moeder bij mijn vader wegging, maar tegelijkertijd voelde ik meer verbondenheid met hem dan met haar. Ze was verhard door haar omstandigheden. Ook al deed ze haar best om voor me te zorgen, ze kon het niet. Ze was emotioneel onbereikbaar en gewond door alles wat er met haar was gebeurd.

Bij mijn vader weggaan om vervolgens weer bij hem terug te komen was heel normaal tijdens mijn kinderjaren, maar toen ik een tiener was begon ik me te verzetten. Ik was twaalf jaar toen we, opnieuw, naar het huis van mijn grootmoeder vertrokken. Deze keer beloofde mijn moeder dat het voorgoed was. Deze keer zouden we niet meer naar hem teruggaan. Ze zou sterk zijn en een nieuw leven beginnen, samen met mij. Maar ze kon zich niet aan haar belofte houden. Ze ging weer terug naar hem en ik ging met haar mee. Ik wilde haar niet alleen laten met hem, maar iets diep binnenin me stierf, heel diep van binnen. Ik begon al mijn gevoelens te onderdrukken om maar te overleven. Ik stopte met het proberen mijn moeder te overtuigen, het was nodig voor mijn eigen overleving. Het was 1962.

***

Iedereen wist van onze situatie af en niemand deed ook maar iets om ons te helpen. Het werd totaal genegeerd door de familie van mijn vader en mijn vader werd sterk veroordeeld door mijn moeders familie. Mijn moeder sprak nooit kwaad over mijn vader, ze verdedigde hem. Ik werd een heel introvert kind, nerveus en huilde veel.

Ik was vreselijk bang om alleen te zijn, of om alleen met mijn vader te zijn. Mijn isolement groeide omdat ik geen vrienden mee naar huis mocht nemen om mee te spelen. Ik had geen broers of zusters om mijn leven mee te delen, dus ik groeide op als een heel eenzaam kind. Het probleem werd nooit besproken. Ik had geen vader, maar ik had ook geen moeder. Er was alleen maar de drank.

De constante ruzies, de onverdraaglijke spanning en de angst voor hoe hij nu weer thuis zou komen speelden dagelijks een rol in mijn leven. Die angsten werden vaak bewaarheid; allemaal pijnlijke herinneringen. Op een dag kwam ik thuis uit school en zag dat alle buren naar ons huis stonden te staren. Ze vonden het walgelijk en waren geschokt door het feit dat mijn vader stond te plassen vanuit het bovenste raam in ons huis, gewoon de straat in. Hij was zo ongelooflijk dronken. Overweldigd door schaamte durfde ik niet meer terug naar school.

Door de situatie bij ons thuis voelde ik me minderwaardig en was ik bang om van huis te gaan. Ik kon nergens naartoe en wilde mijn moeder niet alleen laten, ik was altijd bang dat ze op een dag radeloos zou worden en zelfmoord zou plegen. In mijn late tienerjaren voerde ik discussies met mijn vader. Ik kon hem niet uitstaan omdat hij altijd alles verpestte. Iedere verjaardag, ieder feestje, ieder weekend, iedere avond, het eindigde altijd in ellende.

En niemand stak ook maar een hand uit om ons te helpen.

***

Ik verliet mijn ouderlijk huis toen ik negentien jaar was om te gaan trouwen met de verkeerde man om de verkeerde redenen. Ik haatte mijn ouders omdat ze zo'n puinhoop van hun en mijn leven hadden gemaakt en ik heb een vrij lange periode alle contact met hen verbroken.

In het begin van de zeventiger jaren bestond er geen hulpverlenings-instantie voor iemand zoals ik en ik moest gewoon verder met mijn leven. Ik was nu een getrouwde vrouw en moeder van een zoon, mentaal sterk, maar emotioneel beschadigd. Soms trilde ik zo erg dat ik niet eens een kop thee vast kon houden. Ik wist eigenlijk helemaal niet zo goed wat ik moest doen met een baby. Ik had een minderwaardigheidscomplex en kende mijn grenzen niet. Ik wist niet hoe ik met spanning moest omgaan en had allerlei vreemde emotionele reacties, maar ik was te bang om psychologische hulp te zoeken. Ik was bang dat ze mijn zoon bij me weg zouden halen.

In 1972 overleed mijn moeder aan kanker en mijn vader ging nog meer drinken. Ik heb hem meermalen de toegang tot mijn huis geweigerd als hij dronken voor mijn deur stond. Ik wilde niet dat mijn zoon de ellende zou meemaken die ikzelf had meegemaakt. Inmiddels was ik gescheiden van mijn echtgenoot.

Mijn vader werd dakloos en dwaalde eenzaam over straat. Op een ochtend stond hij voor mijn raam en instinctief wist ik dat het helemaal niet goed met hem ging. Ik liet hem binnenkomen, maar het was verschrikkelijk. Hij had een aanval van delirium tremens en ik moest hem naar het ziekenhuis brengen. De dokter wilde hem niet helpen, waar ik bijzonder overstuur van werd, hij was tenslotte mijn vader. Hij lag dagenlang op het randje van de dood, maar het lukte hem te overleven.

Toen hij zich beter voelde werd hij opgenomen in een verzorgingstehuis, maar hij werd op zo'n vernederende manier behandeld dat ik het niet over mijn hart kon verkrijgen om hem daar te laten. Het vergde veel uithoudingsvermogen om de juiste mensen en overheidsinstanties te overtuigen, maar eindelijk kreeg hij een eigen woning toegewezen waar zijn broer, die in de buurt woonde, een oogje op hem kon houden. Hij woonde ook niet ver van mijn huis en kwam wel eens bij mij eten. In die tijd dronk hij niet meer en ik leerde hem kennen als een lieve, gevoelige man met heel veel humor. Om de verhalen die hij me vertelde kon ik hartelijk lachen, maar hij kon mijn littekens niet genezen.

Die littekens vervagen nu, maar mijn kindertijd heeft mijn hele leven beïnvloed. Doordat er geen hulp voor me was in mijn jonge jaren, had ik het gevoel dat ik mij maar gewoon moest zien te redden en zelf oplossingen moest zoeken. Pas nadat mijn vader was overleden was ik in staat om alle rotzooi die ik diep had begraven in een donkere hoek van mijn ziel, naar buiten te werken. Ik begon te schilderen, te schrijven en ging een instrument bespelen. Dit alles hielp me op de lange weg om van mijn pijn te genezen.

Die weg bewandel ik nog steeds, en ik heb veel geleerd over mezelf, over het leven, over de liefde. Het was voor mij onmogelijk om iemand te vertrouwen en liefde werd altijd gevolgd door pijn. Ik was altijd overdreven alert, dat ben ik nog steeds, maar ik herken het nu en begrijp de eenzaamheid en de angst om alleen te zijn. Ik weet nu dat ik niet verantwoordelijk was voor de acties van mijn ouders. Ik voelde me nooit een slachtoffer, maar ik heb er alle reden toe om boos te zijn. Een onbezorgde kindertijd is me ontnomen en het kind in mij hunkert nog steeds naar genezing, naar vergeving voor het zich zo ongewenst voelen, voor het verdriet en de schaamte gedurende zo vele jaren. Ik ben er wel een sterkere vrouw door geworden.

In de laatste jaren van zijn leven bedankte mijn vader me voor het feit dat ik hem had geholpen toen hij op mijn deur klopte. Hij vertelde me dat het de enige manier voor hem was om te kunnen stoppen met drinken. Helaas hield hij het niet vol om nuchter te blijven. Aan het einde van zijn leven kreeg hij drank van mensen waar hij mee bevriend was geraakt. Hij stierf als een hele eenzame man en liet mij achter met een verhaal dat nog moet worden afgemaakt, een verhaal om te delen. Het verhaal van mijn leven en mijn reis. Het boek dat ik zal schrijven ...

Geloof dat je het kunt dan heb je de helft al gedaan

Theodore Roosevelt

Ik loop de helderverlichte keuken binnen

... Hij zit op een oude houten stoel, zijn hoofd wiebelt een beetje. Er ligt een brandende sigaret in de overvolle asbak en een andere sigaret hangt aan zijn lip. Lege pakken waarin goedkope wijn zat, liggen verborgen onder een stapel oude kranten in één van de keukenkastjes. Het lijkt alsof hij het wil verbloemen, voor mij verborgen wil houden; maar het doet pijn en is een belediging voor mijn intelligentie.

Natuurlijk weet ik het. De lijnen in zijn gezicht spreken boekdelen, ze zijn een bewijs van de hoeveelheden drank die hij achterover heeft geslagen – veel duidelijker dan woorden, een alcoholwalm of lege pakken wijn ooit kunnen verwoorden. Hij is zich niet echt bewust van zijn toestand. Dat wil hij ook niet; het is gemakkelijker schuldgevoelens te verdoven met drank, schuldgevoel over de littekens die hij aanbracht in mijn ziel door wat hij met zo kundig gekozen woorden eerder die avond tegen me schreeuwde.

Ik zet een ketel water op het vuur voor een kop thee en draai het volume van de Cd-speler wat zachter... *"I was driving across the burning desert when I spotted six jet planes leaving six white vapour trails across the bleak terrain. It was the hexagram of the heavens"* zingt Joni Mitchell. Opeens hoor ik zacht gehuil. Ik kijk naar hem, mijn hart breekt. Hij ziet er zo ongelooflijk verdrietig uit, hij is duidelijk niet in staat om de aandrang te weerstaan. Hij staart uit het openstaande keukenraam. Dikke tranen rollen over de diepe lijnen in zijn vermoeide, mooie gezicht. Ik voel de pijn in zijn hart, teweeggebracht door het lied.

Ik geef hem een kus op zijn voorhoofd en sla mijn armen om hem heen. Ik huil ook, samen met hem. Hij is ziek, maar alleen hij kan zich uit deze zelfgecreëerde hel bevrijden; en ik....

Ik moet een beslissing nemen.

***

Hij is nu al een paar weken nuchter. De nuchterheid waar ik zo naar heb verlangd, maar zijn alcoholisme speelt nog steeds door mijn hoofd. Ik hou er constant rekening mee en ben me ervan bewust dat ik nu degene ben die een fles drank verstopt, in een hoekje van de slaapkamer, achter een spiegel, onder een stapel kleren. Stiekem drink ik een glaasje wijn, waar ik af en toe zin in heb, gemiddeld eenmaal in de twee weken, terwijl hij een lange wandeling maakt. Maar ik geniet er niet echt van. Ik ben geïrriteerd en boos op mezelf dat ik drank voor hem wil verbergen. Een mogelijke verleiding voor hem maakt van mij een leugenaar. Het geeft me geen prettig gevoel, maar lang niet zo'n vervelend gevoel als tijdens de vele woordenwisselingen, veroorzaakt door overmatig drankgebruik. Hij is nu nuchter, maar ik vertrouw het niet. Ik ben bang dat ik hem weer ga verliezen aan mijn grootste vijand, wijn. Als hij drinkt dan drinkt hij alleen maar wijn. Geen sterke drank, geen bier, alleen maar goedkope pakken wijn. Aangezien hij niet eet als hij drinkt, gaat de alcohol rechtstreeks naar zijn hoofd met als onvermijdelijk gevolg verbale agressie.

Ik word doodmoe van de gedachte dat ik hem niet kan vertrouwen. Ik wil zo graag dat hij die grappige, lieve, intelligente man is waar ik zo van houd als hij nuchter is. Ik wil dat hij mijn 'soulmate' is. Ik wil hem niet meer als mijn levensles, die harde levensles. Ik denk aan de gelukkige momenten wanneer hij me aan het lachen maakte. Die momenten waarop ik opeens een 'Tena Lady' word – en kennelijk niet geheel de controle over mijn blaas heb, terwijl we samen gierend van het lachen over de grond rollen. Die lach, die kleine snurkende geluidjes doet ontsnappen uit mijn mond.

Ik neem nog een slokje van de fruitige rode wijn, me bewust van de glimlach op mijn gezicht. Ik kijk naar de bergen en de avondgloed van de late zomerzon die een magische kleur creëert, een oranje sprookjesachtig landschap. Ik kan niet anders dan van hem houden.

Ik loop naar de slaapkamer om de fles te verstoppen en ga gauw mijn tanden poetsen, als ik de sleutel in het slot van de voordeur hoor.

***

Ik smeekte, ik huilde, ik gaf hem redenen om te stoppen, ik stelde ultimatums waar ik me niet aan hield. En nu is hij weg en ik weet niet waar hij is, of hij naar zijn werk is en of hij geld heeft om een kamer te huren. Ik sus mijn bezorgdheid met de gedachte dat als hij geld heeft voor drank, om te drinken in bars en om twee pakjes sigaretten per dag te kopen, hij toch ook geld moet hebben om een kamer te huren. Het was zijn keuze om deze periode van twee maanden geheelonthouding te beëindigen. Ik begrijp niet waarom hij terug wilde naar zijn oude gewoontes, vooral omdat hij er zo trots op was dat hij niet meer dronk en zich zo geweldig gezond voelde. Toch ging hij weer drinken.

En nu is hij weg. Ik hoef me niet schuldig te voelen, maar ik doe het toch. Ik hoor zijn schreeuwende stem nog nagalmen in mijn hoofd: "*Je zou iemand die kanker heeft toch nooit de deur uitgooien? Ik ben ziek en jij gooit me eruit . . . je bent zo ongelooflijk egoïstisch!*"

Toen ik terugkwam van mijn werk had hij eten klaargemaakt. Aubergine soep, courgettes gevuld met kabeljauw uit de oven en appeltaart. Hij was zo trots. Maar ook zo verdomde dronken! Tegen beter weten in - geen commentaar leveren tegen een man wiens brein is verdoofd door alcohol – moest ik iets zeggen over zijn dronkenschap. Ik kon me niet inhouden. Nog geen vierentwintig uur geleden had hij me verteld dat hij begreep hoe moeilijk het voor me was, dat hij begreep dat hij moest stoppen met drinken.

We hadden een fantastische dag, met lange wandelingen op het strand, pratend over alcoholisme. Hij gaf toe dat hij een alcoholist was en dat hij beter wilde worden. Hij werd niet eens boos, wat in andere soortgelijke situaties meestal het geval was, toen ik hem opnieuw een duidelijk ultimatum stelde:

"Als je ervoor kiest om te drinken . . . kies je er ook voor om te verhuizen!"

Ik wist dat ik me aan mijn ultimatum moest houden, dit keer zou ik me niet laten vermurwen, en ik zei hem dat hij moest gaan.

Hij gooide de maaltijd die hij zo liefdevol voor me had bereid in de vuilnisbak. Greep zijn rugzak en smeet de deur met een knal achter zich dicht! Ik voelde geen opluchting. Ik was bezorgd om hem, maar ook bezorgd om mezelf. Ik weet dat ik verder moet, dat ik hem los moet laten en ik beloof mezelf om sterk te zijn als hij mocht terugkomen.

Ik weet dat ik hem niet volledig uit mijn leven kan verbannen. Ik weet niet of me dat ooit zal lukken. Op dit moment moet ik simpelweg een manier vinden om te kunnen omgaan met dit 'wordt-vervolgd'verhaal; een verhaal met overwinningen, teleurstellingen, maar ook met liefde en hoop.

Er is geen middenweg. Er is geen 'grijs gebied'. Er zijn alleen maar
ongelooflijk lieve, genereuze, intelligente woorden en warme
omhelzingen,en soms excuses...

Gevolgd door

Zwart drama, beledigingen, schreeuwen, zelfvernietiging en
vernietiging van alles waar men van houdt...

Een geïnterviewde

Hij dronk geen drup

... tot hij ging scheiden van mijn moeder. Hij was de beste vader die er bestond. Hij was een kind onder de kinderen en hij was er altijd voor mijn broer, mijn zuster en mij. We lachten, speelden, maakten grapjes en werden getroost op momenten van tranen. We konden op hem bouwen. Hij was fantastisch met kinderen; hij verzon de leukste spelletjes en was nooit te moe om tijd voor ons vrij te maken. Ik groeide op in een gelukkig gezin – tenminste dat dacht ik.

Het geluk van die jaren hield geen stand. Toen mijn moeder besloot van mijn vader te gaan scheiden raakte hij in een diepe depressie. Hij was zo onbeschrijfelijk verdrietig. In het begin woonde ik nog thuis, en ook al begon hij veel te veel te drinken, wat ik niet prettig vond, het had niet echt een effect op mij. Maar het ging van kwaad tot erger nadat wij, zijn kinderen, allemaal het huis uit waren.

Hij voelde zich eenzaam en had vreselijk veel zelfmedelijden, maar realiseerde zich niet dat juist dat gedrag tot gevolg had dat vrienden en familie hem begonnen te mijden. Ik probeerde begrip op te brengen en hem te helpen, maar het kostte me teveel moeite en ik kon mezelf niet meer zijn..

Er waren vele pijnlijke momenten, ik denk liever niet meer terug aan de ongemakkelijke familiefeestjes waar mijn vader een hele fles wijn in hele korte tijd zonder problemen achteroversloeg, terwijl hij, eerlijk gezegd, onzin uitkraamde. Hij wist niet hoe hij zijn gevoelens kon uiten als hij nuchter was; alle teleurstellingen in zijn leven kwamen eruit als hij dronk, steeds weer, en altijd hetzelfde verhaal. Ik wist dat het een direct gevolg was van zijn jaren van eenzaamheid en ik voelde me schuldig dat ik het ouderlijk huis had verlaten.

Ondertussen leefde ik mijn leven, en ik realiseerde me totaal niet dat alcoholmisbruik een constante factor in mijn leven was. Mijn moeder was weggelopen met een man die serieus aan de alcohol verslaafd was en mijn eerste vriendje was een extreem agressieve dronkaard. Iedere keer als we naar een discotheek of naar een bar gingen met vrienden moest hij zich volkomen volladen met drank, tot hij dronken was, wat dan werd gevolgd door heel veel agressiviteit. Deze agressie was nooit tegen mij gericht, maar dat gold niet voor de mensen in de bars en disco's die we regelmatig bezochten. Mijn vriend richtte zijn agressie op anderen. Hij sloeg mensen in elkaar, hij daagde ze uit, zocht ruzie en genoot van dit hele proces op een vreemde, bijna obsessieve manier. Ik hield van hem als hij nuchter was, maar ik haatte zijn gedrag als hij had gedronken, dus ik besloot de relatie te beëindigen. We gingen ieder onze eigen weg.

Ik heb geen idee hoe het hem verder is vergaan. Wat mezelf betreft, het was gewoon iets wat iedereen deed, je werd verliefd en dat ging weer over. Maar ik was me nooit bewust van het patroon.

Jaren later trouwde ik mijn nu ex-echtgenoot. Ik had alcohol nooit gezien als de vijand in mijn huwelijk. Ik leek nooit het verband te zien tussen het irrationele gedrag van mijn echtgenoot na zijn 'binge'drink sessies. Dit gebeurde vaak.

Ik dacht dat alcoholisten niet konden stoppen na het drinken van één drankje en dat het mensen waren die echt iedere dag moesten drinken; mensen die vroeg in de ochtend begonnen te drinken en niet ophielden tot ze bewusteloos waren. Ik wist niet dat alcoholisten niet persé dakloos hoefden te zijn, op straat zwervend; Ik dacht dat het mensen waren die niet meer konden werken en die geen sociaal leven meer hadden. Ik had geen idee. Ik vermoed dat ik dat steeds ontkende.

Het kwam nooit in me op dat mijn man een alcoholist was, maar de problemen hadden wel een enorme negatieve invloed op me. Hij was mijn grote liefde, mijn droomman, maar hij werd al snel mijn nachtmerrie.

Ik was me nog steeds niet bewust van het patroon in mijn leven, een leven altijd dicht in de buurt van mensen die extreem veel dronken.

Mijn ex-man was voor het grootste deel van de tijd perfect, maar zijn 'binge'drinken had een direct effect op mijn leven. Er waren vele nachten waarop ik me afvroeg waar hij was, ziek van bezorgdheid; me afvragend of hij een ongeluk had gehad, of misschien wel iemand had vermoord terwijl hij met drank op in de auto stapte of dat hij zelf dodelijk verongelukt was. Smeken hielp niets. Discussies hadden geen enkel effect en omdat het niet elke dag gebeurde, zag ik het niet als een verslaving. Ik zag het niet als alcoholmisbruik. Gewoon als te veel alcoholconsumptie in een korte periode wat zijn hersens tijdelijk aantastte en zijn persoonlijkheid veranderde.

Maar er kwam een moment dat het me teveel werd. Een punt waarop ik het niet meer aankon en dat punt werd bereikt in de meest vreselijke nacht van mijn leven, tijdens een vakantie in Bangkok. Alle romantische dagen leken totaal te zijn verdwenen toen hij op een avond besloot om nog uit te gaan, mij alleen achterlatend in onze hotelkamer. Niets wat ik zei kon hem stoppen. Uren later, de bar van het hotel was al gesloten, was hij nog steeds niet terug. Ik kleedde me aan en ging naar beneden naar de bar waar de portier me vertelde dat hij uit was met een aantal mensen. De volgende dag, na een eindeloze lange nacht, kwam hij terug. Hij kraamde onzin uit en het was wel duidelijk dat hij niet alleen excessief veel had gedronken, maar ook had geëxperimenteerd met drugs. Het was het einde van mijn huwelijk.

Ik was een wrak en begon in te zien wat leven met alcoholisme met me had gedaan, hoe het me had veranderd. Ik haatte overmatig drankgebruik en als er iemand op me af kwam lopen met ook maar de geringste alcohollucht in de adem dan liep ik weg. Ik kon niet begrijpen waarom we in een maatschappij leven waar het kennelijk onmogelijk is om met een groep iets gezelligs te doen, zonder dat er alcohol wordt gedronken.

Het duurde lang voordat ik me realiseerde dat ik ook mijn grenzen aan moest geven ten opzichte van mijn vader. Tegenwoordig neem ik de telefoon niet meer op als hij na acht uur 's avonds belt, want ik weet dat hij dan altijd dronken is. Ik voel me niet meer schuldig. Ik kan er afstand van nemen en van hem houden zoals hij werkelijk is.

Ik ben nu veertig en heb eindelijk het geluk gevonden, in het buitenland, met mijn pasgeboren baby en haar vader, mijn tweede echtgenoot. Hij drinkt heel af en toe wel een glaasje wijn, maar eigenlijk interesseert het hem niet. En als hij er de voorkeur aan geeft, tijdens een avondje uit met vrienden, om een glas melk te bestellen, dan kan ik het niet helpen dat ik stiekem nog weer een beetje meer van hem houd.

Als je altijd blijft doen wat je altijd deed zal je altijd krijgen wat je altijd kreeg

Deepak Chopra

Ik voelde me emotioneel, fysiek en seksueel getraumatiseerd

... Ik ben de oudste van zeven kinderen in een kleine stad in Ierland, en homoseksueel. Mijn vader was een zware drinker, maar toen hij naar het ziekenhuis moest voor een zware operatie, beloofde hij zichzelf dat hij nooit meer een druppel zou drinken als hij de operatie zou overleven. Hij overleefde en hij hield zich aan zijn belofte, maar dat verwoestte zijn persoonlijkheid.

Ik verliet mijn ouderlijk huis op mijn zeventiende om te gaan studeren aan de universiteit. Dit werd een beangstigende ervaring voor me. Het was in het midden van de zestiger jaren, wilde tijden zonder onder-steunende structuur maar drank kwam er nog niet aan te pas. Dat gebeurde op mijn eenentwintigste toen een oom, die alcoholist was, me uitdaagde een drankje met hem te drinken. Het voelde prettig, als een verlossing; het leek mijn pijn te verdoven, pijn die was veroorzaakt door alle voorvallen in mijn jeugd. Ik wilde meteen een tweede drankje.

Na mijn studie ging ik werken bij de gemeente en werd ambtenaar. In 1970 werd ik overgeplaatst naar de 'Houses of Parliament', waar een heftige drinkcultuur bleek te heersen. Vaak werd ik uitgenodigd om mee te doen, maar dat paste niet bij mijn onafhankelijke persoonlijkheid. Ik voelde me nooit thuis in zogenaamde 'klieken' – dat soort kame-raadschap was nooit mijn ding. Drinken vond ik nog steeds lekker, alleen niet in dat soort situaties.

Behalve dat ik drank lekker vond was er nog een goede reden om te drinken. Ik had al jaren last van zwetende handen, wat soms heel gênant was, en dit euvel verdween nadat ik had gedronken, althans dat verbeeldde ik me. Mijn alcoholgebruik nam toe. Voordat ik naar bijeenkomsten of feestjes ging - ik kon me niet aan alle sociale verplichtingen onttrekken – nam ik altijd een paar drankjes om me wat vrijer en extroverter te kunnen gedragen. Drinken werd sluipenderwijs een mechanisme om met bepaalde situaties om te kunnen gaan.

In 1976 werd ik met succes geopereerd aan mijn zweethanden, dus dat excuus was ik kwijt. Maar inmiddels was ik al een zware drinker. Ik dronk elke dag en besefte niet dat ik een alcoholist was geworden. Alcohol was 'gewoon' mijn sociale smeermiddel, gaf me een ontspannen gevoel en maakte het makkelijker om met mensen om te gaan, hoewel ik me lichamelijk wel vaak een wrak voelde.

Het waren vreemde tijden, maar ik leefde mijn leven ten volle. Ik herinner me hoe ik als lid van een parlementaire delegatie op bezoek ging in drie verschillende Europese landen. Op een nacht zaten we tot vijf uur 's ochtends aan een uitvoerig diner, waarbij de alcohol rijkelijk vloeide, terwijl we diezelfde ochtend al om acht uur een afspraak hadden. Ik realiseerde me dat ik dronken was en voelde me uitgedroogd. Ik nam een heet bad in mijn hotelkamer en besloot nóg een bad te nemen om de alcohol uit mijn lichaam te zweten. Ik sliep minder dan een uur en ging toen een fikse wandeling maken voordat ik me bij mijn collega's voegde. Ik vroeg of ze goed hadden geslapen. Het antwoord van één van hen was wel amusant, hij verklaarde dat de een of andere idioot hem de hele nacht had wakker gehouden met geluiden van stromend en spetterend water in een bad. Ondanks deze in feite beschamende ervaring stopte ik niet met drinken.

Alcohol bleef twintig jaar lang mijn beste vriend, mijn minnaar, altijd beschikbaar en het bekritiseerde me nooit. Alcohol hielp me ook bij het dragen van mijn grote geheim. Homoseksualiteit werd in mijn tijd sterk veroordeeld, zowel door de samenleving als door de kerk. De algemene cultuur was anti-homoseksualiteit, dus hield ik het geheim. Alcohol heeft mij dus ook twintig jaar lang geholpen om te verbergen wie ik werkelijk was. Het was onmogelijk een authentiek leven te leiden. Ik wist dat er homofobische mensen in mijn werkomgeving waren en toch is er nooit een situatie geweest waarin ik me moest voordoen als een hetero-seksueel.

Niemand vroeg ooit naar mijn seksuele geaardheid. Dat was misschien maar goed ook, en toch gaf het me wel eens een triest gevoel dat kennelijk niemand genoeg interesse in me had om te informeren naar mijn privéleven. Echter, als ik er nu op terugkijk had dat ongetwijfeld te maken met de duidelijke signalen die ik afgaf dat mijn privéleven iets van mij was. Ik betaalde een hoge prijs voor het niet mezelf kunnen zijn. Mijn vader overleed toen ik zevenentwintig was en ik nam de verant-woordelijkheid op me om financieel voor mijn moeder – die toen pas vijftig jaar oud was – en twee jongere broers die nog thuis woonden, te zorgen. Ik heb haar wel verteld dat ik homoseksueel was en daar had ze helemaal geen probleem mee; dat was een hele opluchting voor me.

Nu, na al die jaren, kan ik wel stellen dat ik gedurende mijn hele kindertijd een surrogaat echtgenoot was voor mijn moeder, eigenlijk al vanaf mijn vijfde jaar. Mijn vader was vrijwel zijn gehele leven depressief. Hij was een alcoholist die droog stond. Zo lang mijn vader leefde had mijn moeder mij nodig, vooral emotioneel. Hun huwelijk was verstikkend, omdat ze ook verzorgster van mijn vader moest zijn. Na zijn overlijden vond ze haar vrouw-zijn weer terug en had ze mij wel financieel, maar emotioneel niet meer nodig. Ik voelde me daardoor volkomen afgewezen.

Ik probeerde mijn gevoelens met haar te delen en het was fijn dat zij mijn homoseksualiteit niet afwees, maar ze hoorde mijn pijn niet. Niet omdat ze egoïstisch was, maar omdat ze zelf zoveel had geleden in haar leven. Ze had iemand nodig om naar haar pijn te luisteren, dat deed ik dus van jongsafaan, maar niemand luisterde ooit naar mijn pijn.

Niemand vroeg me ooit hoe het met me ging, of ik een goed leven had. Aan de buitenkant leek het alsof ik een heel oppervlakkig leven leidde en dat deed me verdriet. Als het aankwam op de behoeften van anderen, was ik de rots in de branding. Ik zorgde dat er geld was voor mijn familie en mensen konden op me rekenen. Ik was een stabiele persoonlijkheid, ook al was ik van binnen stervende. Ik was een rots op drijfzand en zonk dieper en dieper in het moeras.

Ik was altijd depressief, niet zo vreemd want alcohol maakt een mens depressief. Op een dag had ik er genoeg van en deed een zelfmoord-poging. Ik zei de wereld vaarwel en nam een hele grote dosis antidepressiva die ik had opgespaard. Ik voelde me vredig en volkomen klaar om te gaan, maar twee dagen later werd ik weer wakker. Ik stopte niet met drinken en ook mijn depressie ging gewoon door.

Ik voelde me uitgebuit door collega's, verdoofd door de vele leugens en vernederd door mijn familieproblemen. De wereld werd voor mijn gevoel een plaats waar wreedheid de norm was. Waarom was ik een homo, waarom kon ik niet gewoon het normale leven leiden waar ik zo naar verlangde, het leven van een heteroseksueel? Maar ik vond het ook wreed zoals hetero's soms hun partners mishandelen door ze te slaan of door vreemd te gaan. Er was zoveel respectloos gedrag ten opzichte van vrouwen.

Ik had al eerder voor mijn kommervolle ziel naar antwoorden gezocht in de kerk – ik ben rooms katholiek – maar kreeg toen van de priester het advies om te gaan trouwen. Ik was verbijsterd. Hij was kennelijk van mening dat vrouwen bestonden om te worden gebruikt als een object om mannen te plezieren. Het feit dat hij me adviseerde om te trouwen, terwijl hij wist dat ik homoseksueel was, betekende letterlijk dat hij van mening was dat ik het leven van een vrouw mocht ruïneren. Ik ben het biechthokje uitgelopen. Ik was tweeëntwintig en ben nooit meer teruggegaan.

Van nature heb ik belangstelling voor theologie. Ik heb veel gelezen over het evangelie, maar kreeg het gevoel dat dit een ontoereikende opsomming is van wie Christus werkelijk was. Al heel jong zag ik de verschrikkingen van het leven; overal bespeurde ik lijden, hartzeer en teleurstelling. Ik zag hoe de zogenaamde elite in de kleine stad waar ik woonde de arbeidersklasse overheerste. Jarenlang vroeg ik me af waarom er zoveel onrecht was. Ik maakte deel uit van een grote katholieke gemeenschap die moest samenleven met een kleine protestante gemeenschap. Mij werd geleerd dat protestanten slecht waren en naar de hel zouden gaan, maar ergens, diep van binnen, wist ik dat dit fout was.

Vanaf heel jonge leeftijd waren mijn overtuigingen vrij onorthodox en de aandrang om niets zomaar aan te nemen hielp me om overeind te blijven staan en om me geen slachtoffer te voelen. Ik geloofde in karma en reïncarnatie, ik geloofde in karma-schuld en de mogelijkheid om je zelfbewustzijn te ontwikkelen. Zelfs in mijn aller donkerste dagen, toen ik helemaal alleen was, had ik geen zelfmedelijden. Mijn spiritualiteit deed mij geloven dat er voor alles een reden was. Ik leerde geduld op te brengen en ik leerde dat de God die ik kende een hele subtiele God is. De dingen gaan niet snel.

Ik geloof dat ik de weg naar mijn nuchterheid heb gevonden dankzij een opeenstapeling van goede daden die ik had gedaan tijdens mijn leven tot dan toe; dat deze daden hebben geholpen mijn karma-schuld in te lossen. Dit alles realiseerde ik me toen mijn huisarts zei: *"Ik heb een bed voor je en als je besluit hier geen gebruik van te maken, dan kan ik niet langer jouw huisarts zijn"*. Het bed stond in een ziekenhuis en daar moest ik heen voor mijn ontwenningskuur.

Op 31 maart van het jaar 1989 kwam ik eindelijk uit voor mijn homoseksualiteit en op 1 april, de verjaardag van mijn grootvader, waar ik heel erg veel van hield, hoorde ik mezelf zeggen *"God heeft je nuchter gemaakt dus je kunt nu stoppen met jezelf belachelijk te maken"*. Ik besefte dat ikzelf de enige was die me belachelijk kon maken, maar begreep het pas in mijn latere leven, toen ik me verdiepte in het Boeddhisme.

Ik ging dus rechtstreeks naar het ziekenhuis voor mijn ontwenningskuur. De medewerker die het intakegesprek voerde vroeg me of ik getrouwd was en voor het eerst in mijn leven nam ik de verantwoordelijkheid voor wie ik werkelijk ben. Ik liet een leven waarin drank de hoofdrol speelde achter me.

Ik heb altijd geloofd dat de weg naar authenticiteit gaat over het afbreken van de obstakels die ons scheiden van andere mensen. Er is behoefte aan 'healing', openheid, spirituele voeding en vriendelijkheid.

Na drie van de in totaal vijf weken ziekenhuisverblijf vroeg mijn therapeut *"Hoe kon je overleven?"* Het was de eerste echt menselijke stem die ik ooit had gehoord, die mijn verhaal erkende als de waarheid. Het was een moment van totale bevrijding voor me. Ik realiseerde me dat er niets mis met me was.

Na mijn ontslag uit het ziekenhuis ging ik terug naar mijn baan in het parlement, maar ook naar een nieuw leven en nieuwe verantwoordelijkheden, totdat ik mijn ontslag indiende - ik was toen vierenvijftig jaar - om psychotherapie te gaan studeren. De studie hielp me ook om mijn eigen therapeut te worden.

Tijdens mijn afkickperiode had ik een relatie, maar die hield geen stand. Mijn partner voelde zich buitengesloten en in de groepsbijeenkomsten waar ik regelmatig naartoe ging maakte ik nieuwe vrienden. Het is belangrijk voor een alcoholist die probeert van de drank los te komen om een partner te hebben die hem steunt, mijn partner kon dit niet. Ik zag hem als een sterke persoon en had geen idee dat hij net zo kwetsbaar was als ik. Toen de relatie eindigde was ik al nuchter en sterk genoeg om het proces van de 'scheiding' te verwerken zonder zelf slachtoffer te worden. Er was geen boosheid en ik voelde me op een gezonde manier vrij om een nieuwe partner te zoeken.

Ik ontmoette mijn huidige partner in 1992, maar ik herkende niet dat hij ook een alcoholist was, tot vijf jaar geleden. Alcoholisten zijn heel slim in het verborgen houden van hun problemen. Ik confronteerde hem ermee en hij accepteerde dat hij een alcoholist was en besloot om hulp te zoeken. Hij bleef echter drinken in het geheim. Omdat ik geen reukvermogen meer heb, kon ik het niet ruiken, iets wat normaal gesproken een duidelijk teken is dat iemand alcohol heeft gedronken. Ik merkte het nooit. Hij dronk ook niet constant. Hij was een 'binge'drinker.

We zijn nu al negentien jaar samen. Zelfs nadat we getrouwd waren ging hij door met drinken, het werd steeds erger. Ik realiseerde me dat ik bijna geen opties meer had en moest accepteren dat hij misschien nooit zou stoppen met drinken. Dit betekende dat we ons leven niet meer konden delen. Al was er geen fysieke en vrijwel geen verbale agressie tussen ons, ik wist dat ik mijn eigen leven moest beschermen. Het betekende ook dat mijn droom in elkaar zou storten, maar ik was sterk genoeg en was bereid om afstand te nemen en hem los te laten.

Toen, door een mysterie van het universum, nodigde een vriendin hem uit om mee te gaan naar een groepsbijeenkomst van mensen die waren gestopt met drinken. Ze hielp hem om zijn keuzes te begrijpen en het wonder geschiedde. Hij is nu al twee jaar vrij van drank en we zijn heel gelukkig.

Terugkijkend op mijn leven, op de jaren waarin ik dronk, zie ik dat dit jaren van isolatie waren. Ik weet ook dat het mijn moeders hart brak om te zien dat haar kind zo'n eenzaam bestaan leidde. Ik dronk gewoonlijk thuis en alleen, niet in een openbare gelegenheid. Zij had geen idee wat alcoholisme was en dat het een ziekte is. Ik werd er op een dag door mijn broers en zusters mee geconfronteerd. Tijdens deze confrontaties zei ik gewoonlijk dat ik er niemand kwaad mee deed, alleen mezelf.

Pas jaren later kon ik de waanzin van dat antwoord volledig begrijpen. Het is absurd om een intelligent wezen te zijn met deze bereidheid om jezelf pijn te doen; maar ik was van de wereld. Ik kon mijn gekte pas zien nadat ik mijn ontwenningskuur inging.

Behalve door de hulp die ik ontving tijdens mijn afkickperiode en de hulp van een Twaalf Stappen Programma, vond ik enorm veel steun bij de theorie van het Boeddhisme. Ik had drie jaar niet gedronken toen ik hiermee in aanraking kwam. Dit hielp me om vragen, die ik mezelf mijn hele leven al had gesteld, te beantwoorden. De voor mij meest belangrijke spirituele leraar is Mikhael Aivanhov, die zich zowel liet inspireren door Bhudda als door het Christelijk evangelie, hij stierf in 1986. Zijn meditaties, die ieder aspect van het dagelijkse leven meenemen, van de sterren tot het diepste binnenste van de aarde, inspiratie puttend uit alle aspecten van onze ervaring, waren precies wat ik nodig had en nodig heb. Hij had, en heeft nog steeds, een grote invloed op mij.

Ruim twintig jaar geleden betrad ik het ziekenhuis als een depressieve man om daar vijf weken later weer uit te lopen als een alcoholist op weg naar genezing. Ik heb nu ruim twintig prachtige jaren zonder drank geleefd en heb nooit een terugval gehad. Ik heb mijn droompartner gevonden, we zijn getrouwd en ons leven wordt gevoed door bijzondere en fantastische vrienden. Alles wat we hebben en waar we van genieten is ontsproten aan dat ene moment, waarop ik besloot mijn verslaving aan te pakken.

Ik realiseer me dat ik de meeste angst had voor het leven zelf en mijn nuchterheid was niet half zo eng als me toescheen tijdens alle jaren waarin ik dronk.

Ik weet nu dat alcoholisten vaak hele mysterieuze mensen zijn, voor wie het bijna onmogelijk is zich te uiten en mensen te vinden die kunnen horen wat ze zeggen. Uit frustratie ontdekken ze alcohol, de drug waarin ze kunnen vluchten. Met hun eerste drankje sluiten ze zichzelf af van het paradijs. Drank is de enige wereld waarin we onszelf buitensluiten van het paradijs.

Vandaag de dag vier ik het leven, van dag tot dag, op een simpele manier en met respect voor de wereld. Ik hoop voor onze maatschappij dat er in de nabije toekomst een stevig, op de realiteit gebaseerd onderwijs-systeem komt waar religieuze en spirituele lessen worden gegeven en deze levenswijsheden worden behandeld.

Vrede komt van binnen. Zoek het niet buiten jezelf

Buddha

Een persoonlijke dialoog

... dat is hoe ik het zou noemen. Dat zeurende stemmetje in mijn achterhoofd, zo irritant, altijd daar om commentaar te leveren op alles wat ik doe. Oh, daar is ze weer . . . wat bedoel je met 'houd op met hopen'?

Nou, je hoopt altijd dat hij niet zal drinken tijdens het weekend en zal ik het zeggen? Dat je nog lang en gelukkig zult 'samenleven'.

Ja leuk hoor, je weet heel goed dat als er geen hoop is, dan is er ook geen leven, nou ja, zoiets . . . en voor jouw informatie, ik hoop helemaal niet dat we nog lang en gelukkig zullen samenleven.

Weet je dat wel zeker?

Natuurlijk weet ik dat zeker. Hij is alleen maar een vriend, mogelijk mijn 'soulmate', maar ik wil geen intieme relatie meer met hem; het voelt meer alsof hij een broer van me is.

Waarom zien jullie elkaar dan zo vaak de laatste tijd, het lijkt wel of hij hier woont!

Je weet heel goed dat we vier jaar geleden uit elkaar zijn gegaan; we zijn alleen vrienden, beste vrienden die elkaar helpen in tijden van nood, dat wel, maar alleen maar vrienden.

Ik kan het bijna geloven!

Ach houd toch op. Ik weet best dat het raar klinkt, maar zo voelt het. Ik voel me niet meer seksueel tot hem aangetrokken, maar ik ben graag in zijn gezelschap als hij nuchter is. Ik vind hem geweldig, we lachen zoveel en we zitten op dezelfde golflengte. We geloven dezelfde spirituele dingen en we hebben dezelfde smaak wat omgeving betreft, type mensen; ach ga zo maar door.

Ja ik weet het, maar je hele leven draait nog steeds alleen maar om hem. Ieder weekend leef je in angst en teleurstelling, waarom ga je daarmee door?

Ik denk niet dat het zo erg is. Oké, ik maak me zorgen om hem als ik niets van hem hoor en ja, daar word ik doodmoe van. Ik word er gestrest van maar het is niet het einde van de wereld.

En hij geeft jou altijd de schuld als hij drinkt. Het is altijd jouw schuld als hij zich rot voelt. Hij zegt dat jij egoïstisch bent en slechts misbruik van hem maakt.

Hij is ziek, dat is zeker en ja, hij geeft mij de schuld. Ik geloof dat dit in zijn hoofd aanvoelt als de waarheid. Hij is ongelooflijk eenzaam, waarschijnlijk altijd bezig om te begrijpen waarom hij doet wat hij doet, maar hij vindt geen antwoord. Dus wat kan hij doen? Zichzelf de schuld geven? Het is gemakkelijker voor hem om mij de schuld te geven zodat hij een excuus heeft om dat volgende glas wijn te drinken. Volgens mij werkt het zo, maar ach, wat weet ik er eigenlijk van. Misschien heb ik het wel helemaal mis. Maar hij is ziek en ik kan hem niet verwijten dat hij gemeen tegen me is wanneer zijn ziekte hem in een ongetwijfeld zeer 'donkere hoek' duwt.

En hoe zit het met de angst dat hij zichzelf wat aan zal doen? Dat zit altijd in je hoofd! Ik weet dit, ik ben jou weet je nog?

Ja, goh, dat geeft me veel zorgen, zelfs nu we daarover praten. Hij is boos op me; hij hoorde iets wat ik niet zei, een teken dat hij onder invloed is van alcohol. Hij verdraaide mijn woorden in zijn brein en nu heeft hij medelijden met zichzelf en voelt zich ongetwijfeld eenzaam, want de enige vriendin die hij nog heeft in de wereld, - ik - maakt misbruik van hem. Dat is wat hij zegt en voelt. Ik heb niets meer van hem gehoord sinds vanochtend, wat ongebruikelijk is en ik maak me erg veel zorgen.

Precies! Dat je altijd maar zorgen maken is slopend. En trouwens, het maakt je ongezond, zelfs je gewoonten. Alweer heb je jezelf volgepropt met ongezond voedsel en je weet zo goed dat je lichaam gezond wil zijn. Niet de kwaaltjes en pijntjes die het gevolg zijn van overgewicht. Over 'comfort food' gesproken!

Oh je bent zo superirritant. Ik zou willen dat ik je kon 'wegmediteren', maar je zult waarschijnlijk niet gaan hè?

Ik denk het niet, maar wat is het nou eigenlijk waarom je zo aan hem vast blijft zitten?

Nou, gek genoeg zou je kunnen zeggen dat ik verslaafd aan hem ben. Of ben ik verslaafd aan teleurstelling, me zorgen maken en onmacht? Misschien is dat wel zo, want het helpt me om in contact te komen met mijn kracht.

Wat een onzin! Je zou jezelf eens moeten afvragen wat voor baat je erbij hebt; er moet op de een of andere manier iets zijn wat je goed doet?

Die kracht in mezelf voelen is misschien een onderdeel daarvan, want als er moeilijke situaties op mijn pad komen, dan lijk ik altijd een golf van kracht te voelen. Dan ga ik opeens stappen ondernemen en mijn leven organiseren, oplossingen zoeken. Dingen doen die ik had laten liggen, en er is creativiteit, heel veel creativiteit. Ik ben zeker verslaafd aan dat gevoel.

Ik kan bijna zien dat daar wel wat in zit ... mmmm. Ik hoor je nadenken over de redenen waarom je in deze relatie wilt blijven.

Ik vind dat er inderdaad redenen zijn. Ik ben een expert in 'vergeven' geworden. Deze relatie heeft me geleerd dat ik kan geven, vergeven, lief kan zijn, maar vooral ook dat ik sterk kan zijn. Ik wist niet dat ik dat in me had voordat ik hem ontmoette. Ik heb een warmere persoonlijkheid ontdekt dan ik dacht te hebben en dat vind ik eigenlijk heel prettig.

Ja, dat moet ik je nageven, maar hoe zit het dan met de 'killing with kindness' theorie? Ik bedoel, je staat hem toe naar jou toe te komen wanneer hij in nood is, je leent hem geld wat hij, oké, altijd terugbetaalt, en je laat hem bij jou logeren, bijna zes maanden. Hoe kan hij nou ooit zijn 'dieptepunt' bereiken, zijn zogenaamde 'rock bottom'? is dat niet wat de experts zeggen?

Oh ik weet het niet, dat is een lastige. Ik ken de theorie en kan de waarheid die daarin verborgen zit wel zien. Dat de alcoholist op een dieptepunt moet komen; in zo'n verschrikkelijke situatie dat hij of zij niemand anders meer de schuld kan geven voor de puinhoop in zijn of haar leven, alleen zichzelf. Want ze zoeken de schuld graag buiten zichzelf en projecteren hun problemen op anderen! Maar ik weet ook dat verschillende mensen verschillende 'rock-bottoms' hebben. Ik hoop toch steeds weer dat zijn dieptepunt is bereikt na een weekend zwaar drinken, een blik in de spiegel 's morgens vroeg, het eczeem op zijn huid dat steeds erger wordt of andere kwalen en pijntjes waar hij me vermoedelijk niet over vertelt, maar die hij vrijwel zeker zal ervaren tengevolge van zijn destructieve gedrag.

Mmmm, Ik denk dat het beter zou zijn als je niet zoveel waarde hechtte aan een mogelijke verandering. Dus geef vooral de hoop niet op, maar je moet het loslaten en ophouden er zoveel energie in te stoppen.

Dat is gemakkelijker gezegd dan gedaan. Hij zit in mijn hoofd, vrijwel constant, dat is zeker, dus vermoedelijk teveel. Dat is een goed punt. Maar ik vind dat loslaten verschrikkelijk moeilijk. Ik ben bang dat als ik hem uit mijn leven verban dit hem tot de rand van het leven zal brengen en ik weet niet zeker of hij dan niet over die rand heen zal vallen, letterlijk. Die gedachte kan ik niet verdragen. En ik houd echt van de momenten die we samen hebben als hij nuchter is. Er zijn veel van die momenten, heel veel. Meer dan de akelige momenten!

Ik vind nog steeds dat je jezelf wat beter zou moeten beschermen, want als het pijn doet dan doet het echt verschrikkelijk pijn.

Ik weet het, maar ik probeer het toch, of niet soms? Ik heb hem zelfs de deur gewezen afgelopen december, toen hij zich niet hield aan mijn ultimatum en weer ging drinken, ondanks dat hij had beloofd dit niet te doen. Dus ik vertelde hem dat hij moest gaan en hij ging, ook dat was ongelooflijk moeilijk voor me, maar ik heb het gedaan.

Absoluut, om hem dan slechts twee dagen later weer uit te nodigen in je huis..

Ik weet het. Ik ben zo'n 'softie'. Ik zag hem slapen in zijn auto in de stromende regen, twee dagen nadat ik hem had verteld dat hij moest gaan. Ik wist dat hij tot op het bot was verkleumd – ik kon het in mijn eigen botten voelen – mijn hart huilde. Het was verdorie Kerstmis en hij dronk niet. Het zou onmenselijk zijn geweest om hem buiten te laten slapen. En zo slecht heb ik het nog niet gedaan toch? Hij logeert nu niet meer bij mij en heeft een leuke kleine flat gevonden, niet te duur. Ik heb hem verteld dat hij op zichzelf moest gaan wonen en ik heb zelfs helpen zoeken naar een ander huis, gewoon als goede vrienden.

Oh en trouwens, voor het geval je dat bent vergeten . . . Ik geef om hem.

Het doet me pijn als hij pijn heeft en ik heb een hekel aan die pijn.

Dit doet pijn, vind je niet?

Ja, heel erg. Niet wetend of hij oké is breekt mijn hart, iedere keer opnieuw. Het is slopend. Ik ben verschrikkelijk moe nu; ik ga naar bed.

Ja, ik ook. Ik hoop dat ik de slaap kan vatten!

Wees zelf de verandering die je in de wereld wilt zien

Mahatma Gandhi

Het is mijn baan

... Ik ben reclasseringswerker. Sinds vijf jaar werk ik met alcoholisten. Ik moet de levensgeschiedenis van de cliënt achterhalen. Ik geef ook informatie over de hulpmogelijkheden die er zijn. Ik leg hen uit hoe we werken in onze kliniek, de methodes die we gebruiken en wat ze kunnen verwachten van de behandeling. Ook leg ik uit dat het succespercentage afhangt van de instelling van de cliënt. Als ze bereid zijn om aan zichzelf te gaan werken, dan zorg ik voor de registratie in de ontwenningskliniek waar ze zullen worden behandeld. Ik kan ze verwijzen naar een poliklinische of een intramurale behandeling met opname in een ontwenningskliniek. Ik houd ook een oogje op het proces als dit eenmaal is gestart. Dus in het kort, ik maak een inventaris van de situatie op, ik motiveer en begeleid mensen tijdens het afkickproces. Ik verwijs mensen niet naar andere organisaties zoals bijvoorbeeld de AA of specifieke boeken, want dat is niet onze manier van werken.

Gelet op de informatie over ons instituut komen gemiddeld vijfentachtig procent mannen en vijftien procent vrouwen bij ons voor hulp. Als het nodig is geven we ook medicijnen, meestal Refusal en Antabus, dit zijn aversiemiddelen en middelen die de drankzucht verminderen. Als je alcohol drinkt terwijl je deze medicijnen slikt word je ernstig ziek; je voelt je misselijk en moet overgeven. Dit kan een goede 'stok achter de deur' zijn voor mensen om helemaal niet te drinken.

De meest gestelde vraag door mensen die bij ons komen is waar ze naar toe kunnen voor hulp en of het echt zo is dat ze helemaal nooit meer alcohol kunnen drinken?

Tijdens het eerste gesprek probeer ik zoveel mogelijk informatie over de verslaafde te achterhalen. Ik vraag ze wanneer ze voor het eerst dronken en hoeveel ze drinken. Ik vraag ook waarom ze zijn begonnen met de consumptie van alcohol, wat het met hen doet en waar ze hun alcohol vandaan halen. En dan vraag ik ze natuurlijk of ze serieus willen stoppen. Mijn ervaring is dat ze vaak denken dat ze nog steeds af en toe wat kunnen drinken en ze vinden de gedachte dat ze echt nooit meer kunnen drinken heel moeilijk om te accepteren. Ik moet ook weten te achterhalen of ze eerder hulp hebben gezocht, dus voordat ze naar ons toekwamen en wat voor soort hulp ze zouden willen ontvangen. De antwoorden op deze vragen zijn belangrijk voor ons om een duidelijk beeld te krijgen van de persoonlijkheid van de cliënt en de beste manier te vinden waarop we onze hulp en advies kunnen aanbieden.

Onze manier van werken is gebaseerd op de volgende principes: Leven, Werk en Gezin. In de optiek van ons instituut moeten deze drie zaken worden behandeld om een grotere kans op succes te bewerkstelligen. Bovendien zijn wij van mening dat medicijnen, gesprekken en training kunnen helpen in het afkickproces. Maar het allerbelangrijkste is dat de cliënt echt beter wil worden!

De meeste alcoholisten hebben geen familiebanden meer; ze zijn vaak alles kwijtgeraakt tengevolge van hun verslaving en hebben bijvoorbeeld geen contact meer met hun kinderen. Dit kan ontzettend veel pijn en verdriet veroorzaken wat dan weer een extra reden kan zijn om te drinken. Verslaafden die nog steeds een relatie hebben, kennen vaak ook veel problemen, zoals onbegrip en agressie.

Negen van de tien mensen die naar ons toe komen zijn erg agressief door hun drankprobleem. Dit is meestal verbale agressie en het is meestal gericht tegen mensen die meer 'macht' hebben dan zijzelf. Dat maakt dat ze zich gefrustreerd voelen en door het alcoholmisbruik hebben ze een kort lontje. Binnen families zie je ook vaak fysieke agressie. Dakloze alcoholisten uiten hun kwaadheid op andere verslaafden, de politie en hulpverleners.

Mensen die bij ons instituut aankloppen zijn vaak meervoudig verslaafd en gebruiken ook andere drugs, samen met alcohol. Statistisch gezien zijn vrouwen meestal alleen maar verslaafd aan alcohol, ongeveer tachtig procent. Bij mannen ligt dit percentage veel lager, ongeveer dertig procent. Kruisverslaving bij mannen betekent meestal dat ze naast de alcohol ook verslaafd zijn aan cocaïne en voor vrouwen is dit vaak een combinatie van alcohol en anti-depressiva. We zien veel borderline-persoonlijkheids symptomen.

De meeste cliënten zijn naar ons verwezen door de politie. Gewoonlijk zijn vrouwen gearresteerd voor winkeldiefstal of verstoring van de openbare orde tengevolge van hun alcoholmisbruik en mannen worden meestal gearresteerd voor het stelen van alcohol of inbraak om geld te bemachtigen om drank te kunnen kopen. Maar ik denk dat de grootste groep mensen die naar ons komt mensen zijn die met teveel drank op achter het stuur hebben gezeten.

De leeftijdsopbouw van de verslaafden die wij behandelen is erg breed; rond vijfentwintig tot vijfenzestig jaar. Tijdens de vijf jaar dat ik hier werk heb ik ook een aantal zelfmoorden meegemaakt. Een reden voor zelfdoding is dat men simpelweg niet kan stoppen met drinken en vaak enorme schulden heeft. Er is zo'n twintig procent kans op succes maar dit betreft vaak alcoholisten die nog niet jarenlang hebben gedronken en die bijzonder gemotiveerd zijn om hun leven weer op de rails te krijgen. De meeste langdurig verslaafden kunnen niet meer stoppen met drinken; in het beste geval kunnen ze hun drankgebruik verminderen.

Het is moeilijk om aan te geven waardoor alcoholisme wordt veroorzaakt. Een groot deel van de mensen waar wij mee spreken heeft een ouder die ook aan de alcohol verslaafd was. Dus in die gevallen lijkt het erfelijk te zijn. Maar vaak kan het ook ontstaan door familieproblemen, de dood van een dierbare, scheiding, persoonlijke problemen, ontslag of andere gebeurtenissen die het leven totaal overhoop gooien. De alcohol wordt gebruikt om de pijn te verdoven. Maar soms worden mensen gewoon een alcoholist zonder specifieke reden. Vaak zijn mensen met een alcoholprobleem te trots om hulp te zoeken. Ze denken dat ze het wel alleen kunnen overwinnen.

Na mijn vijf jaar werken met alcoholisten heb ik meer compassie gekregen. Ik dacht altijd dat mensen er gewoon voor kozen om teveel te drinken, maar ik weet nu dat alcohol een sluipmoordenaar is. Het is een ziekte waar je moeilijk van kunt genezen. Met de juiste hulp, motivatie en medicijnen is het wel mogelijk om deze ziekte de baas te worden.

Mijn persoonlijke mening is dat alcoholisten vaak hulpeloze en eenzame mensen zijn, vaak slachtoffer van situaties die hen zijn overkomen in hun leven. Hierdoor raken ze verslaafd aan de alcohol en dat resulteert dan weer in agressiviteit en vaak in een daderrol. Ik heb de indruk dat mensen die lijden aan alcoholisme lijden aan een vorm van schizofrenie. Ik denk hierbij aan het zogenaamde 'Jekyll en Hyde' effect. De ene dag rustig en aardig en de volgende dag volkomen obstinaat.

Als buitenstaander kun je vaak niet zien of ze hebben gedronken of niet.

Familieleden lopen op eieren, altijd bang voor ruzie en confrontatie die nergens vandaan lijkt te komen, waar geen gegronde reden voor is.

Uit ervaring weet ik dat er ook veel alcoholisten zijn die zichzelf opsluiten als ze drinken, ze willen zich niet vertonen in een staat van dronkenschap. Maar ik ben vooral tot de conclusie gekomen dat het erg gevoelige, vaak hele onzekere mensen zijn. Als ze onder invloed zijn van alcohol veranderen ze in een totaal ander mens, met een donkere persoonlijkheid, waar alles zo moet gaan zoals zij dat willen: hun wereld.

Als medewerker in de gezondheidszorg ben ik van mening dat er niet voldoende wordt gedaan om te waarschuwen tegen de gevaren van overmatig alcoholgebruik. Ik ben heel erg tegen reclames op de televisie die alcohol promoten, waarbij het leven je toelacht en alles zo fantastisch lijkt als je een drankje in je hand hebt. Iedere keer wanneer alcoholisten, die proberen te stoppen, zo'n reclame zien krijgen ze een seintje in hun hoofd dat hen vertelt dat ze zin hebben in een drankje en dat het oké en normaal is om dat te voelen. Ze hebben reclame voor sigaretten op de televisie verboden. Het wordt tijd dat ze dit ook doen met alcohol, wat een veel groter en veel gevaarlijker probleem is voor onze maatschappij.

Wat mijzelf betreft, ik heb soms wel zin in een drankje, vooral in gezelschap van vrienden, maar ik ben me extreem bewust van de gevaren en ik kan me moeilijk voorstellen dat ik ooit veel ga drinken. Ik heb teveel leed en verdriet gezien waar drank toe kan leiden.

Ieder pad heeft zijn modderpoel

Engels gezegde

Het spijt me

... Ik weet dat ik beloofde de vragenlijst in te vullen, maar het is veel moeilijker dan ik had verwacht. Ik weet wel dat het geheel anoniem is, maar op de een of andere manier is het dat niet voor mij. Mijn eigen verhaal teruglezen in een boek, met zwarte letters op witte pagina's zal een grote impact op me hebben. Net zoals het invullen van de antwoorden in jouw vragenlijst, nu. Terwijl ik naar je vragen kijk realiseer ik me dat ik de gewoonte heb om weg te rennen voor mijn gevoel. Ik moet nu opeens stoppen en nadenken.

Ik voel me geconfronteerd met mijn angsten, mijn boosheid en mijn verdriet, maar ook met mijn zelfverloochening. Mezelf bezig houden met de dagelijkse beslommeringen maken het op de een of andere manier gemakkelijk om te vergeten, om het te negeren. Maar nu ik erover nadenk, ik heb zeker geleden aan fysieke problemen, zoals het verliezen van mijn stem, veroorzaakt door stress. Nu weet ik dat mijn zelfverloochening niet erg gezond was. Ik heb er spijt van dat ik niet eerder van mijn vrouw ben gescheiden. Ik heb geprobeerd trouw aan haar te blijven, ook voor de kinderen, maar dat was waarschijnlijk fout.

Ik weet dat jij iets weet van mijn situatie. Ik herinner me dat ik je daarover heb verteld. En hier zijn we dan, vijf jaar later en het is nog steeds een thema in het leven van ons allebei. Alcoholisme. Jij schrijft nu het boek dat ik had willen schrijven. Ik heb mezelf zo vaak gezegd dat ik een boek zou schrijven over mijn ervaringen, maar nu kan ik niet eens veertig vragen in een vragenlijst beantwoorden. Sorry dat ik je iets beloofde waar ik me niet aan kan houden. Ik weet dat ik je had beloofd je de informatie vorige week te sturen, maar dat deed ik niet en nu is het te laat. Te laat om mijn verhaal in je boek op te nemen.

Misschien, heel diep van binnen, wil ik mijn verhaal niet met de wereld delen. Er is teveel pijn, nog steeds. Ik heb nog steeds contact met mijn ex-vrouw. Ik denk dat haar alcoholisme wel altijd mijn leven zal beïnvloeden totdat een van ons dood gaat. Zij zit altijd in mijn hoofd; dit is heel erg beperkend voor andere gebieden van mijn leven zoals mijn werk, het vinden van een andere partner, etc.

Ook al wonen mijn ex-vrouw en ik nu al drie jaar in aparte huizen, het had, en heeft nog steeds een groot effect op de kinderen. Hun rapportcijfers zijn slecht. Ik probeer hen te helpen waar ik kan, maar het is moeilijk. Ze is de moeder van mijn kinderen, maar het lijkt wel of zij het grootste kind is die mijn zorg nodig heeft. Ik zorg nog steeds voor haar, want ik wil niet dat de kinderen denken dat ik hun moeder laat stikken. Maar na al deze jaren snap ik haar nog steeds niet. Ik begrijp het niet. Waarom is ze zo verdrietig en zo depressief dat ze, steeds maar weer, haar gevoel compleet moet verdringen met alcohol?

Vanuit een ooghoek kan ik een mix van boosheid, afwijzing en verdriet zien, en bijna voelen, in de ogen van mijn tienerdochter. Haar moeders gedrag raakt haar tot op het bot, tot op het punt van zelfdestructie. Nu is zij ook min of meer gestoord. Ze is bijzonder luidruchtig als ze boos is, ze schreeuwt veel en ze heeft helemaal geen vrienden. Ik denk dat ze bang is om iemand te dichtbij te laten komen voor het geval ze die affectie weer zal verliezen. Maar ze smacht naar liefde en daarom is ze een meisje geworden met wisselende seksuele relaties. Ze is pas zeventien jaar oud en gaat met Jan en alleman naar bed. Ze wil geen vast vriendje want ze wil zich niet aan iemand hechten, maar ze hunkert naar aandacht.

Mijn dochter rookt shag en heeft piercings in haar buik, haar neus, lippen, een wenkbrauw en misschien wel op plaatsen waar ik niet van wil weten. Onflatteuze tatoeages bedekken haar jonge lichaam, betaald met geld gestolen uit mijn portemonnee. Ze wil niet naar school maar ik zorg dat ze toch gaat. Ik denk dat ze ook drinkt. Mijn vijftien jaar oude zoon begint soortgelijk gedrag te vertonen. Ik maak me er echt zorgen over.

Ik heb het gevoel dat ik de controle begin te verliezen; trouwens, ik vraag me af of ik ooit wel de controle had. Op het moment lijkt het meer of ik degene ben die wordt gecontroleerd. Ik neem aan dat het voor een deel mijn schuld is. Het is me niet gelukt om mijn kinderen te beschermen, maar ik wil daar niet naar kijken. Ik neem aan dat dit gedeeltelijk komt door mijn zelfverloochening. Ik betaal de rekeningen en zorg ervoor dat er voldoende eten op tafel komt. Ik zoek naar praktische oplossingen voor de dagelijkse problemen en begraaf mezelf in mijn werk, dat lijkt me te helpen.

Mensen begrijpen me niet en ook niet mijn gevecht met haar alcoholverslaving. Ik weet niet eens of ik het zelf wel begrijp. Ik probeer het te verbergen voor de buitenwereld, maar iedereen lijkt er vanaf te weten. Ik probeer niet te praten over mijn thuissituatie, toch is het een open boek voor iedereen in onze buurt, maar ze doen net of ze het niet zien.

Ik weet zeker dat mensen een mening hebben, over mij, over het feit dat ik nog steeds doorga met een waarschijnlijk ongezonde situatie, en over haar, omdat ze zo'n slechte moeder is. Omdat ze zo zwak is en omdat ze een dronkenlap is. Gek genoeg doet me dat nog steeds pijn.

Ik was zo verliefd op haar toen ik haar voor het eerst ontmoette. Ze was lief, impulsief, assertief en mooi. Ik hield gewoon van haar. Ze had toen geen probleem met alcohol, maar haar twee broers wel. Die waren verslaafd aan zowel cocaïne als alcohol. Ik had het gevoel dat zij de vrouw voor mij was, dat het was voorbestemd dat ik bij haar zou zijn. Misschien was dat ook wel zo.

Vreemd hoe het leven een andere versie van onze levens creëert dan die we hadden gedroomd. Niemand had dit kunnen dromen. Er waren vele pijnlijke situaties veroorzaakt door haar alcoholisme, bijvoorbeeld haar 'gelukkige dronken momenten', wanneer ze oversekst raakte en daar ook wat mee wilde, of haar 'kwade dronken momenten'. Er was veel ruzie en we vochten, zowel verbaal als fysiek, zoals die keer toen we thuiskwamen na een feestje bij de buren. Weer thuis begon ze te huilen en te jammeren in het bijzijn van onze toen twaalf jaar oude zoon, dus stuurde ik hem naar bed. Ze voelde zich hierdoor zo vernederd en was zo boos dat ik dat had gedaan, dat ze me aanviel en juist toen ze letterlijk het haar uit mijn hoofd aan het trekken was, liep onze zoon de kamer weer binnen. De blik van afgrijzen in zijn jonge gezicht staat in mijn geheugen gegrift.

Ik was ook constant bezorgd, zoals toen ze de auto instapte, totaal dronken, na een mislukte poging van mij om de autosleutels te verstoppen. Of als ze zich ging douchen; ik was altijd bang dat ze uit zou glijden en zich zou bezeren. En er was veel schaamte, heel veel schaamte. Ik herinner me dat ze de kamer inliep waar mijn zoon backgammon aan het spelen was met een paar schoolvriendjes. Ze droeg alleen een BH en een slipje en begon te flirten met één van de jongens terwijl ze zijn haar streelde.

Ik denk dat mijn kinderen hun moeder haten, maar ik probeer hun ook haar liefdevolle kant te laten zien. Ze bezoeken haar nog steeds, maar dan moeten ze altijd dingen voor haar doen; ze zijn geen kinderen meer, maar verzorgers. Te jong om het allemaal te begrijpen en te oud om het simpelweg te accepteren.

De scheiding bracht wel enige opluchting en orde terug in mijn leven. Ik begon ook weer af en toe een glaasje te drinken. Ik kan nu gewoon weer bier, wijn en cognac in huis hebben en ik probeer een wijnkelder op te bouwen, dat is een beetje een hobby van me. Toen mijn vrouw en ik nog samenwoonden was er nooit alcohol in huis want dat zou zij dan alleen maar opdrinken.

Dit alles heeft mijn leven totaal bepaald. Ik heb wel wat hulp ontvangen van IrisZorg, een Nederlandse organisatie voor verslavings- en sociale problemen. Maar wat ik vooral van dit alles heb geleerd is dat je ervoor moet waken dat je jezelf niet verliest. Binnen de relatie moet je jezelf tenminste net zo belangrijk vinden, mogelijk zelfs belangrijker dan je partner en soms moet je jezelf een spreekwoordelijke schop onder je kont geven.

Ik weet dat het moeilijk voor je is om mannen te vinden om te interviewen voor je boek. Mannen zoals ik die een relatie hadden of nog steeds samen zijn met een vrouw die verslaafd is aan alcohol. Er is veel schaamte. Mogelijk voor mannen meer dan voor vrouwen die het meestal makkelijker vinden om over hun gevoelens te praten. Je denkt nu misschien dat ik de helft van je vragen al heb beantwoord, maar dat is niet het geval. Je weet letterlijk nog bijna niets – het doet teveel pijn, het is te moeilijk om te delen.Ik kan er niet eens zelf naar kijken. Het spijt me!

'Als je dat eerste drankje niet neemt . . .

Kun je niet dronken worden!'

Uitdrukking vaak geuit door alcoholisten die niet meer drinken

Ik had behoefte aan een vriend

... maar hij had behoefte aan drank.

Ik had behoefte aan een schouder om op uit te huilen, maar hij had behoefte aan drank.

Ik had behoefte om met iemand te praten die ik kon vertrouwen, maar hij had behoefte aan drank.

Ik had behoefte aan hulp voor de operatie die ik moest ondergaan, maar hij had behoefte aan drank.

Ik had behoefte aan zijn humor en bemoedigende woorden, maar hij had behoefte aan drank.

Hij wist dat ik hem nodig had, maar hij had mij niet nodig, hij had behoefte aan drank.

Hij wist dat ik zijn steun nodig had, maar hij kon het niet geven, hij had behoefte aan drank.

Hij heeft behoefte aan drank en zegt dat ik het niet begrijp. Hij neemt nog een drankje.

Hij zegt dat hij ziek is en dat ik dat moet begrijpen. Hij neemt nog een drankje.

Hij zegt dat hij van me houdt en me mist, en neemt nog een drankje.

Ik heb het gevoel dat hij het feit dat hij zijn alcoholisme accepteert als een ziekte, nu gebruikt als een excuus om te drinken. Hij zegt dat ik het nooit zal begrijpen. Ik weet dat dit waar is. Hij weet dat het me pijn doet, maar hij zegt dat hij veel meer pijn heeft. Hij vertrouwt erop dat ik er altijd voor hem zal zijn als hij me nodig heeft.

Vandaag weet ik dat niet zo zeker, maar morgen is dat waarschijnlijk de waarheid.

Een vooroordeel is moeilijker te splitsen dan een atoomkern

Albert Einstein

Uw zoon heeft ADHD*

... zei de dokter. We waren in shock, maar ook opgelucht dat we eindelijk een verklaring hadden gekregen voor zijn hyperactieve gedrag en korte aandachtsboog. Hij kreeg medicijnen en wij kregen informatie en hulp om ons leven te re-organiseren, om structuur en balans te kunnen vinden. We leerden met zijn gedrag om te gaan en te begrijpen hoe druk het in zijn jonge koppie was, hij was altijd rusteloos.

Toen zagen we ook de link, hij was erfelijk belast. Het was een openbaring. Mijn man kon zich helemaal identificeren met de ADHD symptomen. Hij had ook altijd zo'n onrustig gevoel in zijn hoofd, moest altijd vooruit denken en back-up plannen maken. Ook hij had constant last van een gevoel van stress.

We waren beiden achttien toen we elkaar ontmoeten, in het laatste jaar van de middelbare school in de middelgrote stad waar we woonden. Het is drieëntwintig jaar geleden. We waren jong en gelukkig en flink feesten hoorde erbij. We dronken net zoals iedereen deed, in bars en thuis met vrienden, meestal een beetje te veel, maar niets om je zorgen over te maken.

Mijn man begon meer te drinken toen hij lid werd van een voetbalclub. Op vrijdagavond, na de training, en op zondag, na de wedstrijd, liep het meestal behoorlijk uit de hand. Na een avondje stevig drinken kwam hij vaak heel erg dronken thuis. Dit overschaduwde vrijwel altijd de rest van het weekend, maar ik dacht dat het normaal was dat hij dronk na het voetballen. Gewoon een beetje lol met wat vrienden. Het was toch zeker wel oké dat hij wat tijd voor zichzelf had, zonder mij?

Ondertussen waren we getrouwd en kregen twee prachtige kinderen, een zoon en een dochter. Mijn leven veranderde totaal toen ik moeder en echtgenote werd, maar ik vond het heerlijk. Ik duwde alle zorgen over het feit dat mijn man steeds meer ging drinken van me af.

De verandering ging heel geleidelijk en eerst had ik het niet echt door, maar zijn drinkgedrag veranderde van alleen maar drinken in de weekenden tot ook doordeweeks drinken.

Het duurde niet lang of hij dronk elke avond, wat me erg onrustig en nerveus maakte. Ik besprak mijn zorgen met vrienden maar die wuifden deze weg. Iedereen vond het normaal, elke avond een paar biertjes drinken kon geen kwaad. Maar ik werd er humeurig van en mijn afkeer van zijn drankgebruik groeide.

Ik voelde me net een goochelaar en probeerde mijn irritatie te verbergen, zodat mijn man niet zou exploderen in één van zijn woedeaanvallen. Ik wilde niet dat onze kinderen hieronder leden en begon me bij hen te excuseren voor hun vader, ik probeerde mijn aandacht op hen te richten. Het was dodelijk vermoeiend en ik veronachtzaamde mijn eigen behoeften. We raakten in een vicieuze cirkel die ons leven vele jaren compleet overschaduwde. Op een dag kon ik het niet meer aan, het was genoeg geweest. Ik had geen kracht meer om net te doen alsof er geen probleem was. Ik schraapte elke centimeter moed die ik nog had bij elkaar en stelde mijn man, de vader van mijn kinderen, een ultimatum. Ik vertelde hem dat hij nu hulp moest zoeken en dat ik hem, als hij ervoor koos om dit niet te doen, zou verlaten en de kinderen zou meenemen. Hij wist dat ik het meende.

Hij koos voor hulp zoeken en begon aan zichzelf te werken, maar het lukte hem niet echt om te stoppen met drinken. Totdat hij op een dag volkomen instortte en niet meer kon werken. Dit duurde een aantal maanden. In die tijd ontving hij hulp van een maatschappelijk werker om structuur aan te brengen in zijn leven. Tijdens de gesprekken met deze gezondheidsmedewerker moest hij toegeven dat hij een alcoholprobleem had. Het was het moment waarop alles veranderde. Hij besefte opeens dat hij de alcohol in feite gebruikte om rust te creëren in zijn overactieve hoofd.

Nadat hij was gestopt met drinken, nu twee jaar geleden, werd het hem steeds duidelijker waarom hij het gevoel had dat hij moest drinken. Zijn gedachten waren erg onrustig, vooral 's avonds, om de slaap te kunnen vatten moest hij eerst zijn gedachten 'plat' drinken. En dat was gewoon van kwaad tot erger gegaan.

Na al die jaren had ik echt een hekel gekregen aan voetballen. Ik vond het eigenlijk ook bizar dat mensen eerst iets gezonds doen, zoals een voetbaltraining of -wedstrijd om daarna zoiets ongelooflijk ongezonds te doen. Het verbaast me dat de maatschappij het nog steeds normaal vindt dat er een bar aanwezig is in sportcomplexen. Mijn man is vast niet de enige die dronken thuiskwam na elke voetbalwedstrijd. Ik weet zeker dat dit in een heleboel gezinnen gebeurt. Maar als maatschappij hebben we kennelijk besloten dit normaal te vinden.

Op dit moment zitten we, als gezin, nog steeds middenin een genezingsproces. Mijn man zoekt een weg om met zijn problemen om te gaan en we proberen allemaal een manier te vinden om elkaar te waarderen om wie we zijn, met onze fouten en met onze kwaliteiten.

We hebben een hoop meegemaakt en tot nu toe overleefd, een bijzonder moeilijk proces, met veel pijn en tranen. Ik wil hier niet te diep op ingaan want het is nog steeds iets waar we niet makkelijk over kunnen praten. Voor mij is nu wel de druk van de ketel, de constante zorgen en de spanningen verdwijnen langzaam naar de achtergrond.

Ik geloof niet dat mensen alcoholist worden voor de lol. Maar iemand die zelfrespect heeft en respect voor zijn of haar lichaam, zou het niet zover moeten laten komen. We weten dat de moeder van mijn man ook dagelijks minstens een paar glazen wijn drinkt. Ze begon steeds meer te drinken nadat haar echtgenoot was overleden, al behoorlijk wat jaren geleden. Ze woont alleen en lijkt inmiddels mijlenver af te staan van een normaal leven. In het verleden moedigde ze mijn man vaak aan om samen met haar te drinken en begreep ook niet waarom haar zoon moest stoppen met drinken. Ze zag niet in dat hij in ons gezin grote problemen veroorzaakte.

Ik denk dat dit heel veel voorkomt. Dat mensen drinken om hun problemen te verdoven. Problemen uit het verleden of in hun dagelijkse leven, wanneer het te pijnlijk is geworden om gewoon te 'voelen'. Ik veroordeel deze mensen niet, wat niet betekent dat ik overmatige alcoholconsumptie goedkeur. Maar ik begrijp wel dat er soms situaties zijn waaruit mensen willen wegvluchten, als ze niet langer de verantwoordelijkheid kunnen dragen voor hun leven en niet meer bewust 'aanwezig' willen zijn.

Die pijn kan soms heel intens zijn. Er zijn mensen met een alcoholverslaving die het heel moeilijk vinden een leven zonder drank te leiden en tegelijkertijd hun leven als alcoholist ook een onmogelijke opgave vinden en daarmee worstelen. Vorige week hoorde ik van een vrouw die al ruim een jaar geleden was gestopt met drinken. Ze was heel gul, hielp iedereen, had over de hele wereld gereisd. Toch kon ze haar mentale leed niet langer verdragen, ze had zelf een einde aan haar leven gemaakt. Je kunt mensen niet veroordelen, simpelweg door wat je ziet aan de buitenkant.

We leven in een maatschappij waar uiterlijke schijn troef is. Materieel succes, de manier waarop we ons kleden, de buurt waarin we wonen en ons gezin grootbrengen, deze zaken dragen allemaal bij tot een 'plaatje'. Dit plaatje is echter niet altijd een reflectie van de werkelijkheid. De geheimen die verborgen liggen achter de voordeur kan men aan de buitenkant niet aflezen en zijn vaak veel groter dan we ons kunnen voorstellen. Ik ben ervan overtuigd dat er in veel gevallen alcohol in het spel is. Het is nog steeds een probleem dat in de doofpot wordt gestopt.

Wij hebben onze 'doofpot' de deur uit gegooid!

*ADHD Attention deficit hyperactivity disorder (Aandachtstoornis met hyperactiviteit)

Een reis van duizenden kilometers begint met één enkele stap

Chinese uitdrukking

Was het leuk gisteren?

*Leuk, oh wow, het was een geweldige avond! Ik was uit met de meiden;
weet je nog, die vrouwen die ik heb ontmoet in het fitnesscentrum een
paar maanden geleden?*

Je bedoelt die dertigers?

Ja, we gaan nu iedere vrijdag en zaterdag uit. Ik vind het super.

Ben je daar niet een beetje te oud voor? Je bent verdorie achtenveertig!

*Ach wees toch niet zo saai, het houdt me jong en gelukkig. Ik voel dat ik
leef, dus waarom niet? Ik ontmoet geweldige mensen en heb fantastische
seks; nou ja, dat vermoed ik, ha ha.*

Wat bedoel je?

*Oh, je weet best wat ik bedoel! Trouwens, ik had een superleuke avond.
We gingen naar de King's Arms, die bar hier om de hoek. Ik weet eerlijk
gezegd niet hoeveel ik heb gedronken, heel wat denk ik zo. Niemand
drinkt mij onder de tafel, dat kan ik je vertellen en achtenveertig of niet,
ik heb geen enkel probleem om de anderen bij te houden ...*

Wat doen jullie eigenlijk op zo'n avond, waar praten jullie over?

*Niets speciaals hoor, we hebben gewoon lol en worden lekker dronken,
beetje flirten met de mannen enzo. Goh er waren heel wat lekkere
stukken in de bar gisteravond. Een paar geweldige 'toy-boys' voor
'mamma' om mee te spelen, ha ha. Hoewel ik me niet alles meer kan*

herinneren ... Oh, oeps, ik herinner me opeens dat mijn baas er ook was. Ha ha, nou die zal zijn mening over mij wel wat moeten bijschaven nu hij me met mijn borsten uit de blouse heeft gezien!

Wat bedoel je ... borsten uit de blouse?

Nou, behalve dat ik een nietsverhullend topje droeg, om een beetje te lonken met mijn indrukwekkende voorgevel, al zeg ik het zelf, ha ha, hadden we gewoon lol. Het was om te gillen. We werden uitgedaagd door een groep soldaten die met verlof waren om topless te gaan in ruil voor gratis drinken. Nou ik dacht, die van mij zijn nog steeds de moeite waard, alles in de naam van gratis drank. Ha ha ... ik geloof niet dat ik ooit eerder zoveel aandacht heb gehad. Het was waanzinnig! Ik weet natuurlijk niet zeker wat mijn baas daarvan zal vinden. Och nou ja, wat kan het mij bommen. Als hij het niet oké vond dan kan hij een andere Personal Assistant zoeken, alsof mij dat wat kan schelen. Er zijn genoeg baantjes voor een zeer ervaren vrouw als ik.

Maakt het je dan niet uit wat andere mensen van je denken?

Natuurlijk niet, waarom zou het me wat uitmaken? Ik ben wie ik ben en daar ben ik trots op! Iedereen is dol op me, dat kan ik merken. Zoiets voel je toch?

Wat gebeurde er dan toen jij en de meiden jullie borsten tentoonstelden?

Het klinkt zo saai als jij het zegt! We kregen punten van de mannen en die schreven ze op onze borsten. Ik kreeg een acht van de meesten. Niet slecht he? Alleen vervelend dat ze van die zwarte markers gebruikten, dus ik heb me een ongeluk gepoetst vanochtend met al die nummers op mijn borsten. Je kunt het nog steeds een beetje zien, maar dat is vast aankomende vrijdag wel weer weg.

Aankomende vrijdag? Dus je hebt je volgende avondje uit alweer gepland?

Ja natuurlijk! Ik kan me amper iets herinneren van gisteren, dus ik moet weer wat nieuwe herinneringen opdoen, ha ha!

Wat bedoel je ... ik kan me amper iets herinneren?

Nou, ik herinner me de bar en ik kan me vaag herinneren dat één van die gasten zijn handen niet van me af kon houden. Het maakte dat ik me sexy en opgewonden voelde. Verder herinner ik me niet zoveel, maar vanochtend werd ik wakker naast een knul van een jaar of dertig, met van die hippe Chinese tatoeages in zijn nek en namen van ex-vriendinnetjes met een kruis erdoorheen, over zijn hele lichaam. Oh ja, en hij miste een paar tanden! Oeps! Ha ha.

Vind je dat grappig?

Wat, die missende tanden? Ach ja, dat was wel een beetje een afknapper, maar wat maakt het uit, ik zie hem toch niet meer.

Gebruik je wel voorbehoedsmiddelen? Ben je niet bang dat je een seksueel overdraagbare ziekte oploopt?

Jemig, je bent zo'n spelbreker – wie denk je wel dat je bent, mijn moeder? Ik kan me niet herinneren of we iets gebruikten, maar ik kan niet meer zwanger worden, ik zat al vroeg in de menopauze, weet je nog!

Dus je hebt nergens spijt van?

Nou, nu je het zegt. Het spijt me wel dat ik mijn slipje ben verloren – het was mijn favoriet, van die sexy lingeriewinkel in de stad. Ik weet niet wat daar mee is gebeurd. Het was opeens verdwenen, geen idee hoe of wat. Alhoewel, nu ik erover nadenk, ik herinner me vaag dat één van de soldaten mijn rode kanten slip op zijn hoofd droeg. He, wat jammer, het was ook nog eens een heel duur slipje.

Ben je niet bang dat je kans loopt een alcoholist te worden?

Wat? Een alcoholist? God, nee, natuurlijk niet, doe niet zo belachelijk. Ik drink amper doordeweeks. Ik heb een goede baan en ben een goede moeder voor mijn twee tienerkinderen. Ik lig niet ergens in de goot zoals dronkenlappen! Trouwens, ik doe er toch niemand kwaad mee?

Er zijn maar twee fouten die men kan maken op weg naar de waarheid: niet de hele weg bewandelen, en niet starten

Buddha

Hij was mijn minnaar, mijn 'toy boy'

... Ik was vijfenveertig en werd verliefd op hem, hals-over-kop, op het eerste gezicht, en hij op mij. Het was als een electrische schok, opwindend, bizar, fantastisch en het werd gadegeslagen door een zeer goede vriendin. Dus waarschuwde ze me. *"Doe het niet, ga niet met hem in zee ... hij heeft een probleem! Hij wordt heel agressief als hij drinkt, en hij drinkt ... heel veel"*.

Maar dit kon toch niet fout zijn of een slecht idee? Deze adembenemende jonge Adonis, zo mooi van top tot teen, vijftien jaar jonger dan ik, verliefd op mij! Dat was toch zeker niet alleen maar een bevlieging. Ik was compleet gevallen, direct, voor deze heerlijke, intelligente man.

Ik was slechts een paar dagen op bezoek bij mijn vriendin in Zuid Frankrijk dus we moesten ten volle genieten van onze tijd voordat ik weer terug moest naar Engeland. En dat deden we. Er was geen tijd om elkaar eerst te leren kennen, geen brave meisjes gedrag. Ik ging ervoor,.helemaal en ik genoot ervan.

We gingen direct met elkaar naar bed en het was de beste seks die ik ooit had gehad, en heel veel en nog een beetje meer. De aandacht, zijn romantische ideeën, onze tochtjes op de rivier in de oude schuit, hand in hand wandelen, we verdronken in elkaars ogen. Het was te gemakkelijk en te mooi. Het was het begin van een vijf jaar durend avontuur dat me voor altijd heeft veranderd.

***

Hij stelde me voor aan de vrouw die uiteindelijk mijn beste vriendin zou worden. Zonder dat ze wist wie ik was, waarschuwde zij me ook voor hem.

"Wees voorzichtig, hij is een gewelddadige alcoholist!"

Ik luisterde niet naar haar, want ik had het allemaal al gehoord. Ik was verliefd en ervan overtuigd dat zijn gedrag geen effect op mij zou hebben. We woonden tenslotte niet samen, dus wat was het probleem? Ik kon toch zeker wel gewoon genieten van de momenten die ik samen met hem doorbracht. 'Living apart together', het voelde perfect.

We ontmoetten elkaar heel vaak, zowel bij hem in Frankrijk als bij mij in Engeland en onze liefde groeide. Het groeide zo diep dat we allebei het gevoel hadden dat we dichter bij elkaar wilden wonen, maar al gauw leerde ik zijn boze kant kennen.

Er waren momenten dat hij heel erg bezitterig werd ten opzichte van mij. Hij wilde me met niemand delen. Als hij dronken was dan werd hij altijd extreem boos en gooide dingen in huis kapot. Hij was niet altijd dronken. Hij was een 'binge'drinker en kon dagenlang niet drinken. Daarom was hij ook in totale ontkenning. Hij had geen probleem.

Hij meldde zich wel aan voor een afkickprogramma om mij een plezier te doen, maar hij nam het niet serieus. Hij moest er om lachen.

Ook kon hij heel gemakkelijk een poosje niet drinken, ik hield van hem en dacht dat ik hem kon genezen met mijn liefde. Dus begonnen we te spelen met de gedachte om te gaan samenwonen.

Ik kwam naar Frankrijk om op het huis te passen van een vriendin en om een nieuw huis te zoeken waar we zouden kunnen gaan samenwonen. Het was de bedoeling dat hij bij mij in het huis van mijn vriendin zou komen, maar in plaats daarvan ging hij naar de kroeg. Toen de politie aanbelde heb ik geweigerd hem binnen te laten, dus verbleef hij die nacht in een politiecel. Ik vond het echt vreselijk voor hem, maar het had ook mijn ogen geopend. Met hem samenwonen was onmogelijk.

Hij was mijn 'fatal attraction'. We gingen verschillende malen uit elkaar om vervolgens toch weer samen verder te gaan, maar het voelde alsof onze relatie bij elkaar werd gehouden door plakband. Net als zijn bril, na alweer een dronken episode.

***

Zijn bezitsdrang en boosheid namen toe. Hij eiste mijn onverdeelde aandacht. Hij was naar Engeland verhuisd om dicht bij mij in de buurt te zijn en klopte regelmatig op mijn deur. Als ik hem niet de aandacht gaf waar hij zo wanhopig naar op zoek was, ging hij zich bezuipen, alsof hij me wilde straffen. Onbewust zorgde hij er op die manier voor dat het mijn probleem werd; ik moest maar zien wat ik ermee deed. Hij was vreselijk kwaad dat ik hem niet bij mij in mijn huis liet wonen en het leek wel of hij altijd manieren zocht om het mij betaald te zetten.

Op een dag vond ik hem in mijn huis, met doorgesneden polsen. Ik was in schock. Alles zat onder het bloed en ik moest een vriend vragen me te helpen om hem naar het ziekenhuis te vervoeren.

Onze intense, moeilijke relatie hield nog twee jaar stand. We hadden nog steeds seks en er waren nog steeds vele fantastische momenten, met alle waardering en liefde, die dan weer werden gevolgd door emotionele blackmail. Uiteindelijk kon ik niet anders dan de relatie beëindigen en alle contact met hem verbreken, met spijt en pijn in mijn hart.

De beste manier waarop ik hem kan omschrijven is dat hij leek op een Aboriginal die, weggerukt uit de binnenlanden van Australië, was gedropt in een grote, vreemde stad in het buitenland, waar hij zich in zijn eentje moest redden, met alleen maar een katoenen tas met speciale stenen. Hij voelde zich absoluut niet op zijn plaats in de westerse wereld en ik heb het gevoel dat dit, voor een deel, de oorzaak was van zijn drankmisbruik.

Hij bleef me bellen en liet agressieve berichten achter op mijn antwoordapparaat, zelfs nog jaren nadat we officieel uit elkaar waren gegaan. Op een dag hoorde ik zijn stem iets inspreken in mijn antwoordapparaat. Hij was broodnuchter en smeekte me de telefoon op te nemen. Ik was te bang en deed het niet, waar ik tot op de dag van vandaag spijt van heb.

Twee weken later verdronk hij nadat hij, volslagen laveloos, in de rivier was gevallen. De rivier waar we samen zoveel mooie herinneringen aan hadden. Hij was pas tweeënveertig jaar oud.

Het was me niet gelukt om hem voor zichzelf te beschermen. Hij was niet sterk genoeg om in de moderne maatschappij te leven en dus creëerde hij zijn eigen ondergang. De donkere momenten lijken nu nog slechts schaduwen van een lang vervlogen tijd. Hij nam een deel van mij mee de rivier in en liet me achter met een angst om opnieuw verliefd te worden. En nu ben ik te oud. De haren op mijn onderbenen zijn verdwenen, nu heb ik haren op mijn kin. Het maakt niet meer uit, ik koester mijn mooie herinneringen, in mijn geheugen gegrift voor de rest van mijn leven. Zijn romantische brieven, vol sentiment, zijn zorgvuldig opgeborgen in een doos met zijn naam erop.

Ik was verliefd en dacht dat ik hem kon veranderen; dat ik hem kon genezen met mijn liefde

Een geïnterviewde

Zit het in de genen of is het de opvoeding

... het is een vraag waarover de meningen verdeeld zijn en die, zover ik weet, nooit wetenschappelijk is beantwoord. Voor mijn gevoel kloppen beide; we hebben onze genen meegekregen en door onze opvoeding zijn we opgezadeld met aangeleerd gedrag. Mijn vader was een alcoholist, dat was bepalend voor mijn opvoeding. Ik groeide op in Ierland en mijn thuissituatie was zoals die van zo velen. Het was volkomen normaal voor een dertienjarige jongen om te experimenteren met alcohol, dat deed ik dus ook, samen met mijn beste vriend. De eerste de beste keer werd ik al dronken en had gelijk een 'blackout'. We hadden allebei twee flessen extra sterk bier en een fles cider leeggedronken. Ik heb geen idee wat er daarna gebeurde.

Wat ik wel weet is dat een 'blackout' een regelmatig terugkerend fenomeen werd in mijn hectische leven. De vriend van het eerste uur is al jaren geleden overleden aan leverfalen en daarna zijn nog vijf goede vrienden uit die tijd gestorven door overmatig alcohol- of drugsgebruik, meestal beide. Ik overleefde en kan het navertellen en ik heb nu het gevoel dat het belangrijk is om dit verhaal te delen. Misschien kan mijn verhaal mensen helpen en net dat zetje geven dat ze nodig hebben om hulp in te roepen.

Ik zat midden tussen de vrienden die allemaal het zelfde deden als ik: drinken en feesten. Ik dronk niet omdat ik depressief was, ik dronk niet omdat ik verlegen was, maar ik dronk omdat de drank me super veel zelfvertrouwen gaf.

We zaten allemaal in hetzelfde schuitje, een leven van seks, drugs en 'rock and roll'. Toen ik net aan de drank was scoorden de Rolling Stones hun eerste nummer één hit, Keith Richards was mijn grote held. Het was gekte alom; wie het mafst deed werd het meest bewonderd. Ik werd ook bewonderd en vond dat fantastisch. We hadden veel vrijheid en de 'slechte jongens' waren het meest in trek. Alles was oké.

Er was in die tijd niemand die ik 'de schuld' hoefde te geven van mijn drankzucht, er was ook niemand die me daarop aansprak. Ik genoot gewoon zonder veel na te denken zoals iedereen om me heen dat deed en heb dat jarenlang volgehouden. Maar de gevolgen bleven niet uit. Ik kreeg geldproblemen, kwam in aanraking met verkeerd volk en zat regelmatig in de nesten. Een verband met mijn alcoholgebruik legde ik nooit, ik dacht dat problemen gewoon bij het leven hoorden zoals ik dat thuis ook gewend was. Iedereen dronk toch? Dat gold echter niét voor iedereen. Ik ging jaren later weer eens naar een feestje, toen ik zelf al ruim een jaar niet meer dronk, en observeerde de feestgangers.

Ik kon amper geloven hoe weinig er gedronken werd. Men stond daar gewoon met een glas wijn in de hand en deed wel een half uur over dat ene drankje – Ik was totaal verbaasd. Natuurlijk, het was een normaal feest en leek in niets op de feesten waar ik aan gewend was. Deze mensen gedroegen zich normaal en sloegen niet, zoals ik vroeger, snel een hoop drank achterover tot ze laveloos waren.

Op de één of andere manier is het me altijd wel gelukt mijn baan te behouden. Ik had een vast patroon: werken tot vrijdagmiddag en dan was het ''Party Time'', dat liep van vrijdagavond tot en met zondagnacht. Soms was ik zo dronken geweest dat ik me nog twee dagen ziek voelde, maar ik ging 's maandags altijd naar mijn werk. Mijn lichaam herstelde dan langzaam door een paar dagen geen alcohol te drinken en gezond te eten, en dan begon vrijdag de cyclus opnieuw. Na zo'n vijfentwintig jaar begon ik ook doordeweeks alcohol te drinken, maar ontkende pertinent dat ik een probleem had.

Onbewust had ik een hekel aan mezelf en de alcohol hielp me om iemand anders te worden, een andere ik. Het droeg er zeker ook toe bij dat er een sterke drinkcultuur was in Ierland in die jaren – en dat is eigenlijk nog steeds zo! Vrijwel iedereen denkt dat drinken en lol hebben onafscheidelijk zijn. Als je het ene doet, doe je het andere ook. Mensen keurden het niet af als iemand dronken was, niemand vond het walgelijk, het hoorde bij het Ierse leven.

Echter, ik had twee gezichten en was een superlastpost als ik dronken was. Ik was geen echte ruziezoeker, maar wel vaak agressief als ik onder de invloed van alcohol was. Tijdens die jaren van drank had ik verschillende relaties, één van hen was de liefde van mijn leven. Soms was ik verbaal agressief naar mijn partners en zelfs fysiek agressief tegen sommigen van hen, maar nooit gewelddadig. Wel worstelden we en ik smeet nogal eens alle borden in het huis kapot. Eén partner gooide me zelfs door een winkelruit in Londen, maar al deze gebeurtenissen werden verteld als grappige voorvallen onder grote hilariteit tijdens de vele feestjes.

Ik weet nu dat verbale mishandeling emotioneel meer schade kan aanrichten dan fysieke mishandeling. Toen wist ik dat niet. Ik had ieder excuus dat je je maar kunt bedenken en ik zei heel gemakkelijk 'sorry hoor'.

Mijn favoriete uitdrukking was *"barst maar als ze niet tegen een grapje kunnen!"* Na een heftige nacht drinken werd ik meestal wakker met een enorm gevoel van spijt en van schaamte. Dit kwam bovenop het gevoel van me fysiek beroerd voelen. Over het algemeen kon ik me weinig herinneren van wat er was gebeurd. De veelvoorkomende blackouts maakten dat ik me rot schaamde wanneer ik mensen tegenkwam waar ik mee had gedronken, want ik had geen idee wat ik had gedaan en hoe vreselijk ik me misschien wel had gedragen.

Alcoholisten kunnen nogal extreem zijn. Nuchter zijn ze vaak bescheiden, attent en begripvol, maar als ze dronken zijn veranderen ze in een monster. Dat 'monster' laat zich zelden zien aan het begin van een leven met drank, want dan gaat het drinken nog om het krijgen van zelfvertrouwen. De drinker is dan vaak bijzonder charmant. Maar uiteindelijk, als de verslaving de overhand krijgt, worden het monsters, dat gold zeker voor mij. Ik ben veel dingen kwijtgeraakt en heb vele kansen gemist. Ik heb zoveel geweldige en interessante mensen ontmoet, maar vanwege mijn gedrag kon ik geen contact met ze onderhouden en bij ze op visite gaan. Ik schaamde me te erg.

Waar ik het meest spijt van heb is dat ik de liefde van mijn leven, mijn 'soulmate' heb verloren. We waren tien jaar samen en hielden van elkaar, maar het was een gestoorde relatie. Tien jaar lang reisden we de hele wereld rond en woonden in Cape Town en in Londen, maar ook in Ierland en Frankrijk. Mijn drinkgedrag was vreselijk en ik bracht haar vele malen in verlegenheid, door mij raakte ze vaak in de problemen.

In 1983 hielp een vriend in Cape Town me aan een baan bij een filmmaatschappij. Ik wist me snel binnen het bedrijf omhoog te werken, van loopjongen tot productie-assistent en zelfs tot aan de top als locatiemanager. Er waren geen vakbonden in de filmindustrie in Zuid

Afrika, dus je kon op elke afdeling werken, als je je werk maar goed deed, dat was het enige wat belangrijk was. Gestoord gedrag werd daarom geaccepteerd en ik kwam overal mee weg. Als we op buitenlocaties waren, werden de meeste nachten één groot feest.

Ook al maakte ik er een aantal malen een volledige puinhoop van, het lukte me nog steeds om mijn baan te houden en mijn werk te doen. Maar mijn leven werd steeds absurder.

Op Oudejaarsavond 1989 ging ik uit om te feesten, zoals ik altijd deed. Ik kende een barman in een zaak in het centrum. Ik kreeg drie drankjes voor de prijs van twee en ik kan me niet goed herinneren dat ik daar weer wegging, maar ik wilde vóór middernacht in een bepaalde nachtclub zijn. Ik herinner me vaag dat ik uiteindelijk in die nachtclub was; mensen waren aan het dansen. Ik had een glas whisky in mijn hand, stopte mijn andere hand in mijn broekzak en nam er wat slaapmiddelen uit. Toen de klokken middernacht sloegen, spoelde ik ze weg met de whisky. Het volgende wat ik me kan herinneren is dat ik langs de waterkant in Cape Town liep. Daar was een café dat de hele nacht open was en ik bestelde een koffie. Ik belde een vriendin die af en aan in mijn leven was en vroeg aan haar of ze me op wilde halen. Ze zei nee en gooide de hoorn op de haak. Ik wist niet wat te doen, maar ik kan me ook niets meer herinneren van wat er daarna gebeurde.

De volgende dag werd ik wakker in een eenpersoonsbed en het was ochtend. Fel zonlicht scheen door het raam naar binnen. De deur stond op een kier en ik hoorde stemmen in de kamer die aan de slaapkamer grensde. Ik herkende deze stemmen niet en ik had absoluut geen idee waar ik was. Ik moest ontzettend nodig plassen maar door een mengeling van schaamte en paranoia was ik te bang om door de deur te lopen om te zien wie daar was. Snel trok ik een T-shirt aan en sprong uit het raam de tuin in, maar zag geen plekje waar ik kon plassen, ik liep naar het einde van de tuin en klom over een vrij hoge muur. Ik kwam terecht in een bos en daar deed ik mijn plas tegen de dichtstbijzijnde boom. Toen draaide ik me om en had geen idee over welke muur ik was geklommen.

Daar stond ik dan, in een bos, met alleen maar een T-shirt aan. Geen onderbroek, geen lange broek, geen horloge, geen schoenen. Ik was geschokt, ik kon me met geen mogelijkheid meer herinneren welke muur bij het huis hoorde waar ik de nacht kennelijk had doorgebracht. Dus liep ik maar het laantje uit waar ik wat mensen zag. Ik riep naar hen of iemand me alsjeblieft een broek of iets dergelijks kon lenen. Iemand kwam uit één van de huizen met een korte broek en ik liep weg. Op de één of andere manier vond ik de weg terug naar mijn huis. Dat is hoe ik het nieuwe jaar en een nieuw decennium startte.....

Ik haatte alles aan mijn leven en aan mezelf. Mijn leven was een chaos en ik had er genoeg van. Genoeg van de gekte, maar ik wist ook niet hoe ik het kon veranderen. Ik had duidelijk mijn dieptepunt bereikt. Niemand wist af van dit voorval in mijn leven. Het was het meest intense gevoel van degradatie dat ik ooit had gevoeld. Ik schaamde me diep en walgde van mezelf.

Ik weet nog steeds niet wat er toen is voorgevallen en wat er met mijn spullen is gebeurd en kan niet eens proberen te begrijpen wat die mensen in dat huis wel over mij gedacht moeten hebben, dat ik zomaar was verdwenen, zonder mijn kleren.

Ik besloot dat ik terug wilde naar Ierland, maar het duurde nog tot het einde van dat jaar voordat het me lukte om terug te keren. Ik herinner me dat ik op de terugweg naar huis dacht *"je bent overal geweest, je hebt overal een puinhoop van gemaakt, nu ben je terug bij af. Je hebt alle schepen achter je verbrand. Het is tijd voor een serieuze verandering, je gaat nu stoppen met drinken"*.

Het was tijdens de kerstweek dat ik weer in Ierland terugkwam en mijn moeder was alleen; mijn vader was al een aantal jaren daarvoor overleden. Ze wilde de kerst doorbrengen in een leuk hotel op het platteland, en dus hield ik haar gezelschap. Het duurde niet lang voordat ik plaatsnam op een kruk in de bar met een broekzak vol slaapmiddelen. Toen we weer terug thuis waren vertelde mijn moeder me dat ze de kamermeisjes om hulp had moeten vragen om mij uit het bad te krijgen. Ik herinner me hier helemaal niets van.

Niet lang daarna ontmoette ik mijn nieuwe partner. Al binnen een week van onze relatie vroeg ze me of ik me wel realiseerde dat ik een probleem had met alcohol. Ik bevestigde dit. Toen vroeg ze me *"wil je daar iets aan doen"?* En ik zei ja. Ik wilde dit oprecht want ik haatte mijn bestaan. Het heeft heel lang geduurd voordat ik besefte dat de alcohol er altijd was vóór de problemen. Het kleurde alles en had een effect op alles, op mijn perceptie en op mijn hele manier van zijn. Dat had ik me nooit eerder gerealiseerd. Ik had allerlei excuses en was een meester in ontkenning en relativeren, tot mijn leven zo uit de hand liep en zo moeilijk werd, dat er geen ontkenning meer mogelijk was.

Je moet voldoende in de problemen zitten om dit te kunnen zien; voordat je er iets aan kunt doen. Dit wordt vaak 'hitting rock bottom' genoemd, een totaal dieptepunt bereiken. Pas als een alcoholist dit punt bereikt kan hij of zij besluiten om er wat aan te gaan doen. Zo niet dan is de weg die voor hen ligt een weg van ziekte en dood. Het is net zo extreem als dat het gebruikelijk is en velen hebben 'rock-bottom' nodig om wakker te worden geschud. Al is dit vaak het geval het is niet persé noodzakelijk voor iemand om alles wat ze bezitten te verliezen om hun dieptepunt te bereiken. Ik moest echter wel die weg bewandelen.

Mijn nieuwe vriendin nam me min of meer bij de hand en bracht me naar een centrum waar ze alcoholisten behandelen, zowel intramuraal als poliklinisch. Ze gaven me anti-alcohol pillen. Deze tabletten maken je heel erg ziek als je drinkt. Ik moest iedere dag een tablet nemen, maar het effect van één tablet hield bij mij een paar dagen aan. Niets in mij had nog behoefte aan alcohol. Het was alleen dankzij de steun en goede wil van mijn partner en mijn eigen wanhopige zucht naar verandering dat ik begon te zoeken naar een oplossing.

Het duurde nog acht maanden voordat ik eindelijk werd opgenomen in een ontwenningskliniek. Het duurde zolang om de juiste plek te vinden omdat er een wachtlijst was. Ik had al acht maanden niet gedronken en toch had ik het gevoel dat ik daar naartoe moest. Ik was gestoorder dan ooit daarvoor, wat vaak gebeurt als mensen stoppen met drinken. Ik verbleef dertig dagen in de ontwenningskliniek. De daaropvolgende twee jaar ging ik wekelijks naar nazorg-bijeenkomsten van alcoholisten met hun partners.

Mijn wilde leven is nu een succesverhaal. Het is meer dan twintig jaar geleden sinds ik mijn laatste drankje dronk. Ik heb ongelooflijk hard aan mijn herstel gewerkt. Dit herstel was niet gemakkelijk maar ik zou het voor niets in de wereld willen ruilen. De dag dat mijn herstel begon was de dag van het begin van een ongelooflijke verandering en nu heb ik een werkelijk fantastisch leven.

Toen ik nog dronk was ik iemand die altijd iedereen tevreden wilde stellen, ik deed alles om maar goedkeuring te krijgen, geaccepteerd te worden en te worden erkend. Er waren te veel leugens, maar nu kan ik eerlijk zijn. Ik heb meer zelfvertrouwen en zelfacceptatie, maar ik heb alles nodig gehad wat er op dit gebied maar te krijgen was om te komen tot waar ik nu ben.

Aan het begin van mijn behandeling werd mij verteld dat ik een chronische alcoholist was met een kruisverslaving. Ik was aan meerdere middelen tegelijk verslaafd. Na de dertig dagen behandeling en de twee jaar nazorg had ik nog privé therapie en werd ik door de kliniek geïntroduceerd bij de Anonieme Alcoholisten. Sindsdien ging, en ga ik nog steeds, regelmatig naar die bijeenkomsten. Ik kreeg een zogenaamde sponsor om me te steunen bij het Twaalf Stappen Programma.

Deze twaalf stappen zijn als een gereedschapsdoos waar je alle gereedschap kunt vinden die je nodig hebt om beter en nuchter te worden. Tijdens de eerste twee jaar krijg je het advies om constant in contact te blijven met je sponsor en om situaties waarin drank wordt geschonken te vermijden.

Er zijn aspecten aan het alcoholisme die, tenzij men het zelf heeft ervaren, moeilijk of zelfs niet te bevatten of te begrijpen zijn voor de gemiddelde toeschouwer. Ik denk dat alleen een alcoholist een andere alcoholist volledig kan begrijpen. Als je met je herstel begint is het goed om het contact met mensen waar je voorheen mee dronk te vermijden, deze mensen leken goede vrienden, maar je zult de dingen anders gaan zien als de alcohol je systeem verlaat.

Ik ben er ook van overtuigd dat er verschillende fases zijn in het herstel. Naar mijn mening is de beste vertegenwoordiger, de man die het meest weet van het afkicken van alcohol en al de verschillende fases, John Bradshaw. Hij heeft vele boeken geschreven over dit onderwerp. Ik prijs me gelukkig dat ik verschillende workshops van hem heb kunnen bijwonen en dat heeft me veel inzicht gegeven. Hij is degene die de 'Inner Child' workshops heeft ontwikkeld en hij is ook internationaal een autoriteit op het gebied van dysfunctionerende gezinnen.

Ik ben heel dankbaar voor het pad dat ik heb mogen bewandelen en ik denk niet dat ik zover zou zijn gekomen zonder al de hulp die ik heb gehad. Ik ben nu in een positie waar ik andere mensen kan helpen. Binnen de AA bestaat een regel dat alles wat wordt gedeeld binnen de vier muren waar de bijeenkomst plaatsvindt, deze ruimte niet mag verlaten. Ik respecteer dat want het is een garantie voor mensen om anoniem te kunnen blijven. Ik ben er echter helemaal van overtuigd dat onze verhalen gehoord moeten worden, want ze kunnen misschien die mensen bereiken die het nog steeds moeilijk hebben en het kan hen helpen zich te realiseren dat ze niet de enigen zijn met dit probleem.

Dat er HOOP is.

Ik ben niet bang om mijn verhaal met de wereld te delen. Waar ik me nu nog het meest voor schaam is de pijn die ik heb veroorzaakt. Eén van de stappen uit het Twaalf Stappen Programma kan je helpen hiermee om te gaan. Tijdens het herstel worden we ons bewust van onze tekortkomingen en onze karakterfoutjes.

Een karakterfoutje van mij, dat overigens veel minder is geworden, maar er toch nog steeds is, is boosheid met verbale agressie. Het is iets waar ik ongelooflijk graag vanaf wil. De enige manier waarop ik het kan omschrijven is dat het als een rode lap op een stier werkt. Toen ik mijn probleem met mijn irrationele boosheid deelde met andere herstellende alcoholisten bleken velen dit bij zichzelf te herkennen, maar de meesten spraken hier nooit over.

Heeft de alcoholist een woede probleem? Is deze boosheid er eerst of is het een effect van de alcohol? Als we de boosheid ontleden gaat het meestal over onszelf. We zijn in feite boos op onszelf, maar we leven dit uit op anderen, meestal op mensen die het dichtst bij ons staan, waar we van houden. Dus volgens mij is de boosheid er al voordat er alcohol in het spel was, maar deze boosheid zit heel diep van binnen, vaak om onduidelijke redenen.

Bij mij komt het door een gevoel van hulpeloosheid; door het niets kunnen doen om een rotsituatie te veranderen die wordt veroorzaakt door een alcoholische ouder. Ik stond er als vierjarig knulletje bij toen mijn vader mijn moeder in elkaar sloeg.

Door dit fysieke geweld, waar ik niets aan kon veranderen, voelde ik me volstrekt hulpeloos. Ik ben me daarvan bewust geworden doordat ik dit soort problemen, en vele andere, heb besproken tijdens mijn therapie.

Kennelijk wordt door onze ervaringen en waarnemingen in de eerste vijf jaren van ons leven - de jaren waarin we worden gevormd - onze basisstructuur ontwikkeld. Met die basis moeten we het de rest van ons leven doen. Kunnen we die nog veranderen of geheel of gedeeltelijk uitwissen? Ik weet het niet zeker, maar verandering is altijd mogelijk met hulp, ik geloof niet dat we het alleen kunnen!

Alcohol is een sociaal smeermiddel, maar een alcoholist is iemand die wordt geleid door angst. In 1956 werd alcoholisme door de Wereld Gezondheids Organisatie erkend als een ziekte; een erkenning die door velen nauwelijks werd geaccepteerd. Als je zelf geen alcoholist bent (geweest) is het ook bijna onmogelijk om te begrijpen wat alcoholisme is. Ik vergelijk het met een depressie. Een grote, gezonde, sterke man die depressief is, heeft vaak problemen om 's ochtends op te staan. Alleen als je zelf een depressie hebt gehad kun je dit begrijpen en dan weet je dat deze man in het donker zit en zich hulpeloos voelt. Depressie is een chemische onevenwichtigheid in de hersenen; alcoholisme is van nature hetzelfde, maar opvoeding speelt zeker ook een grote rol.

Ik ben van mening, en dat geldt voor veel meer problemen, dat het voorkómen van 'alcoholisme' begint bij het ouderschap. Eén van de moeilijkste banen die er zijn, misschien wel de moeilijkste. Als je een electrisch apparaat koopt dan krijg je er een gebruiksaanwijzing bij. Een mens is het meest complexe 'apparaat' op deze planeet, maar we krijgen geen instructies hoe we onze kinderen moeten opvoeden en hoe we hen kunnen helpen om gezond en gelukkig te worden.

Pas in de laatste decennia is informatie beschikbaar gekomen over psychische en fysieke behoeftes van kinderen. Of een kind opgroeit tot een gezond en evenwichtig individu met een natuurlijk gevoel van vertrouwen, veiligheid en zelfvertrouwen hangt voor een groot deel af van hoe goed deze behoeftes zijn vervuld en we weten dat dit van familie tot familie heel sterk kan verschillen.

We leven in een dysfunctionele wereld, dus iedereen is tot een bepaalde hoogte dysfunctioneel. We hebben een basisbehoefte om liefde te geven en te ontvangen en we beginnen een gevoel van eigenwaarde te ontwikkelen gezien door de ogen van onze verzorger. We moeten het gevoel hebben dat we belangrijk zijn en dat er van ons wordt gehouden. Een gevoel dat we goed worden verzorgd; we hebben veel genegenheid en bevestiging nodig. Dan kunnen we vertrouwen ontwikkelen. Het is nodig dat we onze verzorger kunnen vertrouwen, zonder angst.

Wat alcoholgebruik betreft weet niemand waar en wanneer men de grens passeert, een verslaving ontwikkelt en alcoholist wordt. Zoals mij gebeurde.

Gebaseerd op mijn persoonlijke ervaring betwijfel ik of iemand een alcoholist kan worden simpelweg door teveel te drinken. Ik denk dat je er aanleg voor moet hebben en ik geloof dat opvoeding een belangrijke rol speelt bij de uitkomst of iemand, zelfs met aanleg, een alcoholist zal worden.

Naar mijn mening moeten mensen al jong les krijgen in opvoeden, dat zou echt een oplossing zijn voor veel problemen. Van ouders wordt verwacht dat ze weten hoe ze een kind moeten grootbrengen. Als een kind twee jaar oud is begint het 'nee' te zeggen, instinctief, niet omdat ze brutaal zijn.

Ik zou het toejuichen als ouderschapscursussen verplicht zouden worden gesteld. Dan kan een arts, zodra een vrouw zwanger is, haar en haar partner verwijzen naar zo'n cursus. Deze ouderschapscursussen moeten gratis zijn, gefinancierd door de overheid. Ik weet zeker dat het aantal verslavingsgevallen dan drastisch zal verminderen en dat ook ziektekosten en criminaliteit sterk zouden dalen. Criminaliteit ontstaat immers over het algemeen door dysfunctioneren, als we ons diep van binnen inferieur voelen. Dit vindt zijn oorsprong in het feit dat onze basisbehoeften niet zijn vervuld in die eerste jaren van ons leven. Ik ben ervan overtuigd dat een goede, liefdevolle opvoeding de meeste mensen, ook als ze aanleg hebben voor een verslaving, ervan zal weerhouden om waar dan ook aan verslaafd te raken!

Wie ben ik om dit zo stellig te beweren? Nou, 'I've been there and done that, I've got the T-shirt', waarschijnlijk meerdere 'T-shirts', maar ik heb het overleefd! Ik ken de lol, maar ook de pijn, de schaamte en de spijt. Ik zou ongetwijfeld al dood zijn geweest als ik er niet voor had gekozen om mijn leven te veranderen. Ik ben een alcoholist, zowel in mijn genen als tengevolge van mijn opvoeding, maar drinken is voor mij een ding uit het verleden.

Voor mij is een beste vriend iemand die mijn fouten ziet, accepteert en

ze niet probeert te verbergen

Een geheelonthouder - alcoholist

Alcohol, meer dan een drankje

Alcoholverslaving kan de kwaliteit van zowel je mentale als je fysieke leven aantasten. Het komt veel vaker voor dan men veronderstelt. Hoewel het officieel wordt aangemerkt als de meest gevaarlijke drug, is het gewoon overal verkrijgbaar. Tot op de dag van vandaag zien we reclame en scènes in televisieseries en films waar alcohol wordt getoond als een fantastisch en heerlijk middel dat je gelukkiger kan maken.

Men neemt vaak aan dat iemand die te veel drinkt, bijvoorbeeld iedere dag, aan alcohol verslaafd is, maar dat hoeft niet persé het geval te zijn. In het algemeen ontstaat de verslaving als alcoholconsumptie belangrijker wordt dan andere zaken in iemands leven. Alhoewel alcoholverslaving voorkomt bij zowel mannen als vrouwen, komt het meer voor bij mannen. Er zijn landen waar meer dan tien procent van de totale bevolking aan alcoholverslaving lijdt.

Alcohol kan fysieke, geestelijke en sociale effecten creëren afhankelijk van de hoeveelheid die wordt geconsumeerd. Naar schatting heeft één alcoholist een negatief effect op het leven van zes mensen in zijn directe omgeving.

Wereldwijd lijden bijna tachtig miljoen mensen aan afwijkingen of ziektes die een direct gevolg zijn van alcoholmisbruik en alcoholverslaving. Bij veel ongelukken met dodelijke afloop is er alcohol in het spel, en aangezien alcohol mensen depressief maakt, kan overconsumptie ertoe leiden dat mensen zelfmoord plegen.

In bijna een derde van alle doodsoorzaken in de de westerse wereld speelt alcohol een rol.

Ziektes zoals kanker en leveraandoeningen zijn ook vaak het gevolg van overmatige alcoholconsumptie. Volgens een nieuwe studie door de Wereld Gezondheids Organisatie (WHO), uitgevoerd onder 363.000 mannen en vrouwen in acht Europese landen, wordt bijna één op de tien gevallen van kanker bij mannen en één in de dertig gevallen van kanker bij vrouwen in de westerse wereld veroorzaakt door alcohol *.

Het soort patiënt is aan het veranderen; er zijn steeds meer sociale drinkers, want alcohol is een goedkope, overal verkrijgbare substantie en mensen zijn zich vaak niet bewust van de consequenties. Een leverziekte is een sluipmoordenaar en de lever kan ernstig beschadigd raken door alcoholconsumptie, zelfs als iemand niet verslaafd is aan alcohol. Bovendien kan het drinken van standaard meer dan drie glazen per dag het risico van borstkanker verhogen, om maar een voorbeeld te noemen van de mogelijke gevolgen van regelmatige (over)consumptie van alcohol.

Alhoewel alcohol-gerelateerde problemen wereldwijd voorkomen, verschillen de drinkgewoontes heel erg van land tot land, en tengevolge hiervan natuurlijk ook de gevolgen voor de algehele gezondheid en de politieke reacties hierop.

Het is algemeen bekend dat alcohol zowel een beschadigende als een beschermende rol kan hebben in de ontwikkeling van hart- en vaatziekten. Geringe tot matige alcoholconsumptie, vooral in combinatie met een maaltijd, vermindert het risico op bepaalde aandoeningen van hart-en bloedvaten en sommige vormen van suikerziekte. Echter, een teveel aan alcoholconsumptie kan juist het risico om deze ziektes te krijgen verhogen. Over het algemeen kunnen we zeggen dat er meer levens verloren gaan tengevolge van alcohol dan dat er levens worden gered door de mogelijke heilzame effecten op de gezondheid.

Alcoholconsumptie kan leiden tot agressief gedrag en het denkvermogen van de drinker schaden, wat negatieve en emotionele reacties tot gevolg kan hebben. Er is een duidelijke link tussen overmatige drank-consumptie en geweld tussen partners.

We kunnen concluderen dat teveel alcohol een negatief effect op het leven van mensen kan hebben. Maar wat is teveel? Vrouwen wordt aangeraden om niet meer dan twee glazen per dag te drinken en mannen niet meer dan drie; hier moet men echter wel bij bedenken dat men niet iedere dag moet drinken, en het is ook belangrijk om ten minste twee dagen per week helemaal geen alcohol te nuttigen. Dit om het patroon te onderbreken en om te voorkomen dat iemand aan de alcohol verslaafd raakt. Dus misschien is het wel het beste om hier een oud cliché aan te halen: 'think, before you drink'! *Alcohol, meer dan een drankje!*

*fragment uit een artikel van irishhealth.com en informatie van Chris Hackley (*Marketing Professor aan de School of Management, Royal Holloway University in Londen.*)

Voor specifieke landgebonden informatie zie de Global Alcohol Database:

www.who.int/topics/alcohol_drinking/en/

HOE HERKEN JE EEN ALCOHOLVERSLAVING

Er zijn verschillende vormen van alcoholverslaving:

'De slechts een paar glazen per dag drinker'
Sommige mensen voelen de behoefte om een iedere dag een paar glazen alcohol te drinken. Ze worden niet dronken en ze creëren geen problemen voor de mensen in hun omgeving. Soms ervaren deze mensen een gevoel van paniek als ze een paar dagen niet kunnen drinken. Je zou kunnen zeggen dat dit een vorm van verslaving is.

'De sociale drinker'
Dit is iemand die drinkt in gezelschap van een groep vrienden of bekenden die ook sociaal drinken. Iemand die vindt dat uitgaan met vrienden of vrienden op visite krijgen altijd betekent dat er veel drank moet vloeien. Meestal veroorzaakt deze vorm van alcoholconsumptie geen agressie of problemen voor de drinker en de mensen in zijn of haar omgeving, dus dit wordt niet gezien als een vorm van alcoholisme.

De alcoholist
Over het algeheel kunnen we stellen dat alcoholisten drinken omdat ze behoefte aan drank hebben. De alcohol wordt belangrijker dan al het andere in hun leven. Werk, familie en relaties komen op de tweede plaats. Er zijn verschillende soorten alcoholisten, bijvoorbeeld 'de functionele alcoholisten' die het lukt om gewoon hun werk te blijven doen of die een bepaalde status kunnen handhaven in de maatschappij. Sommige alcoholisten kunnen dagenlang zonder drank maar dan moeten ze 'binge'drinken zodra ze wat tijd voor zichzelf hebben. Eén van de

kenmerken van alcoholisme is het trillen van een bepaald lichaamsdeel, bijvoorbeeld de handen, wat vaak gebeurt als de alcoholist ook weinig en slecht eet. Ook drinkt men het liefst alleen en sociale gelegenheden zoals feestjes worden of vermeden of worden voorafgegaan door een flinke slok voordat men arriveert. De alcoholist ontkent vrijwel altijd dat er een probleem is en drinkt om zijn gevoelens van schuld, depressie of ongemak te onderdrukken.

Alcoholisme wordt soms gevoed door een sterk emotionele gebeurtenis in iemands leven, zoals het verlies van een geliefde of werkloos worden. Alcoholisme is vaak genetisch bepaald en het is niet ongebruikelijk dat meerdere kinderen van een alcoholische ouder met hetzelfde probleem kampen. Ingeval van langdurig overmatig drinken, kan een alcoholist medische problemen ontwikkelen, zoals leverziektes, inwendige bloedingen, zelfs een hartaanval of een hersenbloeding zijn geen uitzondering. Mentale problemen komen ook vaak voor – depressie, slapeloosheid en zelfs zelfdoding zijn vrij gewoon. Het probleem blijft vaak bestaan omdat een alcoholist zichzelf isoleert en familie en vrienden vermijdt.

Alcoholisten zijn meestal bijzonder slim in het verbergen van hun probleem, maar hier zijn een paar tips waaraan je het patroon kunt herkennen:

-       Niet slechts een paar drankjes kunnen drinken
-       Drinken in reactie op stress
-       Weglopen zonder uitleg of met een onzinnig excuus om vervolgens uren later weer terug te komen, dronken
-       Ruzie over drankgebruik

- Niet naar het werk gaan en zich niet aan afspraken houden
- Beloftes en pogingen om te stoppen met drank
- De hele dag door drinken
- Onverantwoordelijk gedrag, bijvoorbeeld autorijden met drank op

Hoe om te gaan met iemand die teveel drinkt:

- Verbiedt deze persoon niet om te drinken en probeer niet om hem of haar te laten stoppen
- Als je weet waarom iemand erg veel drinkt probeer deze persoon dan te steunen in zijn of haar problemen en gevoelens
- Maak duidelijk dat je bezorgd bent en dat het drankgedrag ook een effect heeft op jou
- Probeer de problemen van de alcoholist niet op te lossen. Laat hem of haar zijn eigen oplossingen vinden voor situaties die zijn veroorzaakt door alcoholmisbruik
- Zoek hulp voor jezelf en praat over je problemen met andere mensen, bijvoorbeeld met je huisarts of hulporganisaties (zie 'waar kan ik naar toe voor hulp')
- Als je de alcoholist een ultimatum geeft, zorg er dan voor dat je je hieraan houdt.

Alcoholvergiftiging en delirium tremens

Als je nauwe banden hebt of samenwoont met iemand die grote hoeveelheden alcohol drinkt dan is het mogelijk dat je wordt geconfronteerd met een acute situatie van alcoholvergiftiging of delirium tremens. In een dergelijke situatie dien je onmiddellijk professionele hulp in te roepen, bijvoorbeeld een huisarts.

Alcoholvergiftiging

'Binge' drinken kan leiden tot alcoholvergiftiging en dit kan de dood tot gevolg hebben! Er is een aantal tekenen die op alcoholvergiftiging kunnen duiden:

-       Overgeven
-       Verwardheid
-       Langzame ademhaling/onregelmatige ademhaling
-       Lage lichaamstemperatuur
-       Kan niet worden wakkergeschud
-       Stuiptrekkingen
-       Koude en klamme of blauwe huid

Als je bij iemand bent die tekenen vertoont van alcoholvergiftiging moet je de hulp van een arts inroepen en een ambulance bellen. Maar je moet ook bij deze persoon blijven en het volgende proberen te doen:

-       De persoon wakker houden
-       Laat hem/haar rechtop zitten of staan, in het geval van overgeven
-       Zorg ervoor dat de persoon warm is om onderkoeling te voorkomen
-       Als de persoon erop staat om te gaan liggen moet je hem of haar op de zij laten liggen (recovery position) – het hoofd naar de zijkant
-       Geef water als hij of zij het kan drinken

Opmerking: Zelfs in het geval dat hij of zei gelijk goed reageert kan het alcoholpercentage in het bloed zo hoog zijn dat de staat van dronkenschap doorgaat tijdens de slaap en dit kan bewusteloosheid veroorzaken.

Wat je NIET moet doen:

- Koffie geven om nuchter te worden, dit zal alleen maar meer uitdroging veroorzaken
- De persoon onder een koude douche zetten
- Hem of haar op de rug laten liggen, want er is een risico dat men moet overgeven en dan stikt door het overgeefsel. (Leg hem of haar op de zij met kussens achter de rug om te voorkomen dat de persoon terugrolt op de rug)
- Hem of haar de roes uit laten slapen. Er is een risico dat overgeefsel wordt ingeademd en dat men stikt
- Met de persoon heen en weer lopen om te proberen hem of haar nuchter te krijgen
- Meer alcohol laten drinken

Delirium tremens

Delirium tremens wordt vooral veroorzaakt wanneer een persoon gedurende een langere periode heeft gedronken en dan abrupt stopt met drinken. Ontwenningsverschijnselen kunnen extreem gevaarlijk zijn en de dood tot gevolg hebben. Delirium tremens creëert vaak een heftige reactie die fysiek herkenbaar is door trillen en schudden, hartkloppingen, zweten en in sommige gevallen stuiptrekkingen of de dood als men niet wordt behandeld.

Mogelijke kenmerken zijn:

- Trillen en schudden
- Diarree
- Desoriëntatie en opgewonden (plotselinge verwardheid over de tijd of waar men zich bevindt)
- Hartkloppingen
- Zweten
- Stuiptrekkingen
- Angst, paniekaanvallen en paranoia
- Heftige, oncontroleerbare trillingen
- Hallucinaties, zoals het zien van insecten, slangen of ratten

Deze symptomen kunnen heel plotseling verschijnen, maar ze kunnen zich ook ontwikkelen gedurende een periode van twee tot drie dagen nadat een periode van zeer zwaar drankmisbruik is gestopt. De symptomen zijn 's nachts vaak het ergst.

Roep altijd de hulp in van een arts en bel een ambulance als je vermoedt dat het om een geval van delirium gaat. Behandeling met medicijnen kan van levensbelang zijn.

Waar kan ik naar toe voor hulp?

Alhoewel er statistisch gezien meer mannen dan vrouwen aan alcoholisme lijden, veronderstelt men dat mannen met een alcoholprobleem vaak naar ontwenningsklinieken en organisaties als de AA gaan voor hulp, terwijl vrouwen vaak in psychiatrische gezondheidsinstituten terechtkomen. Er is ook hulp beschikbaar voor familieleden, partners en vrienden van verslaafden.

Er zijn vele verschillende manieren om hulp te zoeken. Dit is een heel persoonlijk iets. Hier volgt een kleine selectie van de hulporganisaties waar met naartoe kan voor hulp in Nederland.

Alcoholics Anonymous: www.aa-nederland.nl
Voor herstel van verslavings-, compulsieve- of andere gedragsproblemen. Oorspronkelijk opgesteld door de Alcoholics Anonymous (AA) als een methode om te herstellen van alcoholisme.

Al-Anon: (waarvan Alateen voor jonge leden een onderdeel is) is een organisatie die ondersteuning, hoop en een veilig ontmoetingspunt biedt voor families en vrienden van alcoholisten.

Tactus Verslavingszorg: www.Tactus.nl / www.alcoholdebaas.nl (online hulp) www.mijnpartnerisverslaafd.nl
Tactus biedt hulp aan zowel de persoon die met een verslaving kampt als aan de familie of mensen uit de naaste omgeving.

Iriszorg : www.iriszorg.nl
Zet zich in voor mensen die de grip op hun leven kwijt zijn of dit dreigen kwijt te raken, door een verslaving aan alcohol, drugs of gokken

en/of door problemen op gebied van huisvesting en werk.

Momentum GGZ www.momentumggz.nl

Momentum GGZ is een gespecialiseerde GGZ instelling met een specifieke deskundigheid in het behandelen van alle voorkomende verslavingen of alle vormen van problematisch gebruik van (genots-) middelen.

Cognitive-Bias Modification Therapy

Er kan weinig twijfel over bestaan dat alcoholisme een moeilijk overwinbare verslaving is. De meeste mensen vallen weer terug in oude gewoontes. Echter, een korte-termijn regime is getest door sommige psychologische wetenschappers uit Duitsland en Nederland. Dit word de Cognitive-Bias Modification Therapy genoemd en deze biedt hulp aan alcoholisten om te stoppen met het drinken van alcohol. Deze studie is gepubliceerd in Psychological Science, een tijdschrift van de Association of Psychological Science.

We zien als tendens dat de kracht van de verleiding een reactie creëert voor impulsief gedrag in degenen die grote hoeveelheden alcohol consumeren. In deze momenten zijn alle gecontroleerde reacties, die we 'reflecterende' gedachten noemen en die een weerstand om te drinken kunnen veroorzaken vaak onvoldoende sterk.

Het merendeel van therapieën, met inbegrip van cognitieve gedragstherapie, focussen op de reflecterende reacties. "Zij werken met redenen en strategieën voor niet drinken", aldus hoofdauteur van de studie, Reinout W. Wiers, experimenteel psycholoog aan de Universiteit van Amsterdam.

Om het succes van de behandeling te vergroten hebben Wiers en zijn team het zogenaamde CBM, (Cognitive-bias modification) ontwikkeld. Dit probeert, als vertrekpunt van eerdere regimes om deze impulsieve reacties om te draaien. Deze innovatieve CBM varieteit maakt gebruik van een computer game-achtige "benaderen-vermijden" opdrachtjes waarbij men reageert met behulp van een joystick op beelden op een scherm. Als de joystick naar de persoon toe wordt getrokken wordt het beeld ingezoomd, also je het beeld gaat naderen. Al je van je afduwt zoomt het beeld uit, dus vermijden.

Één patiënt, die niet meer drinkt, geeft een voorbeeld van hoe dit werkt. Terwijl deze tijdens een feestje op zoek ging naar een blikje coca cola, opende hij de deur van een koelkast waarin alleen maar blikjes bier naar hem terugstaarden. Direct maakte hij een duwbeweging en deed de koelkastdeur weer dicht. "Als je onverwacht in een situatie terechtkomt waar de verleiding groot is moet je direct een eerste stap nemen in de goede richting, zo niet dan kan het heel moeilijk worden," zegt Wiers. "CBM helpt mensen deze stap te nemen voordat zij tijd hebben om bewust na te denken, 'Zal ik wel of niet een drankje nemen?'"

Voor meer informatie over de onderzoeksgroep en -publicaties zie ADAPT-lab, www.adaptlab.eu

Opmerking van de schrijver

Het schrijven van dit boek was een bijzonder avontuur. Ik heb de meest fantastische mensen ontmoet die bereid waren hun hartverwarmende verhalen met mij te delen. Allen met de hoop dat hun verhaal mogelijk anderen, die nog steeds in een situatie zitten die zijzelf hebben overwonnen, kan helpen. Dit boek is geen wetenschappelijke studie, en het beweert ook niet de antwoorden te hebben gevonden voor het groeiende probleem van alcoholmisbruik. Het is echter een intrigerende verzameling verhalen en meningen van hen die zijn geraakt door alcoholisme via familiebanden, relaties, werk of een persoonlijk gevecht met alcohol. Het toont de persoon achter het probleem. Het was onmogelijk om in dit boek alle onderwerpen die te maken hebben met alcoholisme te bespreken, en het probeert ook niet om alle mogelijke oplossingen te geven om een uitweg te vinden uit dit fysieke en sociale probleem. Wat het echter wel doet is een bewustzijn creëren in het algemeen en het biedt herkenning als gereedschap voor hen die problemen hebben ten gevolge van alcoholisme. Dit boek suggereert niet dat alcohol uit de maatschappij moet worden verbannen, of dat mensen niet langer zouden mogen genieten van 'verantwoord' drinkgedrag. Ik ben echter wel van mening dat de maatschappij het probleem wat het uiteindelijk zelf heeft gecreëerd veel serieuzer moet nemen. Het is niet alleen de alcoholist die met dit probleem te kampen heeft: de maatschappij moet ook leren om verantwoordelijkheid te nemen en om begrip te tonen voor de menselijke conditie die schuil gaat achter alcoholisme en om dit niet te veroordelen! Verder geloof ik dat herkenning en het besef dat je niet de enige bent die kampt met een ogenschijnlijk hopeloze situatie, mensen weer hoop kan geven en kan helpen de weg naar herstel te vinden en een beter leven voor zichzelf te creëren. Ik hoop van harte dat dit boek jou heeft gevonden

Renate van Nijen

Over de auteur, Renate van Nijen

Internationaal kunstenares en schrijfster Renate van Nijen, geboren in Nederland, vestigde zich in 2004 in Andalusië in Zuid-Spanje, waar ze ook op dit moment nog schildert en haar passie en talent voor schrijven verwezenlijkt.

En ze leefden . . . de meesten van hen, behalve een paar

uitzonderingen, sommigen nog lang en gelukkig, sommigen in een

staat van ontkenning, sommigen met een nieuw doel in hun leven en

sommigen in onze herinnering, maar allen met een behoefte aan liefde

en begrip

Renate